CLASSIQUES EN POCHE

Collection
dirigée
par
Hélène Monsacré

APULÉE

APOLOGIE

Texte établi et traduit par Paul Vallette
Introduction et notes de Jackie Pigeaud

Troisième tirage

LES BELLES LETTRES

2020

Ce texte et la traduction
sont repris du volume correspondant
dans la Collection des Universités de France (C.U.F.),
toujours disponible avec apparat critique et scientifique.
(Apulée, Apologie - Florides, *4e tirage, 2002.)*

Premier tirage 2001

ISBN : 978-2-251-79943-8
ISSN : 1275-4544

Introduction*

par Jackie Pigeaud

Voici bien la plaidoirie la plus virevoltante que l'Antiquité nous ait transmise. Une des plus troublantes en tout cas, et des plus complexes. L'auteur y joue gros. Apulée, puisqu'il s'agit de lui, qui assure sa propre défense, est accusé de *magica maleficia*. Il s'agit de *crimen magiae* ; c'est sans doute la *lex Cornelia de sicariis et veneficis* qui est en cause[1]. Apulée court un risque assez sérieux. La loi Cornelia *de sicariis et veneficis*, en vertu de laquelle on le poursuit, assimile la magie à l'empoisonnement. Le châtiment peut aller jusqu'à la peine de mort. « Cette magie dont vous parlez, dit Apulée, si je suis bien informé, et que jadis déjà les Douze Tables avaient proscrite...» (XLVII). C'est que la magie est une chose sérieuse, dans ce monde trop plein de dieux à cette époque. Comme l'écrit Dodds, « la peur de la magie n'était pas réservée aux gens incultes. Des personnages aussi cultivés que Plotin et Libanius croyaient sérieusement avoir été eux-mêmes l'objet d'une attaque magique[2]...»

* Les abréviations utilisées sont les suivantes : K = l'édition de Galien par Kühn. On donnera ainsi la référence : X K 35 = tome XV de l'édition p. 35. D renvoie à la traduction de Galien par Daremberg.

1. Cf. F. Graf, *op. cit.* (bibliographie), p. 80.

2. E.R. Dodds, *Païens et chrétiens dans un âge d'angoisse*, Paris, La Pensée Sauvage, 1979, p. 142, note 2.

Nous voilà presque déjà dans le vif du sujet. Mais il faut présenter les personnages de ce qui est aussi, par l'art de l'auteur, une comédie.

À tout seigneur, tout honneur. Commençons par le défendeur lui-même, Apulée, homme bien pris, bien fait de sa personne, encore jeune *(juvenis)*, dont ni le corps, ni l'esprit, ni la fortune ne sont faits pour déplaire » (XCII).

Il est né aux environs de l'année 125 de notre ère, sans doute à Madaure, en Numidie. Demi-numide, demi-gétule (XXIV). Il a beaucoup voyagé (XXIII) ; dès ce moment (l'*Apologie* a été prononcée entre 156 et 158), il possède une solide réputation d'écrivain et d'orateur (*Apol.*, 36, 37, 55, 73). À Athènes, il a étudié philosophie, rhétorique, musique, géométrie et poésie. Nous apprécierons sa culture, et même son érudition, au fur et à mesure de notre lecture.

Le juge est Claudius Maximus, proconsul (*circa* 156-158). C'est à lui que ce discours s'adresse ; je veux dire aussi qu'il s'agit évidemment de passer par-dessus la tête de tous ces incultes, en s'adressant directement à Maximus comme à l'homme cultivé et supérieur ; mais il ne faut pas l'indisposer en faisant un éloge trop appuyé de la pauvreté, par exemple. Il y a des limites à la réception du discours philosophique. Il peut devenir vexant dans une plaidoirie. Du bon usage pratique de la philosophie…

Claudius Maximus tenait alors ses assises à Sabrata, sur la côte, à une cinquantaine de kilomètres d'Oea. Apulée s'y était rendu pour défendre une action des frères Granius contre sa femme Pudentilla. En quelques jours, tout se renverse. Et voilà les avocats d'Emilianus qui l'accusent de maléfices magiques et du meurtre de Pontianus, son beau-fils (I). La première accusation est presque immédiatement oubliée (II). Lâchement, pour échapper, dit Apulée, au châtiment de fausse accusation, Emilianus lance une attaque sous le couvert de Sicinius

Pudens, le frère de Pontanius, l'autre beau-fils. *Apulée a usé de magie pour séduire Pudentilla et s'emparer de sa fortune.*

Sicinius Emilianus est le frère de Sicinius Amicus, mari défunt de Pudentilla. « Pudentilla, aujourd'hui ma femme, a eu d'un nommé Sicinius Amicus, son précédent mari, deux fils Pontanius et Pudens » (LXVIII). Pudentilla a un petit peu plus de quarante ans. Nous aurons à reparler de son âge. Si Apulée est *juvenis*, il n'est plus dans sa première jeunesse ; il est certes beaucoup plus jeune qu'elle, dont le fils, Pontianus, plus jeune que lui, avait été son compagnon d'études et son protégé à Athènes.

Apulée, en route pour Alexandrie, avait été inopinément retenu à Oea ; il y renoua avec son ancien condisciple Pontianus, qui en profita pour lui « faire épouser » sa mère, la riche veuve Pudentilla. Ce mariage parut inopportun à un certain nombre de personnes, aux intérêts desquelles il portait tort. D'où le procès et l'accusation de magie. Il fallait démontrer que ce nouvel époux était un mage, un magicien professionnel. L'accusation en justice fut donc soutenue par Sicinius Emilianus, frère du premier mari de Pudentilla, au nom de son jeune neveu Sicinius Pudens, frère de Pontanius et beau-fils d'Apulée[3]. Entre-temps, Pontanius était mort.

Les acteurs sont prêts pour la pièce. Elle en vaut la peine.

Apulée est-il un mage, un philosophe, un sophiste, un médecin, un beau parleur ? Un peu de tout cela, en effet, peut-être ? Pour ce qui est de la magie, il n'est pas question de l'avouer. En revanche, comme il le dit, il a « été initié en Grèce à un grand nombre de cultes » (LV). À celui de Liber, par exemple[4]. Certes il peut en donner

3. L'avocat de la partie adverse est Tannonius Pudens.

4. Cf. Adrien Bruhl, *Liber Pater. Origine et expansion du culte dionysiaque à Rome et dans le monde romain*, Paris, De Boccard,

la liste ; il l'a fait. Mais en bon initié il ne révélera rien d'essentiel, rien des mystères. C'est là sa *fides*.

Apulée veut se défendre, mais aussi défendre la philosophie qui est agressée à travers lui. Il pourrait se définir lui-même en utilisant la formule de Caton, comme homme de bien, habile à la parole, *vir bonus dicendi peritus*[5].

L'accusation se sert de toutes les insinuations, de toutes les équivoques, pour attirer le soupçon sur cet homme évidemment doué. Il est beau. Tout ce qui touche à l'apparence est suspect. Trop de soin de soi-même éloigne de la philosophie, en tout cas telle qu'elle veut se montrer. L'entretien suppose des artifices, les cosmétiques, par exemple. Le dentifrice, dont on l'accuse de se servir[6], fait partie de cette catégorie. Et l'on sait que les cosmétiques sont parfois des secrets de sorcière[7].

À quoi Apulée répond que la beauté est un don de nature ; qu'il a déjà existé des philosophes beaux, comme Pythagore ou Zénon d'Élée. D'ailleurs ce qu'on dit de lui est faux. Homme de travail, il ruine sa santé à l'étude (IV). On critique le soin qu'il prend de lui-même. Cela doit se comprendre en relation avec le portrait « standard » du philosophe, sale, barbu et négligé. On l'accuse d'être beau et éloquent, tant en grec qu'en latin (IV). *Forma* et *facundia* seraient donc deux vices.

1953, p. 166. « Un homme d'une réelle culture philosophique, dit Bruhl (après avoir cité Apulée), proclame qu'il a été initié aux mystères dionysiaques et affirme qu'on y trouve des consolations aux tristesses de l'existence et des raisons d'espérer » (*Consolatio ad uxorem*, 10).

5. Comme il définit Avitus (XCIV).

6. C'est un cosmétique pour la bouche.

7. Qu'on songe à Cléopâtre et à sa réputation, dans la tradition, de fabricante de charmes et de cosmétiques.

APULÉE ET LA MORALE

Le premier débat concerne la morale

On ne peut laisser les accusations sans y répondre, dit Apulée. C'est l'honneur de l'homme et de la philosophie qui est en jeu. « Même ceux qui ont conscience d'avoir commis une faute supportent difficilement qu'on dise du mal d'eux », affirme Apulée (III). « Moi qui n'ai jamais eu une pensée que je craignisse d'exprimer tout haut...» (V). « J'ai toujours considéré toute faute comme une chose dont on ne doit pas parler » *(omne peccatum semper nefas habui)* (V). « La parole est l'attribut de l'innocence, le silence celui du mal » *(quippe natura vox innocentiae, silentium maleficio distributa)* (XI)[8].

Cicéron écrit « [...] qu'il n'a jamais existé aucun criminel assez impudent pour ne pas ou bien refuser d'avouer qu'il ait commis un crime, ou bien ne pas inventer une raison de juste ressentiment, ou bien encore chercher une défense à son crime dans quelque droit de nature[9] ». L'idée est complexe. Elle concerne la conception antique de l'aveu. La *conscientia*, c'est la « prise de conscience » claire, au sens de connaissance claire, représentée par un aveu aux autres (ou à soi-même) de ses propres actes. Mais il est des cas où la faute est tellement grave qu'elle relève du *nefas* ; elle est vraiment l'indicible ; ce qu'il est impie de proférer, et même de « se proférer », si l'on me permet l'expression. Au fond,

8. À rapprocher de (XI) *in fine*, p. 15 : « Par nature la voix a été attribuée à l'innocence, le silence au crime. »

9. *Traité des lois*, I, XIV. *Quorum tamen nemo tam audax umquam fuit, quin aut abnueret a se commissum esse facinus, aut justi sui doloris causam aliquam fingeret, defensionemque facinoris a naturae jure aliquo quaereret.*

il s'agit *de tout le contraire de la conscience chrétienne.* Ce qui chez Cicéron ou Sénèque est valorisé, comme signe de pudeur, c'est le refus de prendre « conscience » de ses actes[10]. L'aveu aux autres (ou à soi-même) est le fait d'un « effronté » *(audax)*[11]. Il y a des actes tellement criminels que ce serait un reste d'humanité de refuser de se voir soi-même comme auteur de ces actes. On est loin de saint Augustin, quand il compare Dieu à un menuisier qui sonde le bois. Peu importe que la périphérie soit pourrie ; ce qui importe c'est que le cœur même du chêne ne le soit pas, pour qu'on puisse faire de bons meubles. Dans ce cas, la conscience est un bien, un être intérieur ; et l'on pourrait dire que le signe du pourrissement serait le refus de se reconnaître comme auteur et responsable de ses propres actes, *si criminels soient-ils.*

C'est toute la difficile question de la conscience qui est évoquée en quelques mots dans l'*Apologie*, et qu'Apulée évoque comme des lieux communs. Elle est liée à celle de la connaissance de soi. Nous avons là, en quelques pages, comme une topique de la moralité.

LE MIROIR

Habet speculum philosophus, possidet speculum philosophus ! (XIII). Il a un miroir le philosophe ! Il possède un miroir, le philosophe ! Scandale pour l'accusation, qui révèle ici sa bêtise.

Apulée utilise une technique qu'il va conserver le plus souvent : prendre l'adversaire au pied de la lettre ; admettre et réfuter. Ce qui l'amène ici à développer tout

10. Même les prostituées se cachent. (*Questions naturelles*, I. XVI, 6.) On trouvera un développement plus complet de cette question dans mon livre, *L'Art et le vivant*, *op. cit.* (bibliographie), p. 227 ss.

11. Cf. Cicéron, *Lois*, I, XIV.

une topique du miroir. On prend plaisir à la virtuosité d'Apulée, qui sait si bien mélanger les thèmes ; par exemple, un éloge de la ressemblance avec l'opposition entre nature et art (XIV). L'art est long, demande du temps ; le miroir fournit du tout-prêt et du meilleur, en ce qui concerne la ressemblance. Chaque art a ses défauts. L'argile manque de fermeté, la pierre de couleur. Il manque à la peinture *rigor*, que je crois devoir comprendre par la « fermeté des contours ». À tous les arts manque le mouvement. C'est le vivant au lieu du cadavre.

Inventa sunt specula ut homo ipse se nosset[12]...

« Les miroirs ont été inventés pour que l'homme se connût », écrit Sénèque. Il est vrai que le miroir évoque immédiatement la question philosophique de la *connaissance de soi*. Et Apulée : « Socrate le philosophe n'allait-il pas jusqu'à engager ses disciples à se regarder fréquemment dans un miroir ? »

Sénèque reprend exactement la théorie socratique de la connaissance de soi, celle des *Chries* socratiques par exemple[13]. « Les miroirs ont été inventés pour que l'homme se connût lui-même. Bien des avantages en devaient résulter pour lui. Tout d'abord, cette connaissance même de sa personne *(sui notitiam)*. En outre,

12. *Questions naturelles*, I, XVII, 4. (éd. et trad. P. Oltramare, CUF.)

13. Diogène Laërce, II, 33. « Il disait aussi que ceux qui se font faire leur portrait à la pierre l'étonnaient : toute leur attention va à la pierre, alors que d'eux-mêmes ils n'ont cure, de sorte qu'ils ne se montrent pas ressemblants à leur statue. Il jugeait bon aussi que les jeunes gens se regardent continuellement dans un miroir, afin que, s'ils sont beaux, ils en deviennent dignes, et que, s'ils sont laids, ils dissimulent sous leur éducation leur vilaine apparence. » (*Vies et doctrines des philosophes illustres*, Paris, Pochothèque, 1999, p. 240, trad. M.-O. Goulet-Cazé pour ce livre.) Cf. Plutarque, *Conjugalia praecepta*, 25, 141d ; Stobée, *Floril.*, II, 31, 98 ; Galien, *Protreptique*, 8, 10, 15 Kaibel ; Phèdre, *Fables* III, 8, 14-16.

dans certains cas, de sages conseils : beau, il évitera ce qui le dégraderait ; laid, il sait qu'il faut compenser les défauts du corps par les qualités morales[14]... » Il ne s'agit pas d'une connaissance directe, mais d'une connaissance indirecte, discursive, par l'intermédiaire d'un raisonnement. Ce qui implique la possibilité d'erreurs ; la nécessité d'un « bon usage » des miroirs.

Les miroirs ne doivent pas être utilisés pour la représentation, l'amplification de la débauche, comme dans le cas d'Hostius Quadra, dont nous parle Sénèque. Le miroir reflète ce qu'on fait, en même temps que ce qu'on est. On pourrait dire que, si l'on veut corriger son image, il faut d'abord corriger ce qu'on est[15].

Galien écrit, de son côté : « Le jeune homme doit donc se conformer à cet ancien précepte. Qu'il se regarde au miroir, et, s'il est doué d'un beau visage, qu'il s'efforce de mettre son âme en harmonie avec son corps, persuadé qu'il est absurde qu'une âme déshonnête habite dans un beau corps ; s'il trouve, au contraire, son corps difforme, qu'il cherche avec autant de soin à orner son âme[16]... » « Le précepte est si connu dans l'Antiquité », écrit Daremberg, que « Galien dit, sans nommer l'auteur : ... "l'ancien précepte" ». « De même, Phèdre commence sa fable par ces mots : *Praecepto monitus*.

Le miroir, donc, est l'instrument de la connaissance de soi, dans l'idée qu'il n'y a pas de connaissance immédiate de soi, mais qu'il faut passer par l'analogie, par la scission et la comparaison. La théorie que présente

14. Trad. Oltramare.

15. Cela correspond d'ailleurs à la théorie du style de Sénèque. *Ideo ille (animus) curetur : ab illo verba exeunt, ab illo nobis est habitus, vultus, incessus. Ep.*, CXIV, 22. Cf. mon article : « L'écart et le travers... », in *Présence de Sénèque*, coll. Caesarodunum, XXIV bis, Paris, 1991, p. 203 ss.

16. Trad. Ch. Daremberg, *Œuvres de Galien*, Paris, Baillière, 1854, t. I, p. 26. Daremberg cite aussi le même passage de Sénèque, *Questions naturelles*.

Apulée est, comme on le perçoit, parfaitement cohérente et, dirais-je, classique dans une tradition socratique.

Mais il ne se contente pas de la tradition moraliste ; il lui faut montrer qu'il est aussi capable de rendre compte de la physique du miroir, ce qu'il fait dans une gerbe de références aux théories épicurienne, platonicienne, stoïcienne, mathématique. Il a lu la *Catoptrique*[17] d'Archimède ; il connaît sa théorie de la parhélie[18]. Il sait tout de ses miroirs et des utilisations qu'il en fit. Il écrase ce pauvre Emilianus sous l'abondance de ses connaissances. Et, pour finir ce morceau sur le miroir, il nous impose une grimace, celle du masque tragique de Thyeste à qui ressemblerait Emilianus.

Apulée homme de science

Mais trop de savoir est sans doute suspect. Trop de curiosité nuit.

La curiositas

Dieu, que j'aime ce mot-là ! Il désigne le moteur du roman comme du savoir. L'Encolpe du *Satyricon* de Pétrone, comme le Lucius des *Métamorphoses* d'Apulée sont poussés par la curiosité. Le principe du roman, du côté d'Encolpe, est double. Si l'on cherche chez Encolpe ce qu'on pourrait appeler une mobilisation, une motivation existentielle, on n'en trouve guère que deux : l'admiration et l'exégèse. Le principe minimal de la « psychologie » d'Encolpe est l'admiration : « Nous étions gavés d'admiration[19] », dit-il. Dans les *Méta-*

17. Livre perdu.
18. Cf. Sénèque, *Questions naturelles*, I, II, 3.
19. *Sequimur nos admiratione jam saturi*, 28.

morphoses d'Apulée, le principe de Lucius, je veux dire ce qui le fait presque exister, est la *curiositas*. Ces êtres, Encolpe ou Lucius, sont comme des scènes vides[20]. Ils ont une aptitude extraordinaire, sans psychologie, sans « structure mentale » ; ils sont aptes à saisir tout ce qui passe[21]. Comme ces personnages n'ont pas d'« ossature », qu'ils n'offrent pas de résistance, ils sont rapidement bouleversés, jusqu'à la panique. Ils sont pris par l'amour, ravis par la terreur. Ils sont disponibles aux sentiments qui, en eux, ne trouvent pas d'obstacle et les occupent immédiatement. Il faut imaginer ainsi le public qu'on entend applaudir ou murmurer, gronder parfois, à travers ce que nous en laisse percevoir Apulée. Et la curiosité « scientifique », serait-elle d'un autre ordre, chez lui ? Certes elle est plus raffinée. Qualitativement elle est plus subtile que l'autre. Mais, essentiellement, elle est du même ordre. C'est pourquoi la « science » peut « admirablement » se confondre avec les *mirabilia*, les *problemata*, les *symposiaca* et autres extraordinaires discussions. Et la philosophie ? Ne présente-t-elle pas une même passion curieuse, simplement dirigée autrement, que la magie ? Ceux qui cherchent les causes élémentaires et les principes des choses, comme Anaxagore, Leucippe, Démocrite, Épicure, on les regarde comme des impies. Et ceux qui suivent à la trace la providence du monde avec une curiosité particulièrement intense, *qui providentiam mundi curiosius vestigant*, on les appelle des mages, tels Épiménide, Orphée, Pythagore, Ostanes, Socrate avec son démon, et même Platon avec son Bien (XXVII).

20. Cf. mon article « L'esthétique de Trimalcion », in *L.M.S.*, (*Littérature, médecine et société*), n°12, *Le Banquet*, Université de Nantes, 1994, p. 1-14.

21. Fellini a su très bien réunir les deux principes dans les scènes de son film *Le Satyricon*, dont on sait qu'il s'inspire autant d'Apulée que de Pétrone.

Quintus Ennius, auteur d'un traité des *Friandises*, en vers, énumère d'innombrables espèces de poissons qu'il avait appris à connaître *« grâce à sa curiosité », quae scilicet curiose cognorat* (XXXIV). Il ne faut pas se contenter de traduire *curiose* d'Apulée par « avec soin ».

Alors, Apulée homme de science ? Il vaudrait mieux dire observateur. *Experiri*, chez Apulée, c'est faire l'essai, l'épreuve, ... *quae tanta cura conquisita si honestum et gloriosum illis fuit scribere, cur turpe sit nobis experiri.* « Ce qu'ils ont conquis avec tant d'effort, si cela a été pour eux beau et glorieux de l'écrire, pourquoi serait-ce une honte, pour moi, d'en faire l'essai ? » (XXXVI). Il faut éviter de traduire par « se livrer à des expériences », expression qui donne l'allure d'une procédure moderne. Il s'agit de contemplation, d'observation, en prenant la chose dans sa main par exemple. L'« expérience » s'oppose ici à l'écriture. Ailleurs elle s'oppose à la lecture. *Maxime, audisti, etiam plura legendo didicisti, non pauca experiendo comperisti* : (LXXXI). C'est l'éloge du concret comme dirait quelque sot moderne. *Experiri*, c'est aussi faire la preuve, mettre à l'épreuve, par exemple les esclaves qu'on va acheter, pour savoir s'ils sont épileptiques, en enflammant du jayet[22].

La connaissance est la mise en rapport du contact de l'expérience et de l'exploration des livres. Apulée rappelle qu'il vient de dire qu'il « composait des traités sur les parties du corps de tous les animaux, leur place, leur nombre, leur raison d'être *(causa)*, et qu'il étudiait soigneusement les ouvrages d'anatomie d'Aristote en les augmentant », *explorare studio et augere* (XL). Il y faut ajouter la recherche systématique et la collection

22. *Et facile hunc morbum exploret, cuius odore etiam in uenaliciis uulgo sanitatem aut morbum uenalium* experiantur, *Apologie*, XLV. C'est tester, mais au sens du grec *basanízein*.

des choses rares[23]. Le modèle est surtout les livres d'anatomie d'Aristote (*Historia animalium*, *De generatione animalium*, *De partibus animalium*, *De incessu animalium* et le livre sur l'anatomie qui est perdu). Il faut ajouter l'œuvre de Théophraste (*circ.* 372-287 avant J.-C.), notamment un *Peri zôiôn*[24].

L'épisode des poissons

L'accusation prétend qu'Apulée a payé des pêcheurs pour qu'ils lui procurassent *certaines* espèces de poissons. Fallait-il s'adresser à un autre corps de métiers ? Fallait-il choisir d'autres poissons ? Qu'y a t-il qui puisse rendre suspect de magie ?

Assurément certains aliments *(edulia)*, on le sait, servent à la magie[25]. Le magicien doit nourrir le dieu ou le démon qui a répondu à ses conjurations[26]. Mais le poisson ?

Pour ranimer l'amour, le poisson, cet animal froid, est-il bien recommandable ? À moins qu'il n'y eût là le souvenir de la naissance de Vénus ? (XXX). Une des légendes veut, en effet, que le sexe d'Uranus fût tombé à la mer, et eût été avalé par un poisson femelle, qui eût ainsi conçu Aphrodite[27]. À vue plus large, souvenons-nous d'Aristote : « Il semble bien que la nature du sperme est celle d'une écume. En tout cas c'est de cette

23. Cf. le passage, malheureusement corrompu de XXXVIII (*cum me... cognitu*), et la correction de Helm, plausible : *« cum me collegisse res cognitu raras... »*

24. Diogène Laërce, V, 44. Diogène mentionne un livre *Peri tôn en xêrôi diaimenontôn*, où un long fragment sur les poissons est conservé (171 Wimmer).

25. Abt, *Die Apologie des Apuleius von Madaura und die antike Zauberei...* (*op. cit.* dans la bibliographie), p. 136.

26. Il y a des offrandes de miel, de lait, de vin, dans les conjurations des morts.

27. Abt, *op. cit.*, p. 142, n. 4.

puissance qu'ils ont tiré le nom de la déesse qui préside à l'union des sexes[28]. » L'amour a quelque chose à voir avec la mer ; et le poisson pourrait alors être un instrument de médiation.

On n'a jamais vu, dit Apulée, les poissons intervenir dans la magie amoureuse. On a pourtant l'exemple de l'*échénéis* (le *remora*), chez Pline : « On croit que s'attachant aux carènes des vaisseaux il retarde leur marche [...]. Ce pouvoir lui vaut aussi la fâcheuse réputation de servir à préparer les philtres érotiques, et à retarder jugements ou procès ; il rachète ces méfaits par un seul mérite ; il arrête les pertes des femmes enceintes[29]. » L'anchois[30] et le dauphin étaient des poissons consacrés à Aphrodite. La sexualité des poissons est d'ailleurs soigneusement décrite par Pline (IX, 157).

Il y a dans la mer des animaux dangereux, le *lepus marinum*, par exemple (Pline IX, 155). Dans l'Inde, ce lièvre de mer ressemble au lièvre de terre dont il a la taille et le poil. Dans nos mers, dit Pline, ce n'est qu'une boule informe qui n'a du lièvre que la couleur. Le lièvre de la mer des Indes par son contact produit, sur-le-champ, vomissement et dérangement gastrique[31].

Admettons ; admettons tout, comme le concède Apulée, puis réfutons. Admettons, par exemple, que les poissons intervinssent dans la magie, et que lui-même, Apulée, ait cherché à se procurer deux animaux marins

28. *Génération des animaux*, 736a. Il est clair, dit Chantraine *(Dictionnaire étymologique du grec)*, que le rapprochement avec *aphrós* est une étymologie populaire.

29. *HN*, IX, 79. Trad. E. de Saint-Denis, CUF, 1955, p. 63. Cf. aussi, dans ce contexte, un *murex* doué de la vertu de retarder, comme le *remora*, et qui serait en rapport avec la Vénus de Cnide. (En s'attachant au navire qui transportait des enfants de familles nobles pour qu'ils fussent châtrés, *HN*, 80.)

30. Qui naît de l'écume de mer selon Pline (XIX, 160).

31. Cf. aussi Élien, II, 45, XVI, 19 ; et Pline, XXXII, 8.

aux noms obscènes (*duas res marinas impudicis vocabulis quaesisse*, XXXIII)[32]. « Souviens-toi [...] qu'il n'est pas moins ridicule de prétendre qu'on a eu recours, pour des manœuvres amoureuses, à des animaux de mer aux noms obscènes, qu'il ne le serait de dire qu'on s'est procuré un peigne marin *(marinum pectinem)* pour peigner sa chevelure... », XXXIV.

Mais justement, *pecten*... Est-ce un exemple bien ou mal choisi ? Que ce soit à dessein, je n'en doute pas. Rufus écrit que le pubis de la femme on l'appelle peigne[33]... Mais accuser Apulée de fariboles de ce genre, c'est croire, comme il le dit, à la règle de la ressemblance des noms (XXXV, *propter nominum similitudinem*). C'est se situer à ce niveau de naïveté qui pourrait faire recommander le crabe pour soigner le cancer (*cancer ad ulcera*. On sait que *cancer*, le crabe, est l'analogie qui a donné son nom à la maladie). Ou l'algue contre la fièvre, *alga ad quercerum*. Il faut lire sans doute (Colvius) *querceram*, qui désigne une fièvre avec frisson. Quant à *alga*, l'algue, elle évoque *algeo*, qui signifie « souffrir du froid ». L'algue (froide), comme son nom l'indiquerait, soignerait ainsi la fièvre.

Mais ce genre d'explication ne serait pas si étrange. Qu'on songe à la *cena* du *Satyricon* de Pétrone, et à l'exégèse du *repositorium* que fait servir Trimalcion. « À cette oraison funèbre succéda un plat dont la taille ne répondait pas à notre attente. » (Les convives commencent, en effet, à avoir faim.) « C'était un surtout en forme de globe portant, rangés en cercle, les douze signes du zodiaque. Au-dessus de chacun d'eux, l'archi-

32. Pour le sexe féminin, l'accusateur Tannonius se sert de l'expression qu'Apulée a utilisée, sinon créée, celle d'*interfeminium* (XXXIII), pour évoquer la célèbre statue de Vénus, celle de Cnide, sans doute.

33. Rufus d'Éphèse, *Du nom des parties du corps*. Cf. Rufus, *Opera* par Daremberg-Ruelle, Paris, Baillière, 1879, p. 147.

tecte avait placé un mets correspondant : le bélier était surmonté de pois chiches cornus ; le taureau d'une pièce de bœuf ; les gémeaux de testicules et de rognons ; l'écrevisse d'une couronne ; le lion d'une figue d'Afrique ; la vierge de la vulve d'une jeune truie ; la balance d'un peson, etc., le tout, surmonté d'une motte de terre avec son gazon, soutenait un rayon de miel[34]. » Si l'on essaie d'analyser cela du point de vue du raisonnement ou de la rhétorique – et on l'a fait depuis longtemps –, on se trouve devant un certain nombre de « résolutions » ; le pois chiche est une homonymie ; le taureau, une pièce de bœuf. Les gémeaux se résolvent dans le couple de deux testicules et des reins ; de l'écrevisse, on ne sait si c'est une métaphore ou une synecdoque. La couronne reste énigmatique. Le lion s'explique par la figue africaine (homonymie compliquée d'un raisonnement : le lion est africain comme la figue). La vierge se résout par la vulve de truie (*pars pro toto* et analogie : partie symbolique). Tel est le genre d'herméneutique cher à Trimalcion.

La médecine

Medicinae neque instudiosus neque imperitus... « J'ai toujours eu le goût de la médecine et ne suis pas sans m'y connaître »...(XL). Qu'Apulée connût et aimât la médecine, on ne saurait guère en douter. On peut le sentir même à des traits auxquels il faut prêter attention. Par exemple, cette réflexion : « Rien de ce qui a pour but de sauver des vies ne saurait passer pour criminel » (XL). Cette phrase est dans l'esprit de la médecine.

34. Trad. Ernout (cf. Pétrone, *Le Satyricon*, éd. et trad. par Alfred Ernout, Paris, Les Belles Lettres, CUF, 1970, 7ᵉ tirage). Cf. mon article : « L'esthétique de Trimalcion », in *L.M.S.*, n° 12, *Le Banquet*, Université de Nantes, 1994, p. 1-14.

C'est la voix de l'*humanitas*, de la *philanthropia*, de la *misericordia*, qui est comme le signe de la médecine[35]. Scribonius Largus note, par exemple, tous les remèdes, même s'il ne les a pas tous essayés, même s'ils sont répugnants.

La frontière entre magie et médecine peut nous sembler d'abord assez floue, dans ce discours. « Les médecins de jadis connaissaient même les charmes comme remèdes aux blessures ; c'est ce que nous apprend Homère... », dit Apulée (XL). « Il faut remarquer, écrit Pline, comme une circonstance singulière, que ces deux arts, médecine et magie, se sont développés simultanément, la médecine par Hippocrate, la magie par Démocrite[36]... » Certes, mais Hippocrate s'est appliqué à distinguer, et à établir, une frontière sûre. On se souvient de ce texte exemplaire qu'est la *Maladie sacrée*, maladie qui n'est pas plus sacrée que les autres, et qu'il faut arracher aux mages et aux charlatans[37].

Le nom de Thémison

Un esclave porte le nom de Thémison, et, comme par hasard, il n'est pas sans connaître la médecine : *Themison servus noster, medicinae non ignarus...* (XXXIII)[38].

Il se pourrait que le nom de Thémison ne fût pas trop rare. Souvenons-nous de Juvénal (*Satires*, 10, v. 221) :

35. Cf. mon article « Les fondements philosophiques de l'éthique médicale : le cas de Rome », in *Entretiens sur l'Antiquité classique*, tome XLIII, « Médecine et Morale dans l'Antiquité », Fondation Hardt, Vandœuvres-Genève, 1997.

36. Pline, *HN*, XXX, II.

37. *Maladie sacrée* I = Littré, t. VI, p. 354 ss. Cf. J. Pigeaud, *Folie et cures de la folie*... (voir bibliographie), p. 47ss.

38. Cf. encore XL, *Themison servus*...

Quot Themison aegros autumno occiderit uno,
« Combien de malades Thémison a-t-il tué en un
[seul automne ! »

Il y a peu de chances qu'il s'agît, chez le poète, d'une allusion à Thémison de Laodicée lui-même, le fondateur de la secte méthodiste[39]. Il n'est sans doute pas rare de donner des noms de médecins à des esclaves, s'ils montrent du goût et des compétences pour la médecine. Mais qui est le *Themison medicus*, en XLVIII ? Est-ce le même que l'esclave ? Probablement non[40].

Le nom de son esclave indiquerait-il chez Apulée un penchant pour la médecine méthodiste ? Ce serait évidemment par trop imaginer. Mais il ne faut pas oublier qu'Apulée connaît bien l'histoire de la médecine ; que c'est lui qui raconte le plus longuement la réanimation, par Asclépiade[41], d'un pseudo-mort. L'histoire est rapportée aussi par Celse[42] et par Pline[43]. Apulée parle d'Asclépiade en termes très élogieux, comme le fait d'ailleurs Celse. « Le fameux Asclépiade, l'un des princes de la médecine... » Ce qui m'intéresse dans le récit d'Apulée, c'est la façon dont procède le médecin[44]. « Asclépiade cependant l'examine *(contemplatus enim)*, note attentivement certains signes *(dili-*

39. Cf. J. Pigeaud : *Le Méthodisme à Rome*. Rapport principal, in *Actes du 2e colloque international sur les textes médicaux*, Lausanne, 1986, éd. Ph. Mudry et J. Pigeaud, Genève, Droz, *L.M.S.*, Nantes, 1991, pp. 8-50, et *L'introduction du méthodisme à Rome*, in *Aufstieg und Niedergang der römischen Welt*, Berlin-New-York, W. de Gruyter, 1993, Teil II, *Principat*, Band 37.1, pp. 565-599.

40. « Le médecin ayant assisté à la scène le niant...» (XLVIII). « Je reconnais l'avoir examinée sur la demande d'un médecin » (XLVIII).

41. Comme on sait, le maître de Thémison.

42. *De medicina*, II, 6,15.

43. Pline, *HN*, VII, 124.

44. Apulée, *Florides*, 19.

gentissime quibusdam signis animadvertis), palpe et repalpe *(pertrectavit)* le corps de l'homme, y trouve la vie qu'il recèle. Aussitôt il s'écrie : "Cet homme est vivant ; éloignez ces torches, écartez ces flammes, démolissez ce bûcher, et ce repas que vous alliez célébrer près d'un tertre funèbre, transportez-le à une table de festin." Cependant un murmure s'était élevé ; les uns disaient qu'il fallait croire le médecin, les autres allaient jusqu'à railler la médecine. Enfin, malgré les proches parents eux-mêmes, déjà en possession de l'héritage et encore incrédules, non sans effort et sans peine, Asclépiade obtint pour le mort un léger délai ; et l'ayant ainsi tiré des mains des croque-morts commme une proie arrachée aux enfers, il le ramena dans sa maison. Là, sur-le-champ il ranima en lui le souffle *(confestimque spiritum recreavit)*, sur-le-champ il rappela par certains remèdes la vie qui se cachait dans les invisibles retraites de son corps *(confestim animam in corporis latibulis deliscentem quibusdam medicamentis provocavit)*[45]. »

On voit qu'il en faudrait peu pour que le médecin fût pris pour un magicien. On sent aussi, ce qui se trouve dans l'*Apologie*, la présence de la foule, les réactions des gens attachés finalement à leur intérêt. Le médecin qui ranime ce mort n'est pas le bienvenu.

L'épilepsie. Le cas du jeune Thallus et de la femme épileptiques

C'est d'un médecin que l'esclave Thallus a besoin, non d'un magicien. Il tombe sans cesse, tout le monde le sait. On crache sur son passage. Il est épileptique, et l'épilepsie terrorise. Théophraste écrit à propos du superstitieux : « Quand il voit un fou ou un épileptique,

45. Sur ce passage d'Apulée, on pourra se référer à mon livre : *Poésie du corps*, Paris, Payot-Rivages, 1999, p. 120 ss.

il frissonne et crache dans son dos[46]. » Pline confirme (*HN*, 28, 35) : « Nous crachons pour nous préserver de l'épilepsie, c'est-à-dire que nous repoussons la contagion[47]. » « De la même façon nous repoussons les fascinations *(fascinationes)* et le mauvais présage de la rencontre d'une personne qui boite du pied droit. » La frontière entre épilepsie et mauvais œil, si on la déduit des conséquences et des remèdes apportés, est bien mince[48]. L'épileptique est une sorte d'*intouchable*, de tabou, surtout pendant la crise[49].

Tout ce que dit Apulée est parfaitement cohérent pour un médecin ancien. Voyez par exemple les moyens dont il parle pour reconnaître un épileptique en provoquant la crise. Ainsi Rufus d'Éphèse[50] : « Recettes pour reconnaître les épileptiques. Un moyen de faire découvrir l'épilepsie, c'est une fumigation d'asphalte, qui prédispose les malades à tomber, ou de jayet[51], ou de corne de cerf, ou encore l'odeur du foie de chèvre brûlé, et le foie lui-même pris en nourriture[52]. »

On peut aussi citer le témoignage d'Alexandre d'Aphrodise (*Problem.*, II, 64), qui dit que « chez les épileptiques les substances de mauvaise odeur causent

46. *Caractères*, 16. Cité par Temkin, *op. cit.*, p. 8. Notons au passage que Temkin se sert beaucoup d'Apulée.

47. *Despuimus comitiales morbos, hoc est, contagia regerimus*, cité par Temkin, *op. cit.*, p. 10.

48. *Propos de table*, V, *question* 7 (livres IV-VI, éd. tr. de François Fuhrmann, Paris, CUF, 1978, p. 76 ss.) : « Sur ceux dont on dit qu'ils jettent un sort ».

49. Comme le dit Temkin, *op. cit.*, p. 10.

50. Grand médecin grec de l'époque de Trajan.

51. On dit maintenant plutôt le jais. C'est une sorte de bitume très compact et très noir.

52. Ce dernier test est confirmé par Galien, qui n'y croit pas trop malgré tout (*Simpl. med.*, XI, 1, §, 11, XII K 336). Rufus d'Éphèse, *Opera*, éd. Daremberg-Ruelle, Paris, Baillière 1879, reprint Hakkert, 1963, p. 360.

une chute (c'est-à-dire un accès) ; telles sont les plumes brûlées, le jayet, le bitume de Judée, une corne quelconque, une mèche, de la laine trempée dans le goudron et brûlée[53] ». Le jayet est, parmi ces substances, la plus célèbre. Apulée dit qu'on l'utilisait pour vérifier, à l'achat des esclaves, s'ils étaient épileptiques[54]. Il y a des symptômes avertisseurs. Des troubles de la vue, par exemple, « quand le malade fait quelque chose lorsqu'il est penché en avant, ou qu'il regarde un bateau ou une roue de potier tournant rapidement, ou de l'eau qui coule [...] ou qu'il sent de fortes odeurs agréables ou désagréables[55]...»

Le jeune Thallus, à ce qu'on rapporte, dit Apulée, aurait été ensorcelé par ses incantations, en un lieu retiré, avec un petit autel ou (peut-être est-ce un encensoir) une lampe... il était tombé à terre ; on l'a réveillé "inconscient", *nescientem sui* (XLII)[56].

Apulée est aussi consulté pour le cas d'une femme épileptique qu'on lui amène (XLVIII). Elle a des bourdonnements d'oreille, surtout à l'oreille droite *(ibid.)*. Les bourdonnements d'oreille font partie des symptômes de la venue de l'épilepsie[57].

53. Cf. Oribase, *Œuvres*, par Bussemaker et Daremberg, Paris, Imprimerie Impériale, 1854, t. II, p. 888-889.

54. XLV. Pour la roue et l'eau qui coule, les odeurs fortes, le jayet, cf. aussi Arétée de Cappadoce, *Causes et symptômes des Maladies aigües*, I, ch. V.

55. Caelius Aurelianus, *Maladies chroniques* (*MC*), I, IV. 85. Cf. éd. I. E. Drabkin, Chicago Press, 1950, p. 483.

56. Cette totale inconscience est ausi un caractère bien connu du réveil de l'épileptique. Caelius, *MC*, I, IV. 85 : « Quand cesse l'accès, ignorance de tous les gestes (qu'il a accomplis) *(accessione cessante, omnium gestorum ignorantia).* »

57. Avec *gravedo atque capiti et interior sonitus... oculorum intentio, aurium tinnitus aut difficilis auditus...* (Caelius, *MC*, I, IV, 62). Ils seraient plus graves à l'oreille droite. Mais les *Problèmes* d'Aristote dont parle Apulée ont été perdus. Ceux que nous connaissons sont plus tardifs.

Apulée donne ensuite la théorie platonicienne du *Timée* pour rendre compte, doctement, des causes de l'épilepsie. Ce passage de l'*Apologie* est, à mon avis, plus difficile qu'on ne pense généralement. On ne peut le comprendre, d'ailleurs, que si l'on a le *Timée* sous les yeux[58]. Nous nous contenterons de quelques remarques.

« La seconde cause des maladies, dit Apulée, vient du vice des éléments simples, qui, agglomérés, se sont coagulées sous la forme d'une espèce unique, comme est l'espèce du sang, du mou, de l'os et de la moelle, et tout ce qui est constitué du mélange de ces espèces singulières. Troisième cause : le conglomérat de la bile variée et du souffle qui gonfle[59] et de l'humeur épaisse constitue les dernières causes des maladies » (XLIX).

Varium fel = varia bilis. La bile a en effet des aspects variés. Elle a des couleurs variées. On peut donner à *varius* cette connotation de couleurs[60]. On connaît chez Praxagoras toutes les nuances de la bile[61]. Mais il suffit de lire *Timée* 83c : « Tantôt ces parties amères [...] prennent une couleur plus rouge, et quand la couleur noire se combine avec elle, cela donne un ton vert. Ou bien encore la couleur jaune. » Cette bile est *variée*, mais on peut la reconnaître dans son espèce. Ces aspects ont un

58. Cf. Platon, *Timée-Critias*, texte établi et traduit par A. Rivaud, CUF. On pourra se reporter à la traduction de Luc Brisson, *GF*, 1992. Cf. aussi Catherine Joubaud, *Le Corps humain dans la philosophie platonicienne, Étude à partir du Timée*, Paris, Vrin, 1991.

59. Cf. le *turbidus Auster* de Virgile.

60. Cicéron le montre, quand il fait objecter à Velléius l'Épicurien, dans le *De finibus*, II, 10 ss. : « *Variété (varietas)* est en effet un mot bien latin, qui s'emploie au propre pour marquer les dissemblances de couleurs, mais qui, au figuré, s'applique à toutes sortes de dissemblances : on dit un discours varié, un poème varié, des caractères variés... » En fait, à proprement parler, la *varietas* serait plutôt un mot de peintre que de philosophe.

61. Cf. mon article « La folie dans la *Satire* II, 3 d'Horace », in *Orphea voce, Autour d'Horace*, Université de Bordeaux n° 3, 1990, pp. 9-43.

nom commun : « Il leur a été donné soit par quelques-uns médecins, soit simplement par un homme capable de pénétrer la nature d'une foule de faits même dissemblables et d'apercevoir en tous un même et unique genre, digne d'un seul nom[62]. »

« Quand la chair, dit encore Apulée, travaillée par un feu pernicieux, se résout en une humeur épaisse et écumeuse, il se dégage une vapeur [...] et se répand un liquide corrompu, blanchâtre et bouillonnant. » Apulée écrit *albida et tumida tabes* ; *tabes* est la traduction du grec *ichor*[63].

Il faut absolument se retourner vers le *Timée*. « Quand la chair se liquéfie [...] le sang charrie alors de la bile, de la sérosité *(ichor)* et des phlegmes de toutes sortes [...]. Ces humeurs ne s'entendent plus. Elles sont leurs propres ennemies *(ekhtra)* et ennemies des parties du corps...» (82 e). « Une autre sorte de sérosité se forme à partir de la chair neuve et tendre, quand l'air la gonfle et que du liquide l'entoure[64]. Ce phénomène y produit des bulles nombreuses, dont chacune est invisible à cause de sa petitesse, mais dont l'ensemble forme une masse visible, qui apparaît à l'oeil comme de couleur blanche, à cause de l'écume qu'elle renferme. Toute cette humeur qui naît de la liquéfaction d'une chair jeune avec un mélange d'air, nous l'appelons le *phlegme blanc*[65] » (83 c-d).

Le phlegme blanc, dit Platon, est dangereux quand « l'air des bulles est retenu à l'intérieur ». S'il parvient à sortir, le corps se bigarre de tâches blanches (85 a). Si le

62. Trad. Rivaud.

63. Sur *ichor*, cf. Marie-Paule Duminil, *Le Sang, les vaisseaux et le cœur dans la Collection hippocratique. Anatomie et physiologie*. Paris, Les Belles Lettres, 1983. Sur ces passages de Platon, p. 180 ss.

64. Trad. Brisson.

65. Traduction Rivaud revue. Le phlegme blanc est bien connu des auteurs hippocratiques.

phlegme se mêle avec la bile noire et se répand dans la tête, c'est proprement le mal sacré (85a)[66].

Pour Platon, l'épilepsie naît donc du mélange de phlegme blanc et de bile noire (85b). Le texte correspondant d'Apulée est assez énigmatique.

Enimvero si perniciosa illa dulcedo, intus cohabita et bili atrae sociata... « Mais si cette sérosité pernicieuse, retenue à l'intérieur et associée à la bile noire... »

Le sens de *dulcedo* fait difficulté. L'apparat critique montre quelque trouble de la part des éditeurs. On a proposé *albedo*, en renvoyant au phlegme blanc de Platon ; on a suggéré *putredo*. Mais Haupt a montré que *dulcedo* est la bonne lecture[67], avis que je partage tout à fait. On ne saurait substituer *dulcedo* sous le phlegme blanc platonicien. Il y a bien là une variante. Je suis très sceptique sur le commentaire de Butler-Owen, pour qui le sens évident de ce mot est « irritation » *(itch, irritation)*. Les exemples qu'il donne ont tous une signification contestable. On ne saurait dire, par exemple, que dans la phrase de Cicéron (*Leg.*, I, 47), *quae natura bona sunt quia dulcitudine et scabie carent, non satis*

66. À propos de l'expression de *mal sacré*, les médecins anciens l'expliqueront de différentes façons. Voir par exemple le résumé que donne Caelius Aurélien de ces interprétations : « On a appelé cette affection épilepsie parce qu'elle frappe à la fois la sensibilité et l'intelligence. On l'a nommée aussi maladie infantile parce qu'elle est très fréquente au premier âge de la vie, et sacrée, comme si son origine était divine, ou bien parce qu'elle atteint l'âme qui est une chose sainte, ou parce qu'elle frappe la tête qui, suivant beaucoup de philosophes, est le temple saint de l'intelligence, ou peut-être aussi à cause de la grandeur du mal », Caelius Aurelianus, *MC*, I, IV, 60. Traduction de ce passage par Michel de Tornéry, in *Les Maladies nerveuses pendant L'Antiquité graeco-romaine*, Paris, Henri Jouve, 1892, pp. 150-151. Tornéry, psychiatre lui-même, est un élève du psychiatre Bourneville. Je cite à dessein cette traduction, pour montrer l'importance, en tout cas du point de vue de l'histoire, de la pensée médicale antique en cette fin de XIXe siècle.

67. *Opusc.*, III, 314. Leipzig, 1876.

cernunt, le sens d'*irritation* s'impose – « corrompus par le charme du plaisir, nous ne distinguons plus les choses qui sont bonnes par nature étant sans suintement ni gâle ». Ce serait plutôt la purulence. Il s'agit, dans le texte de Cicéron, du plaisir qui imite le bien *(imitatrix boni voluptas)*. Il y a là un jeu. Nous sommes corrompus par les douces caresses *(blanditiis)* de ce faux bien, sans voir que cette douceur n'est que sérosité douceâtre et gâle.

Il y a un emploi bien intéressant de *dulcedines* dans quelques vers cités par Apulée (XXX), où Lévius, désignant l'hippomane des juments, parle d'*hinnentium dulcedines*. L'hippomane désigne soit l'écoulement du sexe en chaleur de la jument, soit l'excroissance de chair que le poulain porte sur la tête en naissant. C'est le premier phénomène qui nous intéresse ici. Virgile en parle dans les *Géorgiques*, III, 275[68]. Aristote l'a décrit dans son *Histoire des animaux*, 572 a 22 ss. C'est l'aspect douceâtre, collant comme le miel, qui s'impose ; un écoulement séreux.

Au fond, c'est sans doute l'*ichor*. Et plus précisément l'*ichor* du sang. Comme le dit Platon : « En ce qui concerne l'*ichor*, celui du sang est une sérosité douce ; celui de la bile noire est agressif et sauvage » (*Timée*, 83 c 5)[69]. *Horos*, bien sûr, renvoie au processus de la caille du lait, à la fois conglomérat *(pêxis)* et séparation *(schisis)*, où le mot désigne le *sérum*, le *petit lait*[70]. La douceur est associée au sang ; on le voit, par exemple, chez Galien[71].

Chez Apulée nous sommes évidemment en présence d'une paraphrase extrêmement serrée des passages du

68. On pourra se reporter à mon introduction des *Géorgiques*, dans cette même collection.

69. *Ikhôr de ho men haimatos horos praios.* Sur les rapports avec l'hippocratisme, cf. Marie-Paule Duminil, *op. cit.*, p. 180 ss.

70. Cf. mon livre *L'Art et le vivant*, *op. cit.*

71. *Commentaire à* De natura hominis..., XV K 35.

Timée, qui va parfois jusqu'à la traduction et apparaît une variante, surprenante sans doute, mais, à mon sens, irréfutable[72].

Chez Aristote la bile noire explique aussi bien deux maladies d'Héraklès : ses bubons, comme sa folie, décrite comme une crise d'épilepsie[73].

« J'ai rappelé les avis de philosophes illustres [...] en laissant à dessein les médecins et les poètes ; c'est afin que nos gens cessent de s'étonner que des philosophes ont, par leur propre science, connaissance des causes des maladies et de leurs remèdes » (LI). La réflexion d'Apulée n'est pas à prendre à la légère. Ni poète ni médecin, mais philosophe. La *physiologie* est aussi affaire de philosophe. Vieux débat. Du côté des poètes, pensons à Empédocle, à qui d'ailleurs Aristote refuse le nom de poète pour lui réserver celui de *physiologue*[74]. Songeons aussi à Lucrèce. Pour les philosophes, certes, Apulée cite Théophraste, Aristote, etc. : mais c'est à Platon qu'il pense surtout, comme nous l'avons vu, et par-dessus tout au Platon du *Timée*. J'ai montré ailleurs l'importance de Platon dans la pensée médicale, et la révérence de la tradition à l'égard d'un *Plato Medicus*. Il n'est que de songer à Galien et à son livre, *Des dogmes d'Hippocrate et de Platon*[75], où Galien veut concilier justement Hippocrate et Platon.

72. Penser à *inimicus*, qu'il faut conserver ; cf. note 63.

73. Cf. Aristote, *L'Homme de génie et la mélancolie*, Paris, Rivages, 1988.

74. *Poétique*, 1447a : « Et ceux qui exposent, par l'intermédiaire des mètres, un sujet de médecine ou de physique, on a coutume de les appeler ainsi. Pourtant il n'est rien de commun entre Homère et Empédocle, sinon le mètre ; c'est pourquoi il est juste d'appeler l'un poète, et l'autre physiologue plutôt que poète. »

75. *De placitis...*, très bien édité et traduit en langue anglaise par Ph. De Lacy, *Galen, on the doctrines of Hippocrates and Plato,* in *Corpus medicorum graecorum*, Berlin, Akademie Verlag, 1984, 3 vol.

La sensation d'étranglement annonciatrice de l'attaque

Apulée évoque la sensation d'étranglement qui serait annonce de l'attaque. On ne peut pas ne pas penser à la fameuse *aura*, cette sensation métaphoriquement décrite par un jeune patient de Galien, qui nous rapporte, en effet, le cas d'un jeune homme intelligent, « capable de sentir ce qui se passait en lui, et plus apte à l'expliquer aux autres », et qui sentait au moment de l'attaque épileptique, « une sorte de souffle froid monter en lui[76] ». Il s'agit de la fameuse *aura* qui de nos jours désigne encore le symptôme subjectif de l'imminence de l'attaque[77].

À côté de l'*aura*, comme le rappelle Temkin, les médecins anciens ont recueilli d'autres signes annonciateurs « tactile, sensory, motor, and psychic[78] ». Parmi tous ces signes, Caelius Aurélien parle de *guturis durities*, « durcissement de la gorge »[79], qui peut rappeler la sensation d'étranglement apuléenne.

La maladie de Pudentilla

Il faut bien en venir à ce qui fait, malgré tout, l'essentiel de l'accusation. Apulée aurait séduit Pudentilla par magie. La réfutation est simple. La belle affaire, en vérité ; le bel exploit, que celui d'un homme jeune, plaisant à une femme beaucoup plus âgée, et privée de mari depuis quatorze ans ! C'est une question de bon sens.

L'argumentation qui va suivre est plus technique. Elle n'est peut-être pas, si efficace qu'elle fût, du meilleur goût à l'égard de Pudentilla.

76. *De loc. adf.*, 3, 11 ; 8 K 194 ; D. 571-572.
77. Cf. O. Temkin, *op. cit.*, p.37.
78. *Ibid.*
79. *MC*, I, 4, 69.

Pudentilla est de médiocre beauté, selon son fils lui-même (LXXIII). Elle a deux enfants, et elle est vieille (la quarantaine). Elle souffre, de son aveu même. Elle distingue entre « maladie de l'âme », le *solitudinis taedium* qu'elle peut supporter, tandis qu'elle ne peut soutenir la « maladie du corps » *(aegritudinem corporis)* (LXIX)[80].

Rien à dire d'elle ni sur elle. C'est simplement une femme qui souffre de sa viduité, et qui est malade de la (trop) longue immobilité de ses viscères *(diutino situ viscerum saucia)*. C'est d'une maladie physique qu'elle souffre essentiellement. Pensons à *De generatione* (IV) du *Corpus hippocraticum* : « Chez les femmes, le sexe étant frotté dans le coït et la matrice en mouvement, je dis que cette dernière est saisie d'une démangeaison qui apporte plaisir et chaleur au reste du corps[81]. » Le texte continue plus loin : « Si elles ont des rapports avec les hommes elles sont mieux portantes ; sinon moins bien. » Il fallait soigner par le mariage *nuptiis valetudinem medicandum.*

Le remède avait été recommandé à Pudentilla, bien avant qu'elle ne connût Apulée, et Emilianus en avait même été d'accord.

On ne peut désigner plus clairement la maladie dont souffrirait Pudentilla, c'est-à-dire l'hystérie.

Il n'y a qu'à lire ce que Soranus d'Éphèse, ce quasi-contemporain d'Apulée, écrit sur la suffocation utérine[82] qui se produit chez les femmes d'un certain âge, qui n'ont pas de relations sexuelles[83]. Remède : marier la

80. Cf. ce qu'elle appelle elle-même dans sa lettre *solitudo* et *aegritudo* (LXX).

81. Traduction Robert Joly, CUF.

82. *Maladies des femmes*, III, IV, 26. On se reportera à l'édition-traduction de ce texte par Paul Burguière, Danielle Gourevitch, Yves Malinas, en 4 vol., CUF. Cf. aussi Soranus, *Gynecology*, trad. Owsei Temkin, Baltimore, The Johns Hopkins Press, 1956.

83. « Comme antécédents : avortements répétés, accouchements prématurés, *privation des plaisirs sexuels*, rétention des menstrues... »

femme, et si elle est encore en âge, lui faire avoir un enfant.

La conclusion du commentaire de Butler-Owen est curieuse : « The diagnostic of Pudentilla's case as stated by Apuleius is impossible. » Un diagnostic rétrospectif antique est au contraire très clair, pour une fois : il s'agit d'hystérie *(hysterica passio)*[84].

Il n'y a aucun mérite, ni besoin de magie pour séduire une femme veuve depuis quatorze ans. Cela s'explique fort bien par la nature même de la femme, et ses besoins. Voilà le raisonnement d'Apulée. On peut aussi citer son cher Platon, *Timée*, 91b : « Chez les femelles, ce qu'on nomme la matrice ou l'utérus est, en elles, comme un vivant possédé du désir de faire des enfants. Lorsque pendant longtemps et malgré la saison favorable, la matrice est demeurée stérile, elle s'irrite dangereusement ; elle s'agite en tout sens dans le corps, obstrue les passages de l'air, empêche l'inspiration, met ainsi le corps dans les pires angoisses et lui occasionne d'autres malheurs[85]. »

Il y a bien d'autres choses que la médecine...

Si ces accusations concernant Thallus ou Pudentilla sont parmi les plus graves, il ne faudrait pas croire qu'elles fussent les seules, ni que l'histoire de la médecine dût seule être sollicitée. Il y a, nous l'avons déjà vu, la philosophie, au sens le plus général. Apulée est philosophe, et le revendique, de l'École de Platon, *Platonicae scholae* (XXXIX). Mais il a d'autres maîtres. Sa culture

84. Pour la distinction entre épilepsie et hystérie, cf. *Régime des maladies aiguës, Appendice*, LXVIII ; « Identification d'une suffocation de la matrice. Pressez avec les trois doigts ; si la femme le sent, c'est une affection de la matrice *(hysterica)* ; sinon, il s'agit de convulsions *(spasmôdea)*. » Cf. éd. trad. de Robert Joly, CUF, 1972, p. 97. Cf. aussi I. Veith, p. 21.

85. Trad. Rivaud.

est vaste. Ses maîtres, outre Platon, sont surtout Théophraste, Nicandre, Aristote, les naturalistes, si l'on peut dire, qui s'intéressent à la botanique, à la zoologie, à la matière médicale, aux problèmes de description, de classification. Il fréquente les bibliothèques (XLI). Il s'attaque aux questions d'adaptation, de traduction des œuvres grecques en latin. En cela il poursuit la tradition philosophique latine, de Cicéron à Sénèque, en passant par Lucrèce[86]. Mais, dira-t-on, ce n'est pas un ouvrage de philosophe !

Tout est bon pour écraser l'autre. Tout, même l'énorme machine de l'érudition, même si elle est disproportionnée par rapport à ces gens assez incultes, comme il semble, qui l'accusent. Mais c'est pour Maximus, sans doute, et pour nous, en tout cas, le régal d'un feu d'artifice. Toutes les théories possibles sont évoquées, sans qu'on puisse pour autant parler d'éclectisme. De toute façon le philosophe est supérieur au rhéteur (XV). Et quand l'érudition n'y va plus, Apulée se sert des armes de l'esprit, de l'ironie. C'est un virtuose de l'effet.

Lui, intéressé ? Lui avoir séduit une veuve pour son argent ? Quoi qu'il en fût, le marché n'était pas excellent. Une femme âgée, non vierge, peu fortunée, mais qui, heureusement (il ne faut pas être indélicat), compensait cela par ses vertus, contre un beau jeune homme, un philosophe désintéressé (XCII). Il nous donne le portrait de la philosophie, et, partant, du philosophe : « pauvre [...] sans recherche pour son extérieur, simple dans sa mise » (XVIII). Il nous donne une définition de la santé de l'âme comme de la santé du corps *sanitas expedita* (XXI)[87]. La santé, c'est la liberté de se

86. Il connaît aussi, qu'il a dû affronter, les problèmes de traduction, sinon d'invention de mots (XXXVIII).

87. On est tout proche de l'esprit du livre I du *De medicina* de Celse. Lactance utilise lui aussi l'analogie de la nage.

mouvoir. On vit comme on nage. Apulée entonne l'éloge, convenu, il faut bien le dire, de l'autarcie philosophique, semblable à l'autarcie divine (XXII). La besace et le bâton suffisent. Même si ce sont des attributs non de la secte platonicienne, mais de la famille cynique. Au passage, on fait l'éloge de Cratès, lui aussi « élève du Chien », comme dit Diogène Laërce (VI, 85).

Les autres ne l'ont pas épargné. Ils veulent sa perte. Je n'ai pas parlé du talisman et autre statuette compromettante, dont Apulée se débarrasse avec quelque peine. Et puis il y a les accusations de l'abominable Hérenius Rufinus, le beau-père de Pontianus ; celui qui l'a retourné contre Apulée (LXXIV). En fait, c'est un maquereau. Le maquereau de sa femme et de sa fille. Il faut lire en latin son portrait : *« Est enim omnium litium depector, omnium falsorum commentator... »* (LXXIV). Tout ce monde qui est là croqué, évoqué, c'est celui qu'on retrouve dans les *Métamorphoses*.

Et puis il y a l'Apulée mystérieux, qui sent le souffre ; frisant le scabreux, glissant au polisson. Il y a cette alliance de l'incantation, donc de la poésie et de la magie, avec l'érotisme. Il existe une tradition de la poésie légère chez les philosophes, dira Apulée. Voyez Solon ou Platon[88].

Apulée cite le *Charmide* de Platon : « Les incantations sont les paroles bonnes *(kalous)*[89]. » Oui, mais *kalos* signifie d'abord *efficace*.

« Si tu avais lu Virgile... » (XXX). Virgile, dit Apulée, énumère d'autres procédés pour réveiller l'amour que les poissons (*Buc.*, VIII, 64 ss.; *Énéide*, VI, 513). Il est important de voir Apulée citer Virgile, à la fois poète et mage.

88. Cela n'empêche pas Apulée de faire l'éloge de l'amour dit « platonique », justement. Une chose qu'Émilianus est bien en peine de comprendre selon lui : *non tam amat sapiens quam recordatur.* Pour le sage ce n'est pas tant l'amour que la réminiscence...

89. Trad. Valette, XXVI.

Bucoliques, VIII, 64 ss. : « Apporte l'eau, entoure cet autel de souples bandelettes, brûle des verveines grasses et de l'encens mâle, pour que j'essaie par des rites magiques de détourner la raison sensée *(sanos avertere... sensus)* de mon amant... » « Il ne manque plus rien ici que des incantations *(carmina)*... « Les incantations ont jusqu'au pouvoir de faire descendre du ciel la lune... » (v. 69)[90]. La parole efficace est la parole du poète. C'est le *vates* qui rend les *carmina* puissants. Malgré qu'il en eût : *An ideo magus, quia poeta* ? (IX). Il est vrai que les vers d'Apulée ne semblent pas d'un poète extraordinaire. Il y a d'autres façons d'être poète.

Ai-je dit qu'Apulée est un grand écrivain ? Apulée, c'est aussi, n'oublions pas, un grand romancier et un bon auteur de philosophie. Il est évident qu'ayant lu l'*Apologie*, il n'y a plus qu'à se précipiter sur les *Métamorphoses* et le *Démon de Socrate*.

90. Trad. E. De Saint-Denis, CUF, légèrement modifiée. Songeons aussi à Théocrite et à ses admirables *Magiciennes*.

L'APOLOGIE D'APULÉE

I. [1]Certus equidem eram proque uero obtinebam, Maxime Claudi quique in consilio estis, Sicinium Aemilianum, senem notissimae temeritatis, accusationem mei prius apud te coeptam quam apud se cogitatam penuria criminum solis conuiciis impleturum; [2]quippe insimulari quiuis innocens potest, reuinci nisi nocens non potest. [3]Quo ego uno praecipue confisus gratulor medius fidius, quod mihi copia et facultas te iudice obtigit purgandae apud imperitos philosophiae et probandi mei; [4]quamquam istae calumniae ut prima specie graues, ita ad difficultatem defensionis repentinae fuere. [5]Nam, ut meministi, dies abhinc quintus an sextus est, cum me causam pro uxore mea Pudentilla aduersus Granios *agere* aggressum de composito necopinantem patroni eius incessere maledictis et insimulare magicorum maleficiorum ac denique necis Pontiani priuigni mei coepere. [6]Quae ego cum intellegerem non tam crimina iudicio quam obiectamenta iurgio prolata, ultro eos ad accusandum crebris flagitationibus prouocaui. [7]Ibi uero Aemilianus cum te quoque acrius motum et ex uerbis rem factam uideret, quaerere *o*ccepit ex diffidentia latibulum aliquod temeritati.

I. J'étais certain pour ma part et tenais pour assuré, Claudius Maximus, et vous, ses assesseurs, que Sicinius Emilianus, vieillard bien connu pour son étourderie, n'apporterait, à l'appui d'une accusation qu'il m'intentait devant vous sans même prendre le temps d'y réfléchir à part lui, en l'absence de griefs positifs, rien qu'injurieuses médisances. On peut toujours, en effet, diffamer un innocent : faire la preuve, on ne le peut que contre un coupable. Et c'est dans la confiance que cette pensée m'inspire par-dessus tout que je me félicite, je le déclare, d'avoir, devant un juge tel que toi, l'occasion et la bonne fortune de justifier la philosophie auprès des ignorants et de me disculper moi-même.

À la vérité, les calomnies de mon adversaire avaient au premier abord une apparence de gravité, et leur soudaineté ajoutait encore aux difficultés de la défense. Tu t'en souviens en effet : il y a quatre ou cinq jours, j'avais commencé à plaider pour ma femme Pudentilla contre les Granius, quand, sur un mot d'ordre, à l'improviste, voilà les avocats d'Emilianus qui se mettent à m'accabler d'invectives, à m'accuser de maléfices magiques, à m'attribuer enfin le meurtre de Pontianus, mon beau-fils.

Comprenant qu'ils avaient moins pour but de saisir la justice que de me chercher chicane et de faire du scandale, je pris les devants, et les mis en demeure, par des sommations répétées, d'engager des poursuites. Du coup, Emilianus, voyant que toi aussi tu étais indigné, et qu'il ne s'agissait plus de paroles, mais d'actes, perdit de son assurance, et chercha une retraite à son étourderie.

II. [1] Igitur Pontianum fratris sui filium, quem paulo prius occisum a me clamitarat, postquam ad subscribendum compellitur, ilico oblitus est ; [2] de morte cognati adulescentis subito tacer*e*. Tanti criminis descriptione < ne > tamen omnino desistere uideretur, calumnia*m* magiae, quae facilius infamatur quam probatur, eam solum sibi delegit ad accusandum. [3] Ac ne id quidem de professo audet, uerum postera die dat libellum nomine priuigni mei Sicini Pudentis, admodum pueri, et ascribit se ei assistere, [4] nouo more per alium lacessendi, scilicet ut obtentu eius aetatulae ipse insimulationis falsae non plecteretur. [5] Quod tu cum sollertissime animaduertisses et iccirco eum denuo iussisses proprio nomine accusationem delatam sustinere, [6] pollicitus ita facturum ne sic quidem quitus est ut comminus ageret percelli, set iam et aduersum te contumaciter eminus calumniis uelitatur. [7] Ita totiens ab accusandi periculo profugus in assistendi uenia perseuerauit.

[8] Igitur et priusquam causa ageretur, facile intellectu cuiuis fuit qualisnam accusatio futura esset, cuius qui fuerat professor et machinator idem fieri auctor timeret, [9] ac praesertim Sicinius Aemilianus, qui si quippiam ueri in me explorasset, numquam profecto tam cunctanter hominem extraneum tot tantorumque criminum postulasset, [10] qui auunculi sui testamentum, quod uerum sciebat, pro falso infamar*i*t, [11] tanta

II. Lui qui, l'instant d'avant, proclamait à grands cris que Pontianus, le fils de son frère, avait été tué par moi, à peine est-il contraint de signer une plainte, que, soudain frappé d'oubli, de la mort de son jeune parent il ne souffle plus mot. Pour n'avoir pas l'air néanmoins d'abandonner entièrement une charge aussi grave, de ses griefs mensongers il ne retient que celui de magie, crime plus facile à dénoncer qu'à prouver, et il en fait l'objet de son accusation. Encore n'ose-t-il en prendre ouvertement la responsabilité ; mais le lendemain, il dépose une plainte au nom de mon beau-fils, Sicinius Pudens, lequel n'est encore qu'un enfant, en ajoutant que lui-même, il l'assiste. Façon nouvelle d'attaquer sous le couvert d'autrui : il comptait apparemment s'abriter derrière le jeune âge de son neveu pour échapper au châtiment d'une fausse accusation[1]. Ce calcul n'échappa point à ta clairvoyance, et tu le sommas derechef de soutenir en son propre nom l'accusation qu'il avait présentée. Il promet de le faire ; mais alors même on ne peut le décider à combattre face à face ; et c'est rebelle envers toi-même qu'il persiste à présent dans d'obliques et déloyales manœuvres, se dérobant avec obstination au rôle périlleux d'accusateur, pour se réfugier, à l'abri de tout risque, dans celui de second.

Aussi fut-il aisé de pressentir, avant même que l'action fût engagée, ce que serait une accusation dont celui qui l'avait ourdie et tramée craignait de prendre la *responsabilité*. Un Sicinius Emilianus surtout ! S'il avait découvert sur mon compte quoi que ce soit de sérieux, jamais assurément il n'aurait tant hésité à poursuivre en justice, pour tant et de si grands crimes, un homme qui ne lui était rien, lui qu'on a vu attaquer comme faux, quand il le savait authentique, le testament de son oncle.

1. La *calumnia*, ou accusation dénuée de fondement, était punie d'infamie, à moins que le plaignant, en raison de sa jeunesse, ne fût réputé avoir agi sans discernement. *Les notes conservés de l'édition de Paul Valette (CUF) sont données* (V).

quidem pertinacia, ut, cum Lollius Vrbicus V. C. uerum uideri et ratum esse debere de consilio consularium uirorum pronuntiasset, contra clarissimam uocem iurauerit uecordissimus iste, tamen illud testamentum fictum esse, [12]adeo ut aegre Lollius Vrbicus ab eius pernicie temperarit.

III. [1]Quam quidem uocem et tua aequitate et mea innocentia fretus spero in hoc quoque iudicio erupturam, quippe qui sciens innocentem criminatur eo sane facilius, quod iam, ut dixi, mentiens apud praefectum urbi in amplissima causa conuictus est. [2]Namque peccatum semel ut bonus quisque postea sollicitius cauet, ita qui ingenio malo est, confidentius integrat ac iam de cetero quo saepius, eo apertius delinquit. [3]Pudor enim, ueluti uestis, quanto obsoletior est, tanto incuriosius habetur. [4]Et ideo necessarium arbitror pro integritate pudoris mei, priusquam ad rem aggrediar, maledicta omnia refutare. [5]Sustineo enim non modo meam, uerum etiam philosophiae defensionem, cuia magnitudo uel minimam reprehensionem pro *maximo* crimine aspernatur, [6]propter quod paulo prius patroni Aemiliani multa in me proprie conficta et alia communiter in philosophos sueta ab imperitis mercennaria loquacitate effutierunt. [7]Quae etsi pos-

Et avec quelle opiniâtreté ! Le « clarissime »[2] Lollius Urbicus ayant déclaré, sur l'avis des consulaires, que l'acte était régulier et devait être tenu pour valable, il jura, ce forcené, contre un arrêt venu de si haut, que le testament n'en était pas moins faux : au point que Lollius Urbicus se retint à grand-peine de lui infliger un châtiment exemplaire.

III. Pareil arrêt, j'ai la confiance, fort de ton équité et de mon innocence, qu'il retentira encore, dans le débat présent, contre un homme qui, sciemment, accuse un innocent, d'autant moins gêné pour le faire que, comme je viens de le rappeler, il a déjà été convaincu de mensonge, devant le préfet de Rome, dans une cause très importante. Autant, en effet, un honnête homme, s'il a une fois commis une faute, se surveille pour n'y pas retomber, autant une mauvaise nature met d'impudence à recommencer ; et plus souvent ensuite elle fait le mal, moins elle cherche à s'en cacher. Car il en est de l'honneur comme d'un vêtement : plus il est usé, moins on en prend soin. Voilà pourquoi j'estime nécessaire, en homme dont l'honneur est demeuré intact, avant d'aborder le fond de l'affaire, de réfuter toutes les médisances. Je ne défends pas seulement ma propre cause, mais celle de la philosophie, dont la majesté s'insurge contre le plus léger reproche comme si on l'accusait d'un crime. Les avocats d'Emilianus, en effet, n'ont-ils pas tout récemment, en même temps qu'une foule d'inventions mensongères contre ma personne en particulier, débité contre les philosophes en général, avec une faconde mercenaire, les inepties familières à l'ignorance ?

2. *Vir clarissimus* est le nom couramment donné aux membres de l'ordre sénatorial à partir du second siècle. Il devient plus tard, dans la hiérarchie impériale, un titre officiel. (V)

sunt ab his utiliter blaterata ob mercedem et auctoramento impudentiae depensa haberi, iam concesso quodam more *r*abulis id genus, quo ferme solent linguae suae uirus alieno dolori locare, [8] tamen uel mea causa paucis refellenda sunt, ne is, qui sedulo laboro ut ne quid maculae aut inhonestamenti in me admittam, uidear cuipiam, si quid ex friuolis praeteriero, id agnouisse potius quam contempsisse. [9] Est enim pudentis animi et uerecundi, ut mea opinio fert, uel falsa*s* uitu*pe*ratione*s* grauari, cum etiam hi, qui sibi delicti alicuius conscii sunt, tamen, cum male audiunt, impendio commoueantur et obirascantur, [10] quamquam, exinde ut male facere coeperunt, consueuerint male audire, quod, si a ceteris silentium est, tamen ipsi sibimet conscii sunt posse se merito increpari ; [11] enimuero bonus et innoxius quisque, rudis et imperitas auris ad male audiendum habens et laudis assuetudine contumeliae insolens, multo tanta ex animo laborat ea sibi immerito dici, quae ipse possit aliis uere obiectare. [12] Quod si forte inepta uidebor et oppido friuola uelle defendere, illis debet ea res uitio uorti, quibus turpe est etiam haec obiectasse, non mihi culpae dari, cui honestum erit etiam haec diluisse.

On peut alléguer, je le sais, que ces clabauderies intéressées sont leur gagne-pain, et que c'est pour toucher le prix de leur impudence qu'ils font tant de frais, puisqu'aussi bien c'est maintenant une pratique reçue que ces orateurs de tréteau mettent leur langue empoisonnée aux gages des rancunes d'autrui. Mais l'intérêt de ma cause exige que je les réfute en peu de mots, de peur que, si moi qui m'applique avec soin à éviter la moindre tache et le moindre déshonneur, je laisse sans réponse quelqu'une de ces insinuations frivoles, on n'y voie un aveu plutôt que du mépris. La pudeur et la délicatesse morale doivent, à mon avis, s'alarmer des critiques les moins méritées. Ceux même qui ont une faute sur la conscience ne supportent pas sans émotion et sans colère qu'on dise du mal d'eux ; et pourtant, depuis qu'ils ont commencé à faire le mal, ils ont pu s'accoutumer à en entendre dire d'eux ; que les autres se taisent : ils n'en ont pas moins conscience d'être sous le coup de justes remontrances[3]. À plus forte raison l'homme vertueux et intègre, dont les oreilles innocentes ne connaissent pas la voix de la médisance : habitué à la louange, peu fait aux outrages, il souffre doublement d'entendre des reproches que lui-même serait en droit d'adresser aux autres.

Si donc il arrive que ma défense paraisse s'attacher à d'oiseuses et vaines futilités, il faut s'en prendre à eux, à qui revient la honte de semblables accusations, et non m'en rendre responsable moi, pour qui il ne sera pas sans honneur d'avoir réduit à néant même des griefs de cette espèce.

3. Sur la notion de *conscience* qui va être un point longuement développé, *cf.* notre introduction.

IV. [1] Audisti ergo paulo prius in principio accusationis ita dici : « Accusamus apud te philosophum formonsum et tam Graece quam Latine » — pro nefas ! — « disertissimum. » [2] Nisi fallor enim, his ipsis uerbis accusationem mei ingressus est Tannonius Pudens, homo uere ille quidem non disertissimus. [3] Quod utinam tam grauia formae et facundiae crimina uere mihi opprobrasset ; non difficile ei respondissem quod Homericus Alexander Hectori :

[4] οὔ τοι ἀπόβλητ' ἐστὶ θεῶν ἐρικυδέα δῶρα,
ὅσσα κεν αὐτοὶ δῶσιν, ἑκὼν δ' οὐκ ἄν τις ἕλοιτο,

[5] [munera deum gloriosissima nequaquam aspernanda ; quae tamen ab ipsis tribui sueta multis uolentibus non obtingunt.] Haec ego de forma respondissem. [6] Praeterea : licere etiam philosophis esse uoltu liberali ; [7] Pythagoram, qui primum se esse philosophum nuncuparit, eum sui saeculi excellentissima forma fuisse ; [8] item Zenonem illum antiquum Velia oriundum, qui primus omnium sollertissimo artificio . . . . . ambifariam dissoluer*it*, eum quoque Zenonem longe decorissimum fuisse, ut Plato autumat ; [9] itemque multos philosophos ab ore honestissimos memoriae prodi, qui gratiam corporis morum honestamentis ornauerint. [10] Sed haec defensio, ut dixi, aliquam multum a me remota est, cui praeter formae mediocrita-

4. *Forma* et *facundia.* Les deux termes du délit = beauté et éloquence.
5. *Illiade* III, 65.

IV. Tu as donc entendu tout à l'heure comment débutait l'accusation : « Nous accusons devant toi un philosophe bien fait de sa personne, et – crime abominable ! – d'une égale éloquence en grec et en latin. » C'est, si je ne me trompe, en ces termes mêmes que Tannonius Pudens, qui lui, sans contredit, n'est pas très éloquent, a commencé son réquisitoire contre moi. Être beau et savoir parler[4] ! graves accusations, que je voudrais bien avoir méritées ! Il m'eût été facile de répondre, comme l'Alexandre d'Homère à Hector : « Il ne faut pas rejeter les glorieux présents des dieux ; ces dons qu'eux-mêmes nous accordent, plus d'un les voudrait bien, qui ne les obtient pas[5]. » Voilà, pour la beauté, ce que j'aurais répondu. Et j'aurais ajouté qu'il est permis même à un philosophe d'avoir une figure avenante : Pythagore, qui le premier prit le nom de philosophe[6], fut l'homme le plus remarquablement beau de son temps ; et Zénon l'ancien, originaire de Vélia[7], qui sut le premier, par un habile artifice, réduire toute proposition à des termes contradictoires[8], ce Zénon, lui aussi, avait les traits les plus nobles, à ce qu'affirme Platon ; et bien d'autres philosophes encore, dont l'histoire rapporte qu'ils étaient beaux de visage, firent valoir leurs avantages physiques par la dignité de leurs mœurs. Mais ce genre de défense, je l'ai dit, est bien loin de me convenir : médiocrement pourvu d'agréments extérieurs, la conti-

6. *Primum* (E φ) est parfaitement compréhensible = pour la première fois (adverbe). Sur cet événement, *cf.* Cicéron, *Tusculanes* V, 3, 8 ; 4, 10. *Cf.* aussi Diogène Laërce, *Prooem.* § 12. « Pythagore est le premier à avoir donné le nom à la *philosophie* et à s'être appelé *philosophe.* »

7. Zénon d'Élée (1re moitié du Ve siècle av. J.-C.), *cf.* Diogène Laërce, 25-29. Il fut l'auditeur de Parménide et son aimé.

8. *Ambifuriam* est adverbe : « qui, le premier de tous, a trouvé un artifice très intelligent pour résoudre par la méthode antinomique ». *Cf.* l'emploi d'*ambifuriam* en *Florides* (18, 23).

tem continuatio etiam litterati laboris omnem gratiam corpore deterget, habitudinem tenuat, sucum exsorbet, colorem obliterat, uigorem debilitat. [11]Capillus ipse, quem isti aperto mendacio ad lenocinium decoris promissum dixere, uides quam sit amoenus ac delicatus, [12]horrore implexus atque impeditus, stuppeo tomento adsimilis et inaequaliter hirtus et globosus et congestus, prorsum inenodabilis diutina incuria non modo comendi, sed saltem expediendi et discriminandi : [13]satis, ut puto, crinium crimen, quod illi quasi capitale intenderunt, refutatur.

V. [1]De eloquentia uero, si qua mihi fuisset, neque mirum neque inuidiosum deberet uideri, si ab ineunte aeuo unis studiis litterarum ex summis uiribus deditus, omnibus aliis spretis uoluptatibus, ad hoc aeui haud sciam anne super omnis homines impenso labore diuque noctuque, cum despectu et dispendio bonae ualetudinis, eam quaesissem. [2]Sed nihil ab eloquentia metuant, quam ego, si quid omnino promoui, potius spero quam praesto. [3]Sane quidem, si uerum est quod Statium Caecilium in suis poematibus scripsisse dicunt, innocentiam eloquentiam esse, ego uero profiteor ista ratione ac praefero me nemini omnium de eloquentia concessurum. [4]Quis enim me

9. Thème de la « santé des gens de lettres », pour reprendre le fameux titre de Tissot (cf. par ex. l'édition de Lausanne, 1792). On peut remonter à Celse (*De medicina* I, 2). La santé des « intellectuels » dirions-nous maintenant.

nuité de mes travaux littéraires enlève toute grâce à ma personne, exténue mon corps, tarit mon embonpoint, fane mon teint, paralyse ma vigueur[9]. Cette chevelure même, dont mes adversaires, par un mensonge flagrant, ont attribué la longueur à un artifice de coquetterie, tu vois comme elle est gracieuse et efféminée : hirsute, emmêlée et enchevêtrée, semblable à de la bourre d'étoupe, inégalement ramassée en mèches rudes et en paquets, elle forme des nœuds inextricables, tant il y a longtemps que je néglige, je ne dis pas de la cultiver, mais de la peigner et démêler. C'en est assez, j'imagine, pour réfuter leurs dires concernant mes cheveux, dont ils m'ont fait un crime capital[10].

V. Quant à l'éloquence, à supposer que j'en eusse, faudrait-il s'étonner, faudrait-il m'en vouloir de ce qu'adonné, dès mon jeune âge et de toutes mes forces, à la seule étude des lettres, dédaignant tout autre plaisir, j'ai, jusqu'à l'âge où me voici, plus qu'aucun homme peut-être, au prix d'un travail acharné de nuit comme de jour, au mépris et aux dépens de ma santé, cherché à l'acquérir ? Mais ils n'ont rien à craindre de ce côté : le talent de la parole, quelques progrès que j'aie pu faire, je l'ambitionne plus que je ne le possède[11]. Ah ! sans doute, s'il est vrai, comme Cécilius Statius l'a écrit, dit-on, en ses poèmes, qu'innocence soit éloquence, à ce compte, oui, je déclare et proclame que je ne le cède à personne sur le chapitre de l'éloquence. Car quel

10. Astuce = le « crime de cheveux » devient un crime.

11. Très important passage sur la *conscience* (*cf.* aussi plus loin XI, et notre introduction).

hoc quidem pacto eloquentior uiuat, quippe qui nihil umquam cogitaui quod eloqui non auderem ? [5]Eundem me aio facundissimum esse, nam omne peccatum semper nefas habui ; eundem disertissimum, quod nullum meum factum uel dictum exstet, de quo disserere publice non possim, [6]ita ut iam de uorsibus dissertabo, quos a me factos quasi pudendos protulerunt, cum quidem me animaduertisti cum risu illis suscensentem, quod eos absone et indocte pronuntiarent.

VI. [1]Primo igitur legerunt e ludicris meis epistolium de dentifricio uorsibus scriptum ad quendam Calpurnianum, qui cum aduersum me eas litteras promeret, non uidit profecto cupiditate laedendi, si quid mihi ex illis fieret criminosum, id mihi secum esse commune. [2]Nam petisse eum a me aliquid tersui dentibus uorsus testantur :

[3]Calpurniane, salue properis uorsibus.
Misi, ut petisti, <tibi> munditias dentium,
nitelas oris ex Arabicis frugibus,
tenuem, candificum, nobilem puluisculum,
complanatorem tumidulae gingiuulae,
conuerritorem pridianae reliquiae,
ne qua uisatur tetra labes sordium,
restrictis forte si labellis riseris.

[4]Quaeso, quid habent isti uorsus re aut uerbo pudendum, quid omnino quod philosophus suum no*l*it uideri ? [5]nisi forte in eo reprehendendus sum, quod Calpurniano puluisculum ex Arabicis frugibus mise-

homme, à le prendre de la sorte, pourrait montrer dans sa vie une éloquence supérieure à la mienne, moi qui n'ai jamais eu une pensée que je craignisse d'exprimer tout haut ? Oui, je me fais fort de savoir et parler, car j'ai toujours considéré toute faute comme une chose dont on ne doit pas parler[12], et exposer, car il n'y a dit ni fait de ma part dont je ne sois prêt à m'expliquer en public – comme je vais le faire immédiatement pour ces vers de ma composition, qu'ils ont cru citer à ma honte, tandis que moi-même, tu l'as remarqué, je riais et maugréais tout ensemble de l'incorrection et de la grossièreté de leur débit.

VI. Ils ont donc commencé par lire une pièce tirée de mes œuvres badines : c'est une petite épître en vers sur une poudre dentifrice, à l'adresse d'un certain Calpurnianus ; lequel, en produisant contre moi cette lettre, n'a pas vu apparemment, dans son désir de nuire, que, s'il y avait là de quoi me faire du tort, il se faisait tort avec moi. Car c'est lui-même qui m'avait demandé une substance pour nettoyer les dents, ainsi que les vers en font foi :

« Calpurnien, ces vers ailés t'apportent mon salut. Sur ta prière je t'envoie la propreté des dents et l'éclat de la bouche ; c'est un produit tiré de plantes d'Arabie, une poudre ténue et d'illustre origine, remède souverain pour blanchir comme neige, pour rendre saine et lisse une gencive enflée, pour balayer les restes de la veille, et n'en laisser paraître aucune trace impure, quand un sourire entr'ouvrira tes lèvres. »

Je le demande, ces vers ont-ils rien, soit dans le fond, soit dans la forme, qui blesse la pudeur, rien qu'un philosophe puisse n'avouer qu'à regret ? À moins peut-être que je ne sois à blâmer d'avoir envoyé à Calpurnianus une poudre tirée de plantes d'Arabie, alors

12. *Cf.* l'introduction sur la question de l'aveu.

rim, quem multo aequius erat spurcissimo ritu Hiberorum, ut ait Catullus, sua sibi urina

dentem atque russam pumicare gingiuam.

VII. [1]Vidi ego dudum uix risum quosdam tenentis, cum munditias oris uidelicet orator ille aspere accusaret et dentifricium tanta indignatione pronuntiaret, quanta nemo quisquam uenenum. [2]Quidni ? crimen haud contemnendum philosopho, nihil in se sordidum sinere, nihil uspiam corporis apert*i* *i*mmundum pati ac fetulentum, [3]praesertim os, cuius in propatulo et conspicuo usus homini creberrimus, siue ille cuipiam osculum ferat seu cum qu*i*quam sermocinetur siue in auditorio dissertet siue in templo preces alleget ; [4]omnem quippe hominis actum sermo praeit, qui, ut ait poeta praecipuus, dentium muro proficiscitur. [5]Dares nunc aliquem similiter grandiloquum : diceret suo more cum primis cui ulla fandi cura sit impensius cetero corpore os colendum, quod esset animi uestibulum et orationis ianua et cogitationum comitium. [6]Ego certe pro meo captu dixerim nihil minus quam oris illuuiem libero et liberali uiro competere. [7]Est enim ea pars hominis loco celsa, uisu prompta, usu facunda ; nam quidem feris et pecudibus os humile et deorsum ad pedes deiectum, uestigio et pabulo

13. *Poème* 39, v. 19.

qu'il lui aurait mieux convenu, selon la répugnante coutume des Hibères, de se servir, comme dit Catulle[13], de sa propre urine « pour en frotter ses dents et sa gencive rouge ».

VII. J'ai vu tout à l'heure des personnes qui avaient peine à s'empêcher de rire, en entendant notre orateur[14] censurer avec âpreté « la propreté de la bouche » et prononcer le mot de dentifrice avec plus d'indignation que jamais personne celui de poison. Et le fait est que ce n'est pas un crime négligeable pour un philosophe de ne tolérer sur soi aucune malpropreté, ni souffrir qu'aucune partie visible de son corps soit immonde et malodorante : surtout la bouche, qui, placée en évidence, exposée aux regards, est l'organe dont l'homme se sert le plus souvent, soit pour donner un baiser, soit pour entretenir une conversation, soit pour parler en public, soit pour prier dans un temple. Il n'est pas d'acte de l'homme que ne précède la parole, laquelle, selon l'expression du prince des poètes[15], « franchit le rempart des dents ». Supposez un orateur ayant sa sublime éloquence : il dirait, dans le style qui lui est propre, que celui-là surtout qui a souci de son langage doit, plus que du reste de son corps, prendre soin de sa bouche, vestibule de l'âme, porte du verbe, rendez-vous des idées. Pour moi, qu'il me suffise de dire, dans la limite de mes moyens, que rien n'est plus indigne qu'une bouche malpropre d'un homme libre et de mœurs libérales. Car, par sa place, elle domine les autres parties du corps humain ; la première, elle frappe les regards, et sa fonction, c'est la parole. Voyez les bêtes sauvages et les animaux domestiques : leur museau bas, qu'ils laissent pendre dans la direction de leurs pieds, vers le sol que

14. Il y a dans le texte un jeu de mots sur *munditias oris* et *orator*. (V)

15. Homère.

proximum, numquam ferme nisi mortuis aut ad morsum exasperatis conspicitur; hominis uero nihil prius tacentis, nihil saepius loquentis contemplere.

VIII. [1] Velim igitur censor meus Aemilianus respondeat, umquamne ipse soleat pedes lauare; uel, si id non negat, contendat maiorem curam munditiarum pedibus quam dentibus impertiendam. [2] Plane quidem, si quis ita ut tu, Aemiliane, numquam ferme os suum nisi maledictis et calumniis aperiat, censeo ne ulla cura os percolat neque ille exotico puluere dentis emaculet, quos iustius carbone de rogo obteruerit, neque saltem communi aqua perluat: [3] quin ei nocens lingua, mendaciorum et amaritudinum praeministra, semper in fetutinis et olenticetis suis iaceat. [4] Nam quae, malum, ratio est linguam mundam et laetam, uocem contra spurcam et tetram possidere, uiperae ritu niueo denticulo atrum uenenum inspirare? [5] Ceterum qui sese sciat *o*rationem prompturum neque inutilem neque iniucundam, eius merito os, ut bono potui poculum, praela*u*itur. [6] Et quid ego de homine nato diutius? belua immanis, crocodillus ille qui in Nilo gignitur, ea quoque, ut comperior, purgandos sibi dentis innoxio hiatu praebet. [7] Nam quod est ore amplo, sed elingui et plerumque in aqua recluso, multae *hiru*dines dentibus implectuntur; eas illi, cum egressus in praeripia fluminis hiauit, una ex auibus fluuialibus amica auis iniecto rostro sine noxae periculo exsculpit.

foulent leurs pas et qui leur donne leur pâture, ne s'aperçoit guère que lorsqu'ils sont morts ou que, rendus furieux, ils se redressent pour mordre. Chez l'homme, au contraire, c'est ce qu'on regarde en premier lieu quand il se tait, le plus fréquemment quand il parle.

VIII. Je voudrais donc bien que mon censeur Emilianus me dise s'il a l'habitude de parfois se laver les pieds. Et s'il ne dit pas non, soutiendra-t-il que la propreté des pieds réclame plus de soins que celle des dents ? Ah ! sans doute, celui qui, comme toi, Emilianus, n'ouvre guère la bouche que pour médire et calomnier, je suis bien d'avis qu'il ne prenne pas soin d'entretenir sa bouche, de nettoyer ses dents avec une poudre exotique – mieux lui siérait de les frotter avec du charbon de bûcher –, qu'il ne les rince même pas avec de l'eau ordinaire : mais que plutôt sa langue malfaisante, dispensatrice docile de mensonge et d'amertume, continue à croupir dans son immondice et dans sa puanteur. Car à quoi bon – c'est de la folie ! – avoir une langue propre et nette, quand la voix est impure et souillée ? telle la vipère qui, d'une dent de neige, distille un noir venin. Mais celui qui sait au contraire que les discours qu'il doit tenir ne seront ni sans profit ni sans charme, il est naturel qu'il lave d'abord sa bouche, comme on fait d'une coupe avant de la remplir d'un breuvage généreux.

Et pourquoi m'en tenir à la nature humaine ? Ce monstre énorme, le crocodile, qui naît dans le Nil, lui aussi, à ce que j'ai appris, offre ses dents à nettoyer, en ouvrant une gueule inoffensive. Car comme sa bouche, de vastes dimensions, mais privée de langue, ne se ferme guère sous l'eau, une multitude de sangsues se prennent entre ses dents. Et quand le crocodile, remonté sur la berge, ouvre sa large gueule, l'un des oiseaux du fleuve, un oiseau familier, y introduit son bec, et, sans courir aucun danger, en extirpe les bestioles[16].

16. *Cf.* Hérodote, II, 68.

IX. 1 Mitto haec. Venio ad ceteros uorsus, ut illi uocant, amatorios, quos tamen tam dure et rustice legere, ut odium mouerent. 2 Sed quid ad magica maleficia, quod ego pueros Scriboni Laeti, amici mei, carmine laudaui? 3 An ideo magus, quia poeta? Quis umquam fando audiuit tam similem suspicionem, tam aptam coniecturam, tam proximum argumentum? 4 « Fecit uorsus Apuleius ». Si malos, crimen est, nec id tamen philosophi, sed poetae ; sin bonos, quid accusas? 5 « At enim ludicros et amatorios fecit ». Num ergo haec sunt crimina mea, et nomine erratis, qui me magiae detulistis? 6 Fecere tamen et alii talia, etsi uos ignoratis : apud Graecos Teius quidam et Lacedaemonius et Ci*us* cum aliis innumeris, 7 etiam mulier Lesbia, lasciue illa quidem tantaque gratia, ut nobis insolentiam linguae suae dulcedine carminum commendet ; 8 apud nos uero Aedituus et Porcius et Catulus, isti quoque cum aliis innumeris. 9 « At philosophi non fuere. » Num igitur etiam Solonem fuisse serium u*i*rum et philosophum negabis, cuius ille lasciuissimus uorsus est : μηρῶν ἱμείρων καὶ γλυκεροῦ στόματος? 10 Et quid tam petulans habent omnes uorsus mei, si cum isto uno contendantur? 11 ut taceam scripta Diogenis Cynici et Zenonis Stoicae sectae conditoris id genus plurima. Recitem denuo, ut sciant me eorum non pigere :

17. Belle réflexion. Apulée accepte d'être *uates* (prophète, poète, même « impie »), mais non mage.

18. Anacréon. (V)

19. Très probablement Alcman. (V)

IX. Mais laissons ce sujet. J'en viens aux autres vers, des vers d'amour, comme ils les appellent, encore que, de la manière dure et rustique dont ils les ont lus, ils inspirent plutôt de l'aversion. Mais quel rapport entre des maléfices magiques et le fait d'avoir composé un poème à la louange des enfants de mon ami Scribonius Laetus ? Suis-je magicien parce que je suis poète[17] ? A-t-on jamais ouï parler d'un soupçon aussi vraisemblable, d'une présomption aussi fondée, d'un argument aussi naturel ? « Apulée a fait des vers. » S'ils sont mauvais, il est en faute ; mais non le philosophe : le poète. Et s'ils sont bons, de quoi vous plaignez-vous ? « Mais ce sont des vers légers, des vers galants qu'il a composés. » Alors c'est là qu'est mon crime ? et vous vous trompez sur le sens des mots quand vous m'accusez de magie.

D'autres, d'ailleurs, en ont fait de semblables, bien que vous l'ignoriez. Chez les Grecs, un certain poète de Téos[18], un de Lacédémone[19], un de Céos[20] et une infinité d'autres ; même une femme, une Lesbienne[21], d'une volupté, celle-là, si pleine de grâce, que la douceur de ses chants fait accepter la hardiesse de son langage. Chez nous, Aedituus, Porcius, Catulus[22], et, avec eux aussi, une infinité d'autres. – « Mais ils n'étaient pas philosophes. » – Et Solon ? nierez-vous qu'il ait été un homme sérieux, un philosophe ? C'est de lui pourtant qu'est ce vers si lascif : « Désirant ses cuisses et ses lèvres suaves. » Qu'y a-t-il d'aussi leste dans toute mon œuvre, comparée à ce seul vers ? Et je passe sous silence Diogène le Cynique et Zénon, le fondateur de la secte stoïcienne, qui ont écrit beaucoup de choses semblables.

20. Simonide (plutôt que Bacchylide, comme on l'a aussi proposé). (V)

21. Sappho. (V)

22. Valerius Aedituus, Porcius Licinus (fin du IIe siècle av. J.-C.) ; Q. Lutatius Catulus, consul en 652/102. (V)

12 Et Critias mea delic*ia est*, et salua, Charine,
pars in amore meo, uita, tibi remanet;
ne metuas; nam me ignis et ignis torreat ut uult,
hasce duas flammas, dum potiar, patiar.
Hoc modo sim uobis unus sibi quisque quod ipse est;
hoc mihi uos eritis, quod duo sunt oculi.

13 Recitem nunc et alios, quos illi quasi intemperantissimos postremum legere:

14 Florea serta, meum mel, et haec tibi carmina dono.
Carmina dono tibi, serta tuo genio,
carmina, uti, Critia, lux haec optata canatur,
quae bis septeno uere tibi remeat,
serta autem, ut laeto tibi tempore tempora uernent,
aetatis florem floribus ut decores.
Tu mihi d*es* contra pro uerno flore tuum uer,
ut nostra exsuperes munera muneribus;
pro implexis sertis complexum corpore redde,
proque rosis oris sauia purpurei.
Quod si anim*am* inspires dona*ci*, *i*am carmina nostra
cedent uicta tuo dulciloquo calamo.

X. 1 Habes crimen meum, Maxime, quasi improbi comisatoris de sertis et canticis compositum. 2 Hic illud etiam reprehendi animaduertisti, quod, cum aliis nominibus pueri uocentur, ego eos Charinum et Critian appellitarim. 3 Eadem igitur opera accusent C. Catul*l*um, quod Lesbiam pro Clodia nominarit, et Ticidam similiter, quod quae Metella erat Perillam

Je veux les réciter de nouveau, mes vers, pour que mes ennemis voient que je n'en rougis pas :

« Si Critias m'inspire un tendre sentiment, tu n'en gardes pas moins, Charinus, ô ma vie, toute ta part de mon amour. Sois donc sans crainte : un feu, brûlant avec un autre, peut me consumer à son gré ; si je l'emporte, je supporte l'ardeur de cette double flamme. Qu'ainsi je sois pour l'un et l'autre ce que chacun est à soi-même ; et ce que sont deux yeux, vous le serez pour moi. »

Et ces autres encore, qu'ils ont lus en dernier lieu comme étant le comble du dévergondage :

« Ces guirlandes de fleurs, doux ami, et ces chants sont un présent que je t'apporte ; à toi les chants, à ton génie les guirlandes sont une offrande ; les chants pour célébrer, Critias, l'heureux jour dont le retour verra tes deux fois sept printemps ; les guirlandes, pour faire éclore le printemps sur ta tempe en ce temps de joyeuse allégresse, et pour parer de fleurs la fleur de ta jeunesse. Pour prix de ces fleurs printanières, je te demande ton printemps (je recevrai de toi plus que tu n'as reçu) ; pour ces rameaux entrelacés, ton corps à mon corps enlacé, et pour ces roses, les baisers de ta bouche aux lèvres vermeilles. Mais si ton souffle inspire une âme au chalumeau, mon chant vaincu reconnaîtra son maître dans le doux son de ta flûte champêtre. »

X. Voilà mon crime, Maximus : dirait-on pas d'un viveur endurci ? et cela pour avoir parlé de guirlandes et de chansons !

Toujours à ce propos, tu as remarqué qu'on me reprochait également d'avoir, aux vrais noms de ces enfants, substitué ceux de Charinus et de Critias.

À ce compte, qu'ils accusent Catulle d'avoir employé le nom de Lesbia pour celui de Clodia, et de même Ticidas d'avoir écrit Périlla au lieu de Métella,

scripserit, et Propertium, qui Cunthiam dicat, Hostiam dissimulet, et Tibullum, quod ei sit Plania in animo, Delia in uorsu. 4 Et quidem C. Lucilium, quamquam sit iambicus, tamen improbarim, quod Gentium et Macedonem pueros directis nominibus carmine suo prostituerit. 5 Quanto modestius tandem Mantuanus poeta, qui itidem ut ego, puerum amici sui Pollionis bucolico ludicro laudans et abstinens nominum, sese quidem Corydonem, puerum uero Alexin uocat. 6 Sed Aemilianus, uir ultra Vergilianos opiliones et busequas rusticanus, agrestis quidem semper et barbarus, uerum longe austerior, ut putat, Serranis et Curiis et Fabriciis, negat id genus uorsus Platonico philosopho competere. 7 Etiamne, Aemiliane, si Platonis ipsius exemplo doceo factos? cuius nulla carmina exstant nisi amoris elegia; nam cetera omnia, credo quod tam lepida non erant, igni deussit. 8 Disce igitur uorsus Platonis philosophi in puerum Astera, si tamen tantus natu potes litteras discere :

Ἀστὴρ πρὶν μὲν ἔλαμπες ἐνὶ ζωοῖσιν Ἑῷος·
νῦν δὲ θανὼν λάμπεις Ἕσπερος ἐν φθιμένοις.

9 Item eiusdem Platonis in Alexin Phaedrumque pueros coniuncto carmine :

Νῦν ὅτε μηδὲν Ἄλεξις ὅσον μόνον εἶφ' ὅτι καλός,
ὦπται καὶ πάντῃ πᾶσι περιβλέπεται.
θυμέ, <τί> μηνύεις κυσὶν ὀστέον; εἶτ' ἀνιήσει
ὕστερον. οὐχ οὕτω Φαῖδρον ἀπωλέσαμεν;

Properce de donner Cynthia pour pseudonyme à Hostia, Tibulle d'avoir dans l'esprit Plania, quand dans ses vers il dit Délia. Et à dire vrai, Lucilius, quoique poète satirique, me semble avoir eu tort de laisser leurs noms véritables de Gentius et de Macedo à deux jeunes gens qu'il expose en public dans un de ses poèmes. Combien plus discret le poète de Mantoue : chantant, comme j'ai fait moi-même, le jeune esclave de son ami Pollion dans un badinage bucolique[23], il a soin d'éviter les vrais noms, et se désigne lui-même sous celui de Corydon, l'enfant sous celui d'Alexis. Mais Emilianus, paysan plus grossier que les bergers ou que les bouviers de Virgile, et de tout temps un rustre et un barbare, se prend pour plus austère que les Serranus, les Curius et les Fabricius : et il soutient que des vers de cette sorte ne sauraient convenir à un philosophe platonicien.

Et si je prouvais, Emilianus, que je n'ai fait que suivre l'exemple de Platon lui-même ? Les seuls poèmes qui restent de lui sont des élégies amoureuses : tout le reste, qui, j'imagine, lui paraissait moins agréable, il l'a jeté au feu. Apprends donc les vers du philosophe Platon sur le jeune Aster, si toutefois, vieux comme tu l'es, tu peux apprendre les lettres :

> « Aster, qui, parmi les vivants, brillais, étoile du matin, maintenant, mort, parmi les morts, tu brilles, étoile du soir. »

Du même Platon encore, ces vers où il associe dans un commun hommage deux éphèbes, Alexis et Phèdre :

> « Alexis, ai-je dit, est beau. Ce fut assez. Depuis, on le regarde, et chacun, en tous lieux, lui lance des œillades. Pourquoi, mon cœur, montrer un os aux chiens ? Tu t'en repentiras un jour. Souviens-toi : c'est ainsi que nous perdîmes Phèdre. »

23. Virgile, *Bucoliques*, II.

[10]Ne pluris commemorem, nouissimum uorsum eius de Dione Syracusano si dixero, finem faciam :

ὦ ἐμὸν ἐκμήνας θυμὸν ἔρωτι Δίων.

XI. [1] Sed sumne ego ineptus, qui haec etiam in iudicio ? an uos potius calumniosi, qui etiam haec in accusatione, quasi ullum specimen morum sit uorsibus ludere ? [2]Catullum ita respondentem maliuolis non legistis :

Nam castum esse decet pium poetam
ipsum, uersiculos nihil necesse est ?

[3]Diuus Adrianus cum Voconi amici sui poetae tumulum uorsibus muneraretur, ita scripsit :

Lasciuus uersu, mente pudicus eras,

quod numquam ita dixisset, si forent lepidiora carmina argumentum impudicitiae habenda. [4] Ipsius etiam diui Adriani multa id genus legere me memini. Aude sis, Aemiliane, dicere male id fieri, quod imperator et censor diuus Adrianus fecit et factum memoriae reliquit. [5]Ceterum Maximum quicquam putas culpaturum quod sciat Platonis exemplo a me factum ? cuius uorsus, quos nunc percensui, tanto sanctiores sunt, quanto apertiores, tanto pudicius compositi, quanto simplicius professi ; [6]namque haec et id

Pour ne pas multiplier les citations, je ne dirai plus que son vers sur Dion de Syracuse, et ce sera tout :

« Dion, toi dont l'amour a égaré mon âme. »

XI. Mais où ai-je la tête, de traiter de tels sujets jusque devant un tribunal ? À moins que ce ne soit vous plutôt qui cherchiez de mauvaises chicanes, pour recourir à de tels arguments dans une accusation, comme si l'on pouvait juger de la valeur morale d'un homme sur un amusement poétique. Vous n'avez donc pas lu ce que Catulle répond aux malveillants :

« Le poète pieux doit être chaste, lui ; mais que ses vers le soient, il n'en est nul besoin[24]. »

Le dieu Hadrien, honorant d'un hommage en vers le tombeau de son ami le poète Voconius, y inscrivit ces mots :

« Ton vers était lascif, mais ton âme était chaste »,

ce qu'il n'aurait jamais dit si des poésies un peu voluptueuses devaient passer pour un indice de mœurs relâchées. Et du même Hadrien, j'ai souvenir d'en avoir lu beaucoup dans ce genre. Dis encore, Emilianus, si tu l'oses, que l'on a tort de faire ce que le divin Hadrien, empereur et censeur, a fait et laissé en souvenir à la postérité.

Peux-tu penser d'ailleurs que Maximus ira condamner ce qu'il sait avoir été fait à l'exemple de Platon ? Les vers que j'ai cités de ce philosophe sont d'autant plus purs qu'ils sont plus francs, et l'œuvre est d'autant plus chaste que l'aveu est plus dépourvu d'artifice. Car, en pareille matière, c'est taire et dissimuler qui

24. Catulle, 16, 5-6.

genus omnia dissimulare et occultare peccantis, profiteri et promulgare ludentis est ; quippe natura uox innocentiae, silentium maleficio distributa.

XII. [1] Mitto enim dicere alta illa et diuina Platonic*a*, rarissimo cuique piorum ignara, ceterum omnibus profanis incognita : geminam esse Venerem deam, proprio quamque amore et diuersis amatoribus pollentis ; [2] earum alteram uulgariam, quae sit percita populari amore, non modo humanis animis, uerum etiam pecuinis et ferinis ad libidinem imperitare, u*i* immodica trucique perculsorum animalium serua corpora complexu uincientem ; [3] alteram uero caelitem Venerem, praedit*a* quae sit optimati amore, solis hominibus et eorum paucis curare, nullis ad turpitudinem stimulis uel illecebris sectatores suos percellentem ; [4] quippe amorem eius non amoenum et lasciuum, sed contra inco*m*tum et serium pulchritudine honestatis uirtutes amatoribus suis conciliare, et si quando decora corpora com*m*endet, a contumelia eorum procul absterrere ; [5] neque enim quicquam aliud in corporum forma diligendum quam quod *a*mmoneant diuinos animos eius pulchritudinis, quam prius ueram et sinceram inter deos uidere. [6] Quapropter, et*si* pereleganter Afranius hoc scriptum relinquat : « amabit sapiens, cupient ceteri », tamen, si

25. Sentence qu'il faut rapprocher de ce que nous avons dit de la *conscience*.

26. Cf. le discours de Pausanias, dans Platon (*Banquet,* 180c ss.). « Comment nier qu'il y ait deux Aphrodites ? L'une, qui est sans doute

est signe de dépravation ; l'aveu sans réticence est simple badinage. Ainsi l'a voulu la nature : la parole est l'attribut de l'innocence, le silence celui du mal[25].

XII. Et je ne parle pas de cette haute et divine pensée de Platon[26], qu'à peu d'exceptions près, les âmes pieuses connaissent, mais que tous les profanes ignorent : c'est à savoir qu'il y a deux déesses Vénus, dont chacune préside à un genre d'amour, et règne sur des amants distincts. L'une est la Vénus populaire : agitée d'un amour vulgaire, elle incite, impérieuse, aux dérèglements de la passion l'esprit non seulement des humains, mais des animaux domestiques et sauvages, subjugue les créatures par sa violence effrénée et brutale, et tient leurs corps asservis et captifs dans ses embrassements. L'autre, la Vénus céleste, est celle de l'amour noble ; elle ne veille que sur les hommes, et encore sur un petit nombre ; elle n'a ni aiguillons ni charmes pour faire tomber ses fidèles en de honteux égarements. Car son amour n'a rien de voluptueux ni de lascif : sans parure, au contraire, et plein de gravité, c'est sur la beauté morale qu'il compte pour incliner ses amants à la vertu ; et si parfois il éveille de l'intérêt pour un beau corps, il en écarte tout manque de respect ; car si la beauté corporelle est digne d'être aimée, c'est dans la mesure où elle rappelle aux âmes, qui sont d'essence divine, la beauté qu'elles ont jadis contemplée, vraie et pure, au séjour des dieux. Aussi, et bien qu'Afranius[27], avec beaucoup d'élégance, ait écrit : « L'amour est pour le sage ; aux autres, le désir », si tu veux savoir le vrai, Emilianus, et

la plus ancienne, et qui n'a pas de mère, c'est la fille d'Ouranos, celle que naturellement nous appelons la "Céleste". L'autre, la plus jeune, qui est la fille de Zeus et de Dionè, c'est celle que nous appelons la "Vulgaire". » Trad. Luc Brisson, Paris, GF, Flammarion, 1998.

27. Auteur de *togatae* vers la fin du IIe siècle av. J.-C.

uerum uelis, Aemiliane, uel si haec intellegere umquam potes, non tam amat sapiens quam recordatur.

XIII. [1] Da igitur ueniam Platoni philosopho uorsuum eius de amore, ne ego necesse habeam contra sententiam Neoptolemi Enniani pluribus philosophari ; [2] uel si tu id non facis, ego me facile patiar in huiuscemodi uorsibus culpari cum Platone. [3] Tibi autem, Maxime, habeo gratiam propensam, cum has quoque appendices defensionis meae iccirco necessarias, quia accusationi rependuntur, tam attente audis. [4] Et ideo hoc etiam peto, quod mihi ante ipsa crimina superest audias, ut adhuc fecisti, libenter et diligenter.

[5] Sequitur enim de speculo longa illa et censoria oratio, de quo pro rei atrocitate paene diruptus est Pudens clamitans : « Habet speculum philosophus, possidet speculum philosophus ». [6] Vt igitur habere concedam — ne aliquid obiecisse te credas, si negaro —, non tamen ex eo accipi me necesse est exornari quoque ad speculum solere. [7] Quid enim ? si choragium thymelicum possiderem, num ex eo argumentarere etiam uti me consuesse trag*oedi* syrmate, histrionis crocota, [orgia] mimi centunculo ? non opinor. Nam et contra plurimis rebus possessu careo, usu fruor. [8] Quod si neque habere utendi argumentum est neque non utendi non habere, et speculi non tam possessio culpatur quam inspectio, illud etiam docear

si tu es capable de jamais comprendre ces choses, c'est moins d'amour qu'il s'agit pour le sage, que de réminiscence[28].

XIII. Ne tiens donc pas rigueur au philosophe Platon de ses vers d'amour, si tu ne veux pas me contraindre à aller contre le précepte du Néoptolème d'Ennius, et à philosopher avec excès ; ou si tu n'y consens, je prendrai facilement mon parti de me faire mal juger pour des vers de ce genre en compagnie de Platon.

Quant à toi, Maximus, je t'ai une reconnaissance sans bornes d'écouter avec tant d'attention même ces hors-d'œuvre de ma défense, réponse indispensable à l'accusation. Et c'est pourquoi je te demande d'écouter ce qui me reste encore à dire, avant d'en venir aux griefs eux-mêmes, avec la bonne grâce et l'empressement que tu m'as témoignés jusqu'à présent.

Ici vient en effet l'affaire du miroir, et cette longue harangue, où, dénonçant avec la gravité d'un censeur cette abomination, Pudens a pensé crever en deux à force de crier : « Il a un miroir, un philosophe ! Il possède un miroir, un philosophe ! » Et quand j'avouerais qu'en effet j'en ai un – car tu croirais que l'argument porte si je niais –, en résulterait-il nécessairement que j'aie aussi l'habitude de me parer devant un miroir ? Quoi ? si j'avais en ma possession des accessoires de théâtre, tu en tirerais la preuve que j'ai coutume de porter une robe tragique, une tunique d'histrion, une casaque de mime ? Je ne le pense pas ; car il y a en revanche bien des choses que je ne possède pas, et dont j'ai la jouissance. Si donc ni la possession ne prouve l'usage, ni la non-possession, l'absence d'usage, et si ce que l'on critique dans le fait du miroir, ce n'est pas de le posséder, mais de s'y mirer, il te reste encore à m'ap-

28. Petite allusion, au passage, à la théorie platonicienne de la réminiscence.

necesse est, quando et quibus praesentibus in speculum inspexerim, quoniam, ut res est, magis piaculum decernis speculum philosopho quam Cereris mundum profano uidere.

XIV. [1] Cedo nunc, si et inspexisse me fateor, quod tandem crimen est imaginem suam nosse eamque non uno loco conditam, sed quoquo uelis paruo speculo promptam gestare? [2] An tu ignoras nihil esse aspectabilius homini nato quam formam suam? Equidem scio et filiorum cariores esse qui similes uidentur et publicitus simulacrum suum cuique, quod uideat, pro meritis praemio tribui. [3] Aut quid sibi statuae et imagines uariis artibus effigiatae uolunt? Nisi forte quod artificio elaboratum laudabile habetur, hoc natura oblatum culpabile iudicandum est, cum sit in ea uel magis miranda et facilitas et similitudo. [4] Quippe in omnibus manu faciundis imaginibus opera diutino sumitur, neque tamen similitudo aeque ut in speculis comparet; [5] deest enim et luto uigor et saxo color et picturae rigor et motus omnibus, qui praecipua fide similitudinem repraesentat, cum in eo uisitur imago mire relata, ut similis, ita mobilis, et ad omnem nutum hominis sui morigera; [6] eadem semper contemplantibus aequaeua est ab ineunte pueritia ad obeuntem senectam, tot aetatis uices induit, tam

prendre quand, et en présence de qui, je me suis regardé dans un miroir, puisqu'aussi bien, à ce que je constate, tu décrètes que la vue d'un miroir est pour un philosophe un pire sacrilège que n'est pour un profane celle des objets sacrés des mystères de Cérès.

XIV. Ceci dit, réponds-moi de grâce : si même j'avoue m'y être regardé, quel crime y a-t-il à connaître son image, et, plutôt que de l'enfermer à une place déterminée, à la porter où l'on veut et à l'avoir sans cesse avec soi dans un petit miroir ? Ignores-tu qu'il n'est rien pour l'homme de plus digne d'être contemplé que sa figure[29] ? Pour moi, je sais que les enfants les plus chers à leurs parents sont ceux qui leur ressemblent, et que les cités font présent de leur image, afin qu'ils puissent se regarder eux-mêmes, à ceux dont elles veulent récompenser les services. Ou sinon, que signifient les statues et les effigies de tout genre, à quelque art qu'elles soient dues ? À moins toutefois que ce qui paraît louable quand il est l'ouvrage de l'art, ne doive être jugé coupable quand il est offert par la nature, plus admirable cependant par la simplicité de ses moyens et la ressemblance de ses œuvres ? Car toute image faite de main d'homme exige un long effort, et pourtant on n'y remarque pas la même ressemblance qu'en un miroir. Il manque en effet à l'argile la fermeté, à la pierre la couleur, à la peinture le relief[30], à toutes enfin le mouvement, condition essentielle d'une ressemblance fidèle. Dans un miroir, au contraire, l'image apparaît, merveilleusement rendue, à la fois ressemblante et mobile, obéissante à tous les gestes de l'original ; bien plus : toujours de l'âge de celui qui la contemple, depuis la prime jeunesse jusqu'à l'extrême vieillesse, tant elle revêt les aspects successifs de

29. Traduction littérale : « son aspect ».
30. Plutôt la « dureté », la « fermeté ». *Cf.* l'introduction.

uarias habitudines corporis participat, tot uultus eiusdem laetantis uel dolentis imitatur. [7] Enimuero quod luto fictum uel aere infusum uel lapide incussum uel cera inustum uel pigmento illitum uel alio quopiam humano artificio adsimulatum est, non multa intercapedine temporis dissimile redditur et ritu cadaueris unum uultum et immobilem possidet. [8] Tantum praestat imaginis artibus ad similitudinem referundam leuitas illa speculi fabra et splendor opifex.

XV. [1] Aut igitur unius Hagesilai Lacedaemonii sententia nobis sequenda est, qui se neque pingi neque fingi umquam diffidens formae suae passus est, [2] aut, si mos omnium ceterorum hominum retinendus uidetur in statuis et imaginibus non repudiandis, cur existimes imaginem suam cuique uisendam potius in lapide quam in argento, magis in tabula quam in speculo ? [3] An turpe arbitraris formam suam spectaculo assiduo explorare ? [4] An non Socrates philosophus ultro etiam suasisse fertur discipulis suis, crebro ut semet in speculo contemplarentur, [5] ut qui eorum foret pulchritudine sibi complacitus, impendio procuraret ne dignitatem corporis malis moribus dedecoraret, [6] qui uero minus se commendabilem forma putaret, sedulo operam daret ut uirtutis laude turpitudinem tegeret ? [7] adeo uir omnium sapientissimus speculo etiam ad disciplinam morum utebatur. [8] Demosthenen uero, primarium dicendi artificem, quis est qui non sciat semper ante speculum quasi ante magistrum causas meditatum ? [9] Ita ille summus orator, cum

la vie, adopte les diverses attitudes du corps, imite sur un même visage toutes les expressions soit de la joie soit de la douleur. Au contraire, ce qui est modelé dans l'argile, coulé dans le bronze, gravé dans la pierre, imprimé dans la cire, tracé par la couleur, ou figuré par quelque autre art humain, après un court intervalle cesse d'être ressemblant, et garde, comme un cadavre, un visage immuable et rigide. Voilà à quel point l'emportent sur les arts plastiques, pour donner la ressemblance, le poli industrieux et l'éclat créateur d'un miroir.

XV. Il faut donc ou imiter le propos du seul Agésilas, le Lacédémonien, qui, peu flatté de son extérieur, ne laissa jamais peindre ni sculpter son portrait, ou se conformer à l'usage du commun des mortels, qui ne proscrivent ni les statues ni les images ; et dans ce cas, pourquoi juges-tu légitime de voir son image dans la pierre et non dans l'argent, sur un tableau et non dans un miroir ? Ou penses-tu qu'il soit honteux d'étudier sa figure par une contemplation incessante[31] ? Socrate le philosophe n'allait-il pas, dit-on, jusqu'à engager ses disciples à se regarder fréquemment dans un miroir ? ceux qui se complaisaient dans leur beauté, pour veiller attentivement à ne pas déshonorer la noblesse de leurs traits par une mauvaise conduite ; ceux qui s'estimaient peu doués d'agréments extérieurs, pour s'appliquer avec soin à faire oublier leur laideur par leurs qualités morales. C'est ainsi que le plus sage de tous les hommes se servait d'un miroir même pour former aux bonnes mœurs. Et Démosthène, le prince de l'art de la parole : qui ne sait qu'il répétait toujours ses plaidoyers devant un miroir comme devant un maître ? Ainsi ce grand

31. L'exemple socratique si important pour l'élaboration de la *conscience* (*cf.* introduction).

a Platone philosopho facundiam *h*ausisset, ab Eubulide dialectico argumentationes edidicisset, nouissimam pronuntiandi congruentiam ab speculo petiuit. [10]Vtrum igitur putas maiorem curam decoris in adseueranda oratione suscipiendam rhetori iurganti an philosopho obiurganti, apud iudices sorte ductos paulisper disceptanti an apud omnis homines semper disserenti, de finibus agrorum litiganti an de finibus bonorum et malorum docenti ?

[11]Quid quod nec ob haec debet tantummodo philosophus speculum inuisere ? [12]Nam saepe oportet non modo similitudinem suam, uerum etiam ipsius similitudinis rationem considerare : num, ut ait Epicurus, profectae a nobis imagines uelut quaedam exuuiae iugi fluore a corporibus manantes, cum leue aliquid et solidum offenderunt, illisae reflectantur et retro expressae contrauersim respondeant, [13]an, ut alii philosophi disputant, radii nostri seu mediis oculis proliquati et lumini extra*r*io mixti atque ita uniti, ut Plato arbitratur, [14]seu tantum oculis profecti sine ullo foris amminiculo, ut Archytas putat, seu intentu *a*ëris *co*acti, ut Stoici rentur, [15]cum alicui corpori inciderunt spisso et splendido et leui, paribus angulis

31. Le philosophe doit donner les raisons. Il le fait en donnant un éventail des solutions proposées : 1) théorie épicurienne – Lucrèce IV, 269-323 ; 2) Platon, on s'éloigne, des théories du miroir on passe aux théories générales de la vision ; 3) Archytas (on pourrait aussi penser à Empédocle) ; 4) dioptrique. La théorie platonicienne de la vision est

orateur, après avoir puisé chez Platon le philosophe la maîtrise de l'expression et appris d'Eubulide le dialecticien l'art de l'argumentation, demanda à son miroir, pour couronner le tout, la correction du débit. Lequel donc, à ton avis, doit donner plus de soin à son extérieur dans les luttes de la parole ? Le rhéteur qui invective ou le philosophe qui reprend ? Celui qui discute quelques brefs moments devant des juges tirés au sort, ou celui qui discute en tout temps et devant tous les hommes ? Celui qui plaide sur les limites d'un champ, ou celui qui enseigne les limites des biens et des maux ?

Mais il y a plus, et ce n'est pas uniquement à cette fin qu'un philosophe doit regarder un miroir : il a souvent à examiner non seulement sa propre ressemblance, mais la raison de cette ressemblance. Est-il vrai, comme l'affirme Épicure[31], que des images partent de nous, comme de légers tissus se détachant des corps en un écoulement ininterrompu, et que quand elles rencontrent une surface dure et polie, elles rebondissent sous le choc et, renvoyées en arrière, apparaissent en sens inverse ? Ou, comme le soutiennent d'autres philosophes, sont-ce nos propres rayons, soit émanés du centre de notre œil et mêlés à la lumière du dehors de manière à ne faire qu'un avec elle, comme le pense Platon, soit simplement issus des yeux et n'ayant besoin d'aucun appui extérieur, selon l'opinion d'Archytas, soit maintenus par la pression[32] de l'air, comme le supposent les stoïciens, sont-ce ces rayons, qui, quand ils tombent sur un corps solide, brillant et poli, rebondissent suivant un angle égal à leur

bien décrite par Plutarque (*Plac. philos.*, IV, 13) ; *cf.* Platon lui-même *in Timée* 45B-46A. Pour la théorie stoïcienne, *cf.* Plutarque, *Plac. philos.*, 15 : « Chrysippe dit que nous voyons en raison de la tension *(sunestasis)* de l'air entre les objets et nous-mêmes. » Sur ces théories, *cf.* Aulu-Gelle, *Nuits attiques*, V, 16.

32. Plutôt que de pression, il s'agit de tension.

quibus inciderant resultent ad faciem suam reduces atque ita, quod extra tangant ac uisant, id intra speculum imaginentur.

XVI. [1]Videturne uobis debere philosophia haec omnia uestigare et inquirere et cuncta specula, uel uda uel suda † soli †, uidere ? [2] Quibus praeter ista quae dixi etiam illa ratiocinatio necessaria est, cur in planis quidem speculis ferme pares obtutus et imagines uideantur, tumidis uero et globosis omnia defectiora, at contra in cauis auctiora ; [3]ubi et cur laeua cum dexteris permutentur ; quando se imago eodem speculo tum recondat penitus, tum foras exserat ; [4]cur caua specula, si exaduersum soli retineantur, appositum fomitem accendant ; [5]qui fiat ut arcus in nubibus uarie, duo soles aemula similitudine uisantur, alia praeterea eiusdem modi plurima, [6]quae tractat uolumine ingenti Archimedes Syracusanus, uir in omni quidem geometria multum ante alios admirabilis subtilitate, sed haud sciam an propter hoc uel maxime memorandus, quod inspexerat speculum saepe ac diligenter. [7]Quem tu librum, Aemiliane, si nosses ac non modo campo et glebis, uerum etiam abaco et puluisculo te dedisses, mihi istud crede, quamquam teterrimum os tuum minimum a Thyesta tragico demutet, tamen profecto discendi cupidine speculum inuiseres et aliquando relicto aratro mirarere tot in facie tua sulcos rugarum.

angle d'incidence, reviennent à la face d'où ils sont partis, et figurent à l'intérieur du miroir ce qu'ils touchent et voient au dehors[33] ?

XVI. Ne pensez-vous pas que les philosophes doivent faire de tous ces problèmes l'objet de leurs investigations et de leurs recherches, et regarder tous les miroirs, aussi bien liquides que solides ? Mais outre les questions que j'ai mentionnées, il y en a d'autres qui s'imposent aux raisonnements du philosophe. Pourquoi dans les miroirs plans les images apparaissent-elles à peu près égales aux objets directement perçus ? dans les convexes et les sphériques, rapetissées ? agrandies au contraire dans les miroirs concaves ? Où et pourquoi ce qui est à gauche passe-t-il à droite et inversement ? dans quelles conditions une image se retire-t-elle à l'intérieur ou se projette-t-elle à l'extérieur d'un même miroir ? pourquoi les miroirs concaves, quand on les tient en face du soleil, allument-ils un corps inflammable placé à proximité ? d'où vient l'arc multicolore dans les nuages, les deux soleils d'aspect identique, et tant d'autres phénomènes du même genre, que traite en un gros ouvrage Archimède de Syracuse, savant admirable entre tous pour la sagacité dont il fait preuve dans toutes les parties de la géométrie, mais dont peut-être le principal titre à la célébrité est d'avoir souvent et avec attention considéré un miroir. Si tu connaissais ce livre, Emilianus, et si tu avais pratiqué non pas seulement la terre des champs, mais le sable de l'abaque, crois-moi, bien que ta face sinistre ne diffère guère du masque tragique de Thyeste, par simple désir de t'instruire tu te regarderais au miroir et, délaissant pour un moment la charrue, tu contemplerais avec étonnement les sillons que les rides ont creusés dans ton visage.

33. La dioptrique.

[8]At ego non mirer, si boni consulis me de isto distortissimo uultu tuo dicere, de moribus tuis multo truculentioribus reticere. [9]Ea res est : praeter quod non sum iurgiosus, etiam libenter te nuper usque albus an ater esses ignoraui et adhuc *h*ercle non satis noui. [10]Id adeo factum, quod et tu rusticando obscurus es et ego discendo occupatus ; [11]ita et tibi umbra ignobilitatis a probatore obstitit, et ego numquam studui male facta cuiusquam cognoscere, sed semper potius duxi mea peccata tegere quam aliena indagare. [12]Igitur hoc mihi aduersum te usu uenit, quod qui forte constitit in loco lumine collustrato atque eum alter e tenebris prospectat. [13]Nam ad eundem modum tu quidem, quid ego in propatulo et celebri agam, facile e tenebris tuis arbitraris, cum ipse humilitate abdita et lucifuga non sis mihi mutuo conspicuus.

XVII. [1] Ego adeo seruosne *tu* habeas ad agrum colendum an ipse mutuarias operas cum uicinis tuis cambies, neque scio neque laboro. [2]At tu me scis eadem die tris Oeae manu misisse, idque mihi patronus tuus inter cetera a te sibi edita obiecit, quamquam modico prius dixerat me uno seruo comite Oeam uenisse. [3]Quod quidem uelim mihi respondeas, qui potuerim ex uno tris manu mittere, nisi si et hoc magicum est. [4]Tantamne esse mentiendi caecitatem dicam an consuetudinem? « *Ven*it Apuleius Oeam cum uno seruo » ; dein, pauculis uerbis intergarritis : « Apuleius Oeae una die tris manu misit ». [5] Ne illud quidem credibile

Mais moi, d'étonnement, je n'en éprouverais aucun si tu aimais mieux m'entendre parler de ta figure grimaçante que de tes mœurs plus grossières encore. Si sur celles-là je garde le silence, c'est d'abord que je ne suis pas d'humeur querelleuse ; c'est ensuite que je me suis fait un plaisir d'ignorer jusqu'à hier si tu étais blanc ou noir, et qu'actuellement encore je te connais à peine. Il en est ainsi parce que toi, les besognes rustiques te condamnent à l'obscurité, et moi l'étude m'absorbe entièrement. Ainsi l'ombre où tu vis ignoré t'a soustrait à la critique, et de mon côté, je n'ai jamais cherché à connaître les mauvaises actions de personne, jugeant toujours préférable de faire oublier mes fautes plutôt que de scruter celles des autres. Je me suis donc trouvé à ton égard dans la même situation qu'un homme placé dans un lieu rarement éclairé, quand l'autre le regarde d'un endroit plongé dans l'obscurité : pareillement, en effet, ce que moi je fais au grand jour et en public, il t'est facile de l'épier du fond de tes ténèbres ; mais toi, caché dans ta bassesse et fuyant la lumière, tu ne m'es pas visible en retour.

XVII. C'est ainsi que je ne sais ni ne me mets en peine de savoir si tu as des esclaves pour cultiver la terre, ou si tu fais échange de travaux avec tes voisins. Mais toi, tu sais que le même jour, à Oea, j'ai affranchi trois esclaves ; ton avocat me l'a reproché, entre autres faits qu'il tenait de toi ; et pourtant il venait de dire que j'étais venu à Oea accompagné d'un seul esclave. Je voudrais bien que tu m'apprennes comment, d'un seul esclave, j'ai pu faire trois affranchis, à moins qu'il n'y ait encore de la magie là-dessous. Conçoit-on, faut-il dire tant d'aveuglement, ou tant d'endurcissement dans le mensonge ? « Apulée est venu à Oea avec un seul esclave. » Et aussitôt après – le temps, pour notre bavard, d'intercaler quelques mots : « Apulée a, en un jour, affranchi trois esclaves à Oea. » Il serait déjà peu

fuisset, cum tribus uenisse, omnis liberasse ; quod tamen si ita fecissem, cur potius tris seruos inopiae signum putares quam tris libertos opulentiae? 6 Nescis profecto, nescis, Aemiliane, philosophum accusare, qui famuli*t*ii paucitatem opprobraris, quam ego gloriae causa ementiri debuissem, quippe qui scirem non modo philosophos, quorum me sectatorem fero, uerum etiam imperatores populi Romani paucitate seruorum gloriatos. 7 Itane tandem ne haec quidem legere patroni tui : M. Antonium consularem solos octo seruos domi habuisse, Carbonem uero illum, qui rebus potitus est, uno minus, at enim Manio Curio tot adoreis longe incluto, quippe qui ter triumphum una porta egerit, ei igitur Manio Curio duos solos in castris calones fuisse? 8 Ita ille uir de Sa*b*inis deque Samnitibus deque Pyrro triumphator paucioris seruos habuit quam triumphos. 9 M. autem Cato, nihil oppertus ut alii de se praedicarent, ipse in *or*atione sua scriptum reliquit, cum in Hispania*m* consul proficisceretur, tris seruos solos ex urbe duxisse ; 10 quoniam ad uillam publicam uenerat, parum uisum qui uteretur, iussisse duos pueros in foro de mensa emi, eos quinque in Hispaniam duxisse. 11 Haec Pudens si legisset, ut mea opinio est, aut omnino huic maledicto supersedisset aut in tribus seruis multitudinem comitum philosophi quam paucitatem reprehendere maluisset.

XVIII. 1 Idem mihi etiam paupertatem opprobrauit, acceptum philosopho crimen et ultro profitendum.

vraisemblable que, venu avec trois, je leur eusse à tous donné la liberté. Mais en admettant même que je l'eusse fait, pourquoi estimer que trois esclaves soient un indice de pauvreté, plutôt que trois affranchis, un indice d'opulence ? Tu ignores assurément, Emilianus, tu ignores ce que c'est que d'accuser un philosophe. Cette indigence de domestiques dont tu crois me faire honte, j'aurais eu lieu de l'inventer pour m'en faire honneur, sachant que non seulement les philosophes, dont je me proclame l'adepte, mais même les généraux du peuple romain ont tiré gloire du petit nombre de leurs esclaves. Même cela, tes avocats ne l'ont donc pas lu ? Antoine, après son consulat, n'avait en tout chez lui que huit esclaves ; Carbon, qui fut à la tête de la république, un de moins ; et Manius Curius, qu'illustrèrent tant de récompenses militaires, qui passa trois fois la même porte en triomphateur, eh bien, ce Manius Curius n'avait dans son camp que deux goujats ; ainsi cet homme, qui triompha des Sabins, des Samnites, de Pyrrhus, avait moins d'esclaves qu'il ne comptait de triomphes. Quant à Marcus Caton, sans attendre que d'autres fissent son éloge, il a déclaré lui-même, dans un discours qu'il a laissé par écrit, qu'en partant pour l'Espagne comme consul, il n'emmena de Rome que trois esclaves ; arrivé à la Villa publique, et jugeant que c'était trop peu pour ses besoins, il en fit acheter deux sur les tréteaux du forum, et c'est avec ces cinq qu'il alla en Espagne. Si Pudens avait lu tout cela, j'imagine ou qu'il aurait renoncé à me chercher chicane sur ce point, ou qu'il m'aurait reproché mes trois esclaves comme une suite trop nombreuse et non trop maigre pour un philosophe.

XVIII. Le même Pudens m'a fait un crime de ma pauvreté : accusation flatteuse pour un philosophe, et au-devant de laquelle il doit même aller le premier.

[2]Enim paupertas olim philosophiae uernacula est, frugi, sobria, paruo potens, aemula laudis, aduersum diuitias possessa, habitu secura, cultu simplex, consilio benesuada, [3]neminem umquam superbia inflauit, neminem impotentia deprauauit, neminem tyrannide efferauit, delicias uentris et inguinum neque uult ullas neque potest. [4]Quippe haec et alia flagitia diuitiarum alumni solent; maxima quaeque scelera si ex omni memoria hominum percenseas, nullum in illis pauperem reperies, [5]ut contra ha*ud* temere inter illustris uiros diuites comparent, sed quemcumque in aliqua laude miramur, eum paupertas ab incunabulis nutricata est. [6]Paupertas, inquam, prisca apud saecula omnium ciuitatium conditrix, omnium artium repertrix, omnium peccatorum inops, omnis gloriae munifica, cunctis laudibus apud omnis nationes perfuncta. [7]Eadem est enim paupertas apud Graecos in Aristide iusta, in Phocione benigna, in Epaminonda strenua, in Socrate sapiens, in Homero diserta. [8]Eadem paupertas etiam populo Romano imperium a primordio fundauit, proque eo in *h*odiernum diis immortalibus si*m*pulo et catino fictili sacrificat.

[9]Quod si modo iudices de causa ista sederent C. Fabricius, Gn. Scipio, Manius Curius, quorum filiae ob paupertatem de publico dotibus donatae ad maritos ierunt portantes gloriam domesticam, pecuniam publicam, [10]si Publicola regum exactor et

Pauvreté fut de tout temps compagne inséparable de la philosophie. Honnête, frugale, riche de peu, jalouse de bonne renommée, c'est, à l'encontre des richesses, un bien qui ne trompe jamais. Sans recherche dans son extérieur, simple dans sa mise, bonne conseillère, il n'est personne qu'elle ait jamais enflé d'orgueil, personne dont elle ait fait l'esclave de ses passions, personne qu'elle ait rendu d'humeur despotique et farouche. Les jouissances du ventre et de l'amour sensuel, elle ne les veut ni ne saurait les goûter. Ce sont les nourrissons de la richesse qui sont coutumiers de ce genre de désordres. Passez en revue les plus grands scélérats dont l'histoire ait gardé la mémoire : vous ne trouverez pas de pauvres parmi eux ; et tandis qu'il faut les chercher pour découvrir des riches parmi les hommes illustres, tous ceux que nous admirons pour quelque mérite éclatant ont été, depuis le berceau, nourris par la pauvreté. Oui, la pauvreté : c'est elle qui fut, aux premiers âges de l'humanité, la fondatrice de tous les états, la mère de tous les arts ; innocente de tout mal, dispensatrice de toute gloire, elle a toujours, chez tous les peuples, mérité toutes les louanges. La pauvreté – voyez les Grecs : elle est juste dans la personne d'Aristide, bienveillante dans celle de Phocion, vaillante chez Épaminondas, sage chez Socrate, éloquente chez Homère. C'est la pauvreté encore qui a été dès l'origine le fondement de l'empire du peuple romain ; et c'est pourquoi, jusqu'à ce jour, pour sacrifier aux dieux immortels, il se sert d'une cuiller et d'une écuelle d'argile.

Si l'on voyait siéger ici, pour juger cette cause, Gaius Fabricius, Gnaeus Scipion, Manius Curius, dont les filles, à cause de leur pauvreté, furent dotées aux frais de l'État, et allèrent dans la demeure de leur mari en emportant avec elles la gloire de leur maison et l'argent de la république ; si Publicola, l'auteur du bannissement

Agrippa populi reconciliator, quorum funus ob tenuis opes a populo Romano collatis sextantibus adornatum est, [11] si Atilius Regulus, cuius agellus ob similem penuriam publica pecunia cultus est, [12] si denique omnes illae ueteres prosapiae consulares et censoriae et triumphales breui usura lucis ad iudicium istud remissae audirent, auderesne paupertatem philosopho exprobrare apud tot consules pauperes ?

XIX. [1] An tibi Claudius Maximus idoneus auditor uidetur ad irridendam paupertatem, quod ipse uberem et prolixam rem familiarem sortitus est ? [2] Erras, Aemiliane, et longe huius animi frustra es, si eum ex fortunae indulgentia, non ex philosophiae censura metiris, si uirum tam austerae sectae tamque diutinae militiae non putas amiciorem esse coercitae mediocritati quam delicatae opulentiae, fortunam uelut tunicam magis concinnam quam longam probare ; [3] quippe etiam ea, si non gestetur et trahatur, nihil minus quam lacinia praependens impedit et praecipitat. [4] Etenim <in> omnibus ad uitae munia utendis quicquid aptam moderationem supergreditur, *o*neri potius quam usui exuberat. [5] Igitur et immodicae diuitiae uelut ingentia et enormia gubernacula facilius mergunt quam regunt, quod habent irritam copiam, noxiam nimietatem. [6] Quin ex ipsis opulentioribus eos potissimum uideo laudari, qui nullo strepitu, modico cultu, dissimulatis facultatibus agunt et diuitias

des rois, et Agrippa, l'artisan de la réconciliation populaire, l'un et l'autre si dénués de ressources que le peuple romain réunit sou à sou de quoi pourvoir aux apprêts de leurs funérailles ; si Atilius Régulus, dont le petit champ, en raison d'une semblable indigence, fut cultivé aux frais de l'État ; si toutes ces antiques familles, enfin, de consuls, de censeurs, de triomphateurs, admises un court moment à jouir de la lumière, étaient renvoyées parmi nous pour assister à ce jugement et pouvaient nous entendre, oserais-tu reprocher sa pauvreté à un philosophe devant tant de consuls qui furent pauvres ?

XIX. Ou penses-tu que Claudius Maximus soit homme à écouter d'une oreille complaisante tes railleries à l'adresse de la pauvreté, parce que lui-même est pourvu par le sort d'un riche et abondant patrimoine ? Tu te trompes, Emilianus, et tu fais fausse route, si tu prends pour mesure d'une telle âme les faveurs de la fortune, et non les maximes de la philosophie ; si tu crois qu'un homme de principes si sévères et dont la longue carrière fut celle d'un soldat, ne préfère pas la médiocrité, avec ses contraintes, à l'opulence, avec ses raffinements, et n'apprécie pas dans la fortune, de même que dans une tunique, la justesse des dimensions plutôt que la longueur. Car il en est de la fortune, quand on la traîne au lieu de la porter, comme d'un vêtement dont le bord trop tombant gêne la marche et fait trébucher. C'est ainsi : dans tous les objets d'utilité courante, tout ce qui dépasse la juste mesure devient, par son exagération, un fardeau plutôt qu'un secours. Les richesses immodérées ressemblent à un gouvernail de dimensions excessives, qui fait sombrer le navire au lieu de le diriger : l'abondance en est sans profit, la surabondance nuisible.

D'ailleurs, voyez même les gens qui sont dans l'opulence : on loue surtout ceux qui vivent sans bruit, sur un pied modeste, en faisant oublier leur fortune, et qui

magnas administrant sine ostentatione, sine superbia, specie mediocritatis pauperum similes. [7]Quod si etiam ditibus ad argumentum modestiae quaeritur imago quaepiam et color paupertatis, cur eius pudeat tenuioris, qui eam non simulata*m*, sed uere fungimur?

XX. [1]Possum equidem tibi et ipsius nominis controuersiam facere, neminem nostrum pauperem esse qui superuacanea nolit, possit necessaria, quae natura oppido pauca sunt. [2]Namque is plurimum habebit, qui minimum desiderabit ; habebit enim quantum uolet qui uolet minimum. [3]Et iccirco diuitiae non melius in fundis et in fenore quam in ipso hominis animo aestimantur, qui si est auaritia egenus et ad omne lucrum inexplebilis, nec montibus auri satiabitur, sed semper aliquid, ante parta ut augeat, mendicabit. [4]Quae quidem uera confessio est paupertatis ; omnis enim cupido acquirendi ex opinione inopiae uenit, nec refert quam magnum sit quod tibi minus est. [5]Non habuit tantam rem familiarem Philus quantam Laelius, nec Laelius quantam Scipio, nec Scipio quantam Crassus Diues, at enim nec Crassus Diues quantam uolebat ; [6]ita cum omnis superaret, a suamet auaritia superatus est, omnibusque potius diues uisus est quam sibi. [7]At contra hi philosophi quos commemoraui, non ultra uolentes quam poterant, sed congruentibus desideriis et facultatibus iure meritoque

administrent de grands biens sans ostentation, sans orgueil, avec une simplicité extérieure qui les fait ressembler à des pauvres. Si donc les riches eux-mêmes, pour faire preuve de modestie, affectent certaines apparences et un certain air de pauvreté, pourquoi faudrait-il en rougir, nous qui, de cette humble condition, avons non les faux-semblants, mais la réalité ?

XX. Je pourrais d'ailleurs engager avec toi une controverse sur le mot lui-même, et soutenir qu'on n'est jamais pauvre quand on renonce au superflu et est pourvu du nécessaire, lequel, par nature, se réduit à bien peu de chose. Car on aura d'autant plus qu'on désirera moins, parce qu'on est d'autant plus sûr d'avoir tout ce qu'on veut, que l'on voudra moins. Aussi ne sont-ce pas les terres et les fructueux placements qui donnent la mesure de la richesse, mais le cœur de l'homme. Si l'avarice entretient ses besoins, si rien ne peut assouvir son amour du lucre, des montagnes d'or ne le rassasieront pas ; pour augmenter ses gains antérieurs, il mendiera toujours. Le véritable aveu de pauvreté, le voilà. Tout désir d'acquérir vient en effet de ce qu'on croit être dans le besoin ; et peu importe combien l'on a, si l'on a trop peu à son gré. Philus n'avait pas autant de fortune que Lélius, ni Lélius autant que Scipion, ni Scipion autant que Crassus le Riche, ni Crassus le Riche à son tour autant qu'il en aurait voulu : de sorte que, surpassant tout le monde, il était surpassé par sa propre avarice, et que, riche aux yeux de tous, il ne l'était pas aux siens. Les philosophes, au contraire, que j'ai cités, ne souhaitant rien au-delà de ce dont ils disposaient, mais mettant leurs désirs en harmonie avec leurs moyens, furent à juste titre riches et fortunés. La

dites et beati fuerunt. [8]Pauper enim *er*is appetendi egestate, diues non egendi satietate, quippe qui inopia desiderio, opulentia fastidio cernuntur. [9]Igitur, Aemiliane, si pauperem me haberi uis, prius auarum esse doceas necesse est. Quod si nihil in animo deest, de rebus extrariis quantum desit non laboro, quarum neque laus in copia neque culpa in penuria consistit.

XXI. [1]Sed finge haec aliter esse, ac me ideo pauperem, quia mihi fortuna diuitias inuidit easque, ut ferme euenit, aut tutor imminuit aut inimicus eripuit aut pater non reliquit : hocine homini opprobrari, pauperiem, quod nulli ex animalibus uitio datur, non aquilae, non tauro, non leoni ? [2]Equus si uirtutibus suis polleat, ut sit aequabilis uector et cursor pernix, nemo ei penuriam pabuli exprobrat : tu mihi uitio dabis non facti uel dicti alicuius prauitatem, sed quod uiuo gracili lare, quod paucioris habeo, parcius pasco, leuius uestio, minus obsono ? [3]Atqui ego contra, quantulacumque tibi haec uidentur, multa etiam et nimia arbitror et cupio ad pauciora me coercere, tanto beatior futurus quanto collectior. [4]Namque animi ita ut corporis sanitas expedita, imbecillitas laciniosa est, certumque signum est infirmitatis pluribus indigere. [5]Prorsus ad uiuendum uelut ad natandum is

34. Cf. Celse, *De medicina*, I, 1 : *Sanus homo, qui et bene ualet et suae spontis est, nullis obligare se legibus debet, ac neque medico neque iatrolipta egere...* « L'homme en bonne santé, qui est à la fois

pauvreté, en effet, a sa source dans les appétits non satisfaits, la richesse, dans le contentement que donne l'absence de besoins ; la marque de l'indigence, c'est le désir ; celle de l'opulence, la satiété. Ainsi donc, Emilianus, si tu veux qu'on me tienne pour pauvre, il faut d'abord que tu montres que je suis avare. Si l'âme en moi ne manque de rien, je m'inquiète peu de ce qui me manque des biens extérieurs, dont ni l'abondance n'est un mérite, ni la privation, un vice.

XXI. Mais supposons qu'il en soit autrement ; supposons que je sois pauvre parce que la jalousie du sort m'a refusé la richesse : c'est un tuteur, comme il arrive, qui a rogné mon patrimoine, c'est un ennemi qui me l'a ravi, c'est mon père qui ne m'a rien laissé. Quelle raison d'en vouloir à un homme de sa pauvreté, quand on n'en fait reproche à aucun animal, ni à l'aigle, ni au taureau, ni au lion ? Si un cheval possède les qualités qui lui sont propres, allure égale au trait ou à la selle, agilité à la course, personne ne lui reproche l'insuffisance de sa nourriture. Et toi, tu me feras un crime non d'une action ou d'une parole honteuse, mais de l'exiguïté de mon foyer, du petit nombre de mes gens, de la frugalité de mon ordinaire, de la simplicité de mon vêtement, de la modestie de ma table ? Eh bien moi, si chétif que tout cela te paraisse, j'estime que c'est beaucoup, que c'est trop encore. Oui, je désire me restreindre encore davantage, et me croirai d'autant plus fortuné que mon train de vie sera plus réduit. Car pour l'âme, comme pour le corps, la santé, c'est l'indépendance[34] ; la faiblesse est une entrave, et un signe certain d'infirmité, c'est d'avoir beaucoup de besoins. On vit, comme on nage[35], d'autant

bien portant et maître de sa conduite, ne doit nullement s'astreindre à des règles...»

35. *Cf.* Lactance, *Institution divine,* I. 7, chap. I. Paulin, *Ep.*, 38.

melior, qui onere liberior ; sunt enim similiter etiam in ista uit*ae* humanae tempestat*e* leuia sustentui, grauia demersui. [6] Equidem didici ea re praecedere maxime deos hominibus, quod nulla re ad usum sui indigeant, igitur ex nobis cui quam minimis opus sit, eum esse deo similiorem.

XXII. [1] Proinde gratum hab*ui*, *c*um ad contumeliam diceretis rem familiarem mihi peram et baculum fuisse. [2] Quod utinam tantus animi forem, ut praeter eam supellectilem nihil quicquam requirerem, sed eundem ornatum digne gestarem, quem *C*rates ultro diuitiis abiectis appetiuit. [3] *C*rates, inquam, si quid credis, Aemiliane, uir domi inter Thebanos proceres diues et nobilis, amore huius habitus, quem mihi obiectas, rem familiarem largam et uberem populo donauit, multis seruis a sese remotis solitatem delegit, arbores plurimas et frugiferas prae uno baculo spreuit, uillas ornatissimas una perula mutauit, [4] quam postea comperta utilitate etiam carmine laudauit, flexis ad hoc Homericis uorsibus, quibus ille Cretam insulam nobilitat. [5] Principium dicam, ne me haec ad defensionem putes confinxisse :

[Κρήτη] <πήρη> τις πόλις ἐστὶ μέσῳ ἐνὶ οἴνοπι
τύφῳ [πόντῳ].

36. L'autarcie divine. La formulation ici semble épicurienne. Mais *cf.* aussi, par ex., Censorin, *Le Jour natal*, 1, 4 : « Xénophon, le disciple de Socrate, n'avait besoin de rien, c'est le fait des dieux ; avoir le moins de besoins possibles, c'est en être le plus proche. »

mieux qu'on est plus libre de tout fardeau. La vie humaine est comme une tempête, où les corps légers vous soutiennent, où les corps lourds vous entraînent vers le fond. Ce qui fait avant tout, m'a-t-on enseigné, la supériorité des dieux sur les hommes, c'est qu'ils n'ont besoin de rien pour leur usage ; ainsi nous-mêmes, moins nous avons de besoins, plus nous sommes semblables aux dieux[36].

XXII. Juge, dès lors, si j'ai été flatté quand vous avez dit, pensant m'outrager, que j'avais pour tout patrimoine une besace et un bâton. Que n'ai-je l'âme assez haute pour me contenter d'un tel mobilier, sans rien souhaiter au-delà, et pour me montrer digne de ce même équipage pour l'amour duquel Cratès abandonna volontairement ses richesses. Cratès, crois-le si tu veux, Emilianus, riche et noble de naissance entre les Thébains de grande famille, s'éprit si fort de cet extérieur que tu me reproches, qu'il distribua au peuple son riche et abondant patrimoine, congédia ses nombreux esclaves pour demeurer par choix dans la solitude, dédaigna, pour un seul bâton, des arbres nombreux et fertiles, et échangea de confortables maisons de campagne contre une pauvre besace, dont plus tard, quand il en eut connu l'utilité, il fit même l'éloge en vers, parodiant à cet effet le passage dans lequel Homère glorifie l'île de Crète[37]. J'en citerai le début, afin que tu n'ailles pas croire que j'invente pour les besoins de ma défense :

« Il est une cité que l'on nomme Péra, dans la sombre fumée des illusions vaines. »

37. *Odyssée*, XIX, 172. Cratès avait, dans ce vers, remplacé *Krêtê* par *pêrê*, « besace », et *pontôi* par *tuphôi*, « fumée », mot désignant chez les cyniques les illusions et les vains désirs. (V) Cratès succéda à Diogène à la tête des cyniques. Diogène Laërce, VI, 85 ; *cf.* aussi Apulée, *Florides*, XIV et XXII (où il est comparé à Hercule).

Iam cetera tam mirifica, quae si tu legisses, magis mihi peram quam nuptias Pudentillae inuidisses. [6]Peram et baculum tu philosophis, exprobrares igitur et equitibus faleras et peditibus clipeos et signiferis uexilla *ac* denique triumphantibus quadrigas albas et togam palmatam? [7]Non sunt quidem ista Platonicae sectae gestamina, sed Cynicae familiae insignia. Verum tamen hoc Diogeni et Antistheni pera et baculum, quod regibus diadema, quod imperatoribus paludamentum, quod pontificibus galerum, quod lituus auguribus. [8]Diogenes quidem Cynicus cum Alexandro magno de ueritate regni certabundus baculo uice sceptri gloriabatur. [9]Ipse denique Hercules inuictus — quoniam haec tibi ut quaedam mendicabula *n*imis sordent —, [10]ipse, inquam, Hercules lustrator orbis, purgator ferarum, gentium domitor, is tamen deus, cum terras peragraret, paulo prius quam in caelum ob uirtutes ascitus est, neque una pelli uestitior fuit neque uno baculo comitatior.

XXIII. [1]Quod si haec exempla nihili putas ac me non ad causam agundam, uerum ad censum disserundum uocasti, ne quid tu rerum mearum nescias, si tamen nescis, profiteor mihi ac fratri meo relictum a patre *HS* uiciens paulo secus, [2]idque a me longa peregrinatione et diutinis studiis et crebris liberalitatibus

Et toute la suite est si admirable que, si tu l'avais lue, c'est plutôt ma besace, non mon mariage avec Pudentilla, que tu m'aurais enviée.

Leur besace et leur bâton, voilà ce que tu reproches aux philosophes ? Reproche donc aussi aux cavaliers leurs phalères, aux fantassins leur bouclier, aux porte-enseignes leurs étendards, aux triomphateurs enfin leur quadrige blanc et leur toge brodée de palmes. Les attributs dont je parle ne sont pas, à la vérité, ceux de la secte platonicienne, ce sont ceux qui distinguent la famille cynique. Mais pour Diogène, pour Antisthène, leur besace et leur bâton étaient ce qu'est aux rois leur diadème, aux généraux leur manteau, aux pontifes leur calotte, aux augures leur crosse. Diogène le Cynique, discutant avec Alexandre le Grand sur les vrais caractères de la royauté, se glorifiait de son bâton à l'égal d'un sceptre. Et l'invincible Hercule lui-même, si tu méprises en ceux-là des mendiants couverts de haillons, Hercule lui-même, dis-je, qui parcourait la terre, en la purgeant de ses fauves et en domptant les nations, oui, tout dieu qu'il était, au temps où il allait de pays en pays, peu avant d'être élevé au ciel en récompense de ses vertus, n'avait pour tout vêtement qu'une peau de bête, pour toute escorte qu'un bâton[38].

XXIII. Que si néanmoins ces exemples sont sans valeur à tes yeux, et si tu m'as cité non pour plaider ma cause, mais pour détailler ma fortune, je ne veux rien te laisser ignorer de mes affaires, si tant est que tu les ignores. Apprends donc que mon père nous a laissé, à mon frère et à moi, environ deux millions de sesterces, somme que mes lointains voyages, mes études prolongées et mes fréquentes libéralités ont quelque peu dimi-

38. Héraklès est un modèle pour les stoïciens. Mais il y a aussi un Hercule épicurien (*cf.* mon article : « Quel dieu est Épicure ? », *REL*, t. 1, 1973, pp. 139-162). Il y a un Hercule cynique (*cf.* Cratès).

modice imminutum. [3] Nam et amicorum plerisque opem tuli et magistris plurimis gratiam rettuli, quorundam etiam filias dote auxi ; [4] neque enim dubitassem equidem uel uniuersum patrimonium impendere, ut acquirerem mihi quod maius est contemptu patrimonii. [5] Tu uero, Aemiliane, et id genus homines uti tu es inculti et agrestes, tanti re uera estis quantum habetis, ut arbor infecunda et infelix, quae nullum fructum ex sese gignit, tanti est in pretio, quanti lignum eius in trunco. [6] At tamen parce postea, Aemiliane, paupertatem cuipiam obiectare, qui nuper usque agellum Zarathensem, quem tibi unicum pater tuus reliquerat, solus uno asello ad tempestiuum imbrem triduo exarabas. [7] Neque enim diu est, cum te crebrae mortes propinquorum immeritis hereditatibus fulserunt, unde tibi potius quam ob istam teterrimam faciem Charon nomen est.

XXIV. [1] De patria mea uero, quod eam sitam Numidiae et Gaetuliae in ipso confinio meis scriptis ostendis*t*is, quibus memet professus sum, cum Lolliano Auito *C. V.* praesente publice dissererem, Seminumidam et Semigaetul*um*, [2] non u*i*deo quid mihi sit in ea re pudendum, haud minus quam Cyro maiori, quod genere mixto fuit Semimedus ac Semipersa. [3] Non enim ubi prognatus, sed ut moratus quisque sit spectandum, nec qua regione, sed qua ratione uitam uiuere inierit, considerandum est. [4] Holitori et cauponi merito est concessum holus et uinum ex nobilitate soli commen-

nuée. Car j'ai aidé nombre d'amis, ou donné des preuves de ma reconnaissance à beaucoup de mes maîtres, allant parfois jusqu'à doter leurs filles. Et je n'aurais pas hésité à dépenser même tout mon patrimoine, pour acquérir un bien plus précieux au mépris de mon patrimoine. Mais toi, Emilianus, et tes pareils, engeance inculte et grossière, vous ne valez à vrai dire que ce que vous possédez : tel un arbre infertile et maudit, qui ne produit aucun fruit, et vaut ce que vaut le bois dont est fait son tronc[39].

Néanmoins, évite à l'avenir, Emilianus, de reprocher aux gens leur pauvreté : naguère encore, ce petit champ de Zarath, que ton père t'avait laissé pour tout bien, à la saison des pluies, seul avec un petit âne, tu le labourais en trois jours. Car il n'y a pas longtemps que la mort, coup sur coup, de plusieurs de tes proches, t'a procuré l'aubaine d'héritages trop peu mérités : circonstance qui, plus encore que ta sinistre figure, t'a valu le nom de Charon.

XXIV. Quant à ma patrie, vous avez rappelé, d'après mes propres écrits, qu'elle était située sur les limites mêmes de la Numidie et de la Gétulie. J'ai déclaré en effet, dans une conférence publique faite en présence de Lollianus Avitus, que j'étais demi-numide et demi-gétule. Mais je ne vois pas ce qu'il y a là pour moi de plus déshonorant que pour Cyrus l'Ancien d'avoir été de sang mêlé, demi-mède et demi-perse. Ce n'est pas au lieu de naissance, mais au caractère de chacun qu'il faut regarder[40] ; ce n'est pas dans quel pays, mais sur quels principes s'est fondée son existence qu'il faut considérer. Un marchand de légumes, un marchand de vin, c'est admis, et à juste titre, feront état, pour donner plus de prix à leurs légumes ou à leurs vins, de la noblesse du

39. Confusion de l'être et de l'avoir.

40. Ce n'est pas la naissance qui fait l'homme.

dare, uinum Thasium, holus Phliasium; quippe illa terrae alumna multum ad meliorem saporem iuuerit et regio fecunda et caelum pluuium et uentus clemens et sol apricus et solum sucidum. [5]Enimuero animo hominis extrinsecus in hospitium corporis immigranti quid ex istis addi uel minui ad uirtutem uel malitiam potest? [6]Quando non in omnibus gentibus uaria ingenia prouenere, quamquam uideantur quaedam stultitia uel sollertia insigniores? Apud socordissimos Scythas Anacharsis sapiens natus est, apud Athenienses catos Meletides fatuus.

[7]Nec hoc eo dixi, quo me patriae meae paeniteret, etsi adhuc Syfacis oppidum essemus. [8]Quo tamen uicto ad Masinissam regem munere populi *Romani* concessimus ac deinceps ueteranorum militum nouo condit*u* splendidissima colonia sumus, [9]in qua colonia patrem habui loco principis duumuiralem cunctis honoribus perfunctum; cuius ego locum in illa re publica, exinde ut participare curiam coepi, nequaquam degener pari, spero, honore et existimatione tueor. [10]Cur ergo illa protuli? ut mihi tu, Aemiliane, minus posthac suscenseas, potiusque ut ueniam impertias, si per neglegentiam forte non elegi illud tuum Atticum Zarat*h*, ut in e*o* nascerer.

XXV. [1]Nonne uos puditum est haec crimina tali uiro audiente tam adseuerate obiectare, friuola et inter se repugnantia simul promere et utraque tamen repre-

terroir. On dit : vin de Thasos, légumes de Phlionte. Ces produits de la terre tirent un goût plus délicat de la fertilité du pays, de l'humidité du climat, de la douceur des brises, de l'action bienfaisante du soleil, de la générosité du sol. Mais pour l'âme humaine, cette étrangère qui vient séjourner dans le corps comme un hôte de passage, en quoi ces circonstances peuvent-elles ajouter ou ôter quelque chose à ses vertus ou à ses vices ? N'a-t-on pas vu à toute époque toutes les races produire des génies divers, encore que certaines d'entre elles paraissent se distinguer davantage par la sottise ou par l'intelligence ? C'est chez les Scythes, gens épais, qu'est né le sage Anacharsis ; chez les Athéniens avisés, Mélétidès l'idiot.

Cela ne veut pas dire que je rougirais de ma patrie, même si nous étions encore la ville de Syphax. Mais après la défaite de ce prince, la faveur du peuple romain nous fit passer sous la domination du roi Massinissa ; plus tard notre cité fut fondée à nouveau par l'établissement de vétérans ; et nous sommes maintenant une colonie florissante. Dans cette colonie, mon père a occupé le haut rang de *duumvir*, après avoir passé par tous les honneurs ; et sa situation dans l'État, depuis que je fais partie de la curie, je la conserve sans déchoir, aussi honoré, je l'espère, et aussi considéré.

Pourquoi tous ces détails ? c'est afin, Emilianus, de calmer ton courroux, et d'obtenir plutôt ton pardon, si, par mégarde peut-être, je n'ai pas choisi pour y naître ton Zarath, ce foyer d'atticisme.

XXV. Comment n'avez-vous pas eu honte de produire sérieusement de semblables griefs en présence d'un tel homme[41] ? de mettre en avant des faits à la fois si saugrenus et si opposés entre eux, en les blâmant

41. Habile résumé.

hendere? [2] At non contraria accusastis? peram et baculum ob auctoritatem, carmina et speculum ob hilaritatem, unum seruum ut parci, tris libertos ut profusi, praeterea eloquentiam Graecam, patriam barbaram? [3] Quin igitur tandem expergiscimini ac uos cogitatis apud Claudium Maximum dicere, apud uirum seuerum et totius prouinciae negotiis occupatum? [4] quin, inquam, uana haec conuicia aufertis? quin ostenditis quod insimulauistis, scelera immania et inconcessa maleficia et artis nefandas? cur uestra oratio rebus flaccet, strepitu uiget?

[5] Aggredior enim iam ad ipsum crimen magiae, quod ingenti tumultu ad inuidiam mei accensum frustrata exspectatione omnium per nescio quas anilis fabulas defraglauit. [6] Ecquandone uidisti, Maxime, flammam stipula exortam claro crepitu, largo fulgore, cito incremento, sed enim materia leui, caduco incendio, nullis reliquiis? [7] Em tibi illa accusatio iurgiis inita, uerbis aucta, argumentis defecta, nullis post sententiam tuam reliquiis calumniae permansura. [8] Quae quidem omnis Aemiliano fuit in isto uno destinata, me magum esse, et ideo mihi libet quaerere ab eruditissimis eius aduocatis quid sit magus.

[9] Nam si, quod ego apud plurimos lego, Persarum lingua magus est qui nostra sacerdos, quod ta*ndem* est crimen sacerdotem esse et rite nos*s*e atque scire atque callere leges cerimoniarum, fas sacrorum, ius

pourtant les uns et les autres ? Car tout n'est-il pas contradiction dans vos accusations ? La besace et le bâton prouvent mon *austérité*, les vers et le miroir, mon humeur enjouée. Ai-je un seul esclave ? je suis parcimonieux ; j'en affranchis trois : me voilà prodigue ; par mon éloquence enfin, je suis grec, et par ma patrie, barbare. Réveillez-vous donc une bonne fois, et souvenez-vous que celui devant qui vous parlez, c'est Claudius Maximus, un homme grave et occupé des affaires de toute une province. Trêve, vous dis-je, de vaines médisances ; établissez plutôt ce dont vous m'accusez : ces crimes monstrueux, ces coupables maléfices, ces arts sacrilèges. Pourquoi votre discours, inerte et vide quand il s'agit de faits, ne trouve-t-il de vigueur que pour faire du vacarme ?

J'arrive en effet maintenant à l'accusation même de magie, incendie allumé à grand bruit pour ameuter l'opinion contre moi, et dont, au désappointement général, il n'est resté, une fois éteint, que de vagues contes de bonne femme. As-tu jamais vu, Maximus, une flamme jaillie d'une botte de paille ? elle crépite allègrement, jette un vif éclat, grandit en un instant ; mais la matière est trop légère ; elle meurt à peine née, sans laisser de traces. Eh bien, voilà cette accusation commencée par des injures, nourrie de phrases, vide de preuves, elle s'évanouira, ta sentence rendue, sans laisser après elle aucune trace de calomnie.

Et puisque, pour Emilianus, tout se ramène à un seul point, ma qualité de magicien, j'ai bien envie de demander à ses savants avocats ce que c'est qu'un magicien. Car si, comme je le lis dans de nombreux auteurs, *magus* a dans la langue des Perses le même sens que prêtre en latin, quel crime y a-t-il, je le demande, à être prêtre, à posséder à fond[42] la connaissance, la science, la

42. C'est-à-dire : « selon les formes ».

religionum ? [10] si quidem magia id est quod Plato interpretatur, cum commemorat quibusnam disciplinis puerum regno adulescentem Persae imbuant — uerba ipsa diuini uiri memini, quae tu mecum, Maxime, recognosce :

[11] Δὶς ἑπτὰ δὲ γενόμενον ἐτῶν τὸν παῖδα παραλαμβάνουσιν οὓς ἐκεῖνοι βασιλείους παιδαγωγοὺς ὀνομάζουσιν· εἰσὶν δὲ ἐξειλεγμένοι Περσῶν οἱ ἄριστοι δόξαντες ἐν ἡλικίᾳ τέτταρες, ὅ τε σοφώτατος καὶ ὁ δικαιότατος καὶ ὁ σωφρονέστατος καὶ ὁ ἀνδρειότατος. ὧν ὁ μὲν μαγείαν τε διδάσκει τὴν Ζωροάστρου τοῦ Ὡρομάζου· ἔστι δὲ τοῦτο θεῶν θεραπεία· διδάσκει δὲ καὶ τὰ βασιλικά.

XXVI. [1] Auditisne magian, qui eam temere accusatis, artem esse dis immortalibus acceptam, colendi eos ac uenerandi pergnaram, piam scilicet et diuini scientem, [2] iam inde a Zoroastre et Oromaze auctoribus suis nobilem, caelitum antistitam, [3] quippe qui inter prima regalia docetur nec ulli temere inter Persas concessum est magum esse, haud magis quam regnare. [4] Idem Plato in alia sermocinatione de Zalmoxi quodam Thraci generis, sed eiusdem artis uiro, ita scriptum reliquit : τὰς δὲ ἐπῳδὰς εἶναι τοὺς λόγους τοὺς καλούς. [5] Quod si ita est, cur mihi nosse non liceat uel Zalmoxi bona uerba uel Zoroastri sacerdotia ? [6] Sin uero more uulgari eum isti proprie magum existimant, qui com-

pratique des ordonnances rituelles, des règles du culte, des dispositions de la loi religieuse ? C'est ainsi du moins que Platon définit la magie quand il expose l'éducation que recevaient chez les Perses les jeunes gens destinés au trône. Les paroles mêmes de cet homme divin sont encore dans ma mémoire : laisse-moi, Maximus, te les rappeler :

« Dès que l'enfant atteint deux fois sept ans, on le confie à ceux qu'on appelle les gardiens des enfants royaux ; ce sont des Perses d'âge mûr qui sont choisis comme les meilleurs, au nombre de quatre, le plus savant, le plus juste, le plus tempérant, le plus courageux. Le premier enseigne la science des mages, due à Zoroastre, fils d'Oromasde – c'est, en fait, le culte des dieux ; il enseigne aussi l'art de régner[43]. »

XXVI. Vous l'entendez : la magie, vous qui l'accusez imprudemment, est un art agréable aux dieux immortels. Connaissance du culte à leur rendre et de la manière de les adorer, science pieuse des choses divines, illustre héritage de Zoroastre et d'Oromasde, ses fondateurs, prêtresse des puissances célestes, elle est l'une des premières choses que l'on enseigne aux princes ; et chez les Perses il n'est pas plus permis au premier venu d'être mage que d'être roi.

Dans un autre dialogue de ce même Platon, on lit à propos de Zalmoxis, thrace de nationalité, mais pratiquant le même art : « Et les incantations sont les paroles bonnes[44]. » S'il en est ainsi, pourquoi me serait-il interdit de connaître soit les « paroles bonnes » de Zalmoxis, soit la science sacerdotale de Zoroastre ?

Que si cependant, avec le vulgaire, mes adversaires estiment que le « magus », c'est proprement celui qui,

43. Platon, *Alcibiade*, I, 121e (traduction Maurice Croiset). (V)

44. *Charmide*, 157a. La phrase grecque a dans son contexte un sens un peu différent. (V)

munione loquendi cum deis immortalibus ad omnia quae uelit incredibil*i* quadam ui cantaminum polleat, oppido miror cur accusare non timuerint quem posse tantum fatentur. [7]Neque enim tam occulta et diuina potentia caueri potest itidem ut cetera. [8]Sicarium qui in iudicium uocat, comitatus uenit; qui uenenarium accusat, scrupulosius cibatur; qui furem arguit, sua custodit; [9]enimuero qui magum qualem isti dicunt in discrimen capitis deducit, quibus comitibus, quibus scrupulis, quibus custodibus perniciem caecam et ineuitabilem prohibeat? nullis scilicet; et ideo id genus crimen non est eius accusare, qui credit.

XXVII. Verum haec ferme communi quodam errore imperitorum philosophis obiectantur, ut partim eorum, qui corporum causas meras et simplicis rimantur, irreligiosos putent eoque aiant deos abnuere, ut Anaxagoram et Leucippum et Democritum et Epicurum ceterosque rerum naturae patronos, [2] partim autem, qui prouidentiam mundi curiosius uestigant et impensius deos celebrant, eos uero uulgo magos nominent, quasi facere etiam sciant quae sciant fieri, ut olim fuere Epimenides et Orpheus et Pythagoras et Ostanes; [3] ac dein similiter suspectata Empedocli catharmoe, Socrati daemonion, Platonis τὸ ἀγαθόν. [4] Gratulor igitur mihi, cum et ego tot ac tantis uiris adnumeror.

entretenant commerce avec les dieux immortels, a le pouvoir d'opérer tout ce qu'il veut par la force mystérieuse de certaines incantations, je m'étonne, en vérité, qu'ils n'aient pas craint d'accuser un homme auquel ils reconnaissent un tel pouvoir. Car d'une puissance occulte et surnaturelle comme celle-là, on ne se garantit pas comme du reste. Celui qui appelle en jugement un assassin vient avec une escorte ; celui qui accuse un empoisonneur est plus attentif à ce qu'il mange ; celui qui dénonce un voleur surveille son bien. Mais quand on intente un procès capital à un « magus » tel qu'ils l'entendent, quelle escorte, quelle attention, quelle surveillance pourraient écarter de vous la catastrophe invisible et inévitable ? Rien, n'est-ce pas ? et voilà pourquoi, accuser quelqu'un de ce crime, c'est ne pas y croire.

XXVII. Mais par un préjugé commun à l'ignorance, on attaque couramment ainsi les philosophes. Les uns, qui cherchent à pénétrer les causes élémentaires et les principes constitutifs des corps, sont regardés comme des impies et traités de négateurs des dieux : tels Anaxagore, Leucippe, Démocrite, Épicure, et tous les avocats de la nature[45]. Les autres, qui font de la providence qui gouverne le monde l'objet de leurs diligentes investigations, et honorent les dieux avec dévotion, on les appelle des « magi » au sens vulgaire du mot, comme si ce qu'ils savent s'accomplir, ils savaient l'accomplir eux-mêmes. Tels furent jadis Épiménide, Orphée, Pythagore, Ostanes ; et dans la suite, on suspecta de même les purifications d'Empédocle, le démon de Socrate, le Bien de Platon. Je me félicite donc de me voir en si nombreuse et si illustre compagnie.

45. Le regroupement de ces philosophes est habituel.

5 Ceterum ea quae ab illis ad ostendendum crimen obiecta sunt uana et inepta, simplici*ter* uereor ne ideo tantum crimina putes, quod obiecta sunt. 6 « Cur » inquit « piscium quaedam genera quaesisti ? » Quasi id cognitionis gratia philosopho facere non liceat, quod luxurioso gulae causa liceret. 7 « Cur mulier libera tibi nupsit post annos *quattuordecim* uiduitatis ? » Quasi non magis mirandum sit quod tot annis non nupserit. 8 « Cur prius quam tibi nuberet scripsit nescio quid in epistula quod sibi uidebatur ? » Quasi quisquam debeat causas alienae sententiae reddere. 9 « At enim maior natu non est iuuenem aspernata. » Igitur hoc ipsum argumentum est nihil opus magia fuisse, ut nubere uellet mulier uiro, uidua caelibi, maior iuniori. 10 Iam et illa similia : « Habet quiddam Apuleius domi quod sancte colit. » Quasi non id potius crimen sit, quod colas non habere. 11 « Cecidit praesente Apuleio puer. » Quid enim, si iuuenis, quid, si etiam senex assistente me corruisset, uel morbo corporis impeditus, uel lubrico soli prolapsus ? 12 Hiscine argumentis magian probatis, casu puer*u*li et matrimonio mulieris et obsonio piscium ?

XXVIII. 1 Possem equidem bono periculo uel his dictis contentus perorare : quoniam mihi pro accusationis longitudine largiter aquae superest, cedo, si uidetur, singula consideremus. 2 Atque ego omnia obiecta, seu

Quant aux faits mêmes, tous puérils et absurdes, invoqués par ces gens pour établir ma culpabilité, je crains, je l'avoue, qu'ils ne soient des griefs à tes yeux que pour avoir été invoqués comme tels. « Pourquoi, me dit-on, as-tu cherché certaines espèces de poissons ? » – Comme si un philosophe n'avait pas le droit de faire, par amour de la science, ce qu'un jouisseur aurait le droit de faire par gourmandise. « Pourquoi une femme libre t'a-t-elle épousé après quatorze années de veuvage ? » – Comme s'il n'était pas plus surprenant qu'elle fût restée tant d'années sans se remarier. « Pourquoi, avant de t'épouser, a-t-elle exprimé dans une lettre je ne sais quelle appréciation personnelle ? » – Comme si l'on avait à rendre compte des sentiments d'autrui. « Toujours est-il que, femme d'âge mûr, elle n'a pas refusé un jeune homme. » – Eh bien, n'est-ce pas la preuve qu'il n'était nul besoin de magie pour décider une femme à épouser un homme, une veuve, un célibataire, une personne mûre, quelqu'un de plus jeune ? Le reste est de la même force : « Apulée a chez lui un objet qu'il entoure d'une vénération religieuse. » – Comme si ce n'était pas plutôt un crime de n'avoir rien à vénérer. « Un enfant est tombé en présence d'Apulée. » – Et si c'était un jeune homme ? si même c'était un vieillard qui fût tombé devant moi, pris de malaise, ou perdant l'équilibre sur un sol glissant ? Sont-ce là vos arguments pour prouver la magie : la chute d'un enfant, le mariage d'une femme, l'achat d'un plat de poissons ?

XXVIII. Je pourrais certes, en toute sécurité, me contenter de ce que je viens de dire, et faire ma péroraison. Mais puisque, en raison de la longueur de l'accusation, j'ai encore beaucoup d'eau[46] à ma disposition, si tu le veux bien, prenons les faits un à un. Des actes

46. L'eau de la clepsydre mesure le temps de l'orateur.

uera seu falsa sunt, non negabo, sed perinde atque si facta sint fatebor, [3]ut omnis ista multitudo, quae plurima undique ad audiendum conuenit, aperte intellegat nihil in philosophos non modo uere dici, sed ne falso quidem posse confingi, quod non ex innocentiae fiducia, quamuis liceat negare, tamen potius habeant defendere.

[4]Primum igitur argumenta eorum conuincam ac refutabo nihil ea ad magian pertinere; dein etsi maxime magus forem, tamen ostendam neque causam ullam neque occasionem fuisse, ut me in aliquo maleficio experirentur. [5]Ibi etiam de falsa inuidia deque epistulis mulieris perperam lectis et nequius interpretatis deque matrimonio meo ac Pudentillae disputabo, idque a me susceptum officii gratia quam lucri causa docebo. [6]Quod quidem matrimonium nostrum Aemiliano huic immane quanto angori quantaeque diuidiae fuit; inde omnis huiusce accusationis obeundae ira et rabies et denique insania exorta est. [7]Quae si omnia palam et dilucide ostendero, tunc denique te, Claudi Maxime, et omnis qui adsunt contestabor puerum illum Sicinium Pudentem priuignum meum, cuius obtentu et uoluntate a patruo eius accusor, nuperrime curae meae eruptum, [8]postquam frater eius Pontianus et natu maior et moribus melior diem suum obiit, [9]atque ita in me ac matrem suam nefarie efferatum, non mea culpa, desertis liberalibus studiis ac repudiata omni disciplina, scelestis accusationis huius rudimentis patruo Aemiliano potius quam fratri Pontiano similem futurum.

qu'on m'a reprochés, que ce soit à raison, que ce soit à tort, je ne nierai rien ; j'avouerai tout, comme si tout était vrai, afin que cette nombreuse assistance, réunie de partout pour cette audience, soit pleinement convaincue que non seulement on ne peut rien dire de vrai, mais qu'il n'est pas d'invention mensongère dont un philosophe, fort de son innocence, et alors même qu'il pourrait nier, n'ait plutôt intérêt à se justifier.

Je commencerai donc par réfuter leurs arguments, en démontrant qu'ils n'ont aucun rapport avec la magie ; puis j'établirai que, fussé-je le plus grand magicien du monde, je n'ai donné ni raison, ni occasion, de me prendre en flagrant délit de maléfice. Là je traiterai aussi de la campagne de calomnies menée contre moi, des lettres de ma femme, de la lecture inexacte et de l'interprétation plus perfide encore qu'on en a donnée ; et, venant à mon mariage avec Pudentilla, je montrerai que je m'y suis résolu par devoir plus que par intérêt. Ah ! ce mariage, on ne saurait croire dans quelles angoisses, dans quels tourments il a jeté Emilianus ! C'est là l'origine de toute cette accusation, engagée sous l'empire de la colère, de la rage, de la folie. Tous ces points nettement et clairement établis, pour terminer, Claudius Maximus, je te prendrai à témoin, avec tous ceux qui sont ici, que ce jeune garçon, Sicinius Pudens, mon beau-fils, sous le nom et avec le consentement duquel son oncle m'accuse, a été, tout récemment, enlevé à mes soins après la mort de son frère Pontianus, qui, plus âgé que lui, valait aussi mieux ; qu'on en a profité pour exciter chez lui, contre sa mère et contre moi, une fureur impie ; que ce n'est pas ma faute, si, désertant les études libérales et répudiant toute discipline, il s'annonce par cette accusation, son criminel début, comme devant ressembler à son oncle Emilianus plus qu'à son frère Pontianus.

XXIX. [1] Nunc, ut institui, proficiscar ad omnia Aemiliani huiusce deliramenta, orsus ab eo quod ad suspicionem magiae quasi ualidissimum in principio dici animaduertisti, nonnulla me piscium genera per quosdam piscatores pretio quaesisse. [2] Vtrum igitur horum ad suspectandam magian ualet ? [3] Quodne piscatores mihi piscem quaesierunt ? scilicet ergo phrygionibus aut fabris negotium istud dandum fuisse atque ita opera cuiusque artis permutanda, si uellem calumniis uestris uitare, ut faber mihi piscem euerreret, ut piscator mutuo lignum dedolaret. [4] An ex eo intellexistis maleficio quaeri pisciculos, quod pretio quaerebantur ? credo, si conuiuio uellem, gratis quaesissem. [5] Quin igitur etiam ex aliis plerisque me arguitis ? Nam saepe numero et uinum et holus et pomum et panem pretio mutaui. [6] Eo pacto cuppedinariis omnibus famem decernis ; quis enim ab illis obsonare audebit, si quidem statuitur omnia edulia quae depenso para*n*tur non cenae, sed magiae desiderari ? [7] Quod si nihil remanet suspicionis, neque in piscatoribus mercede inuitatis ad quod solent, ad piscem capiundum (quos tamen nullos ad testimonium produxere, quippe qui nulli fuerunt), [8] neque in ipso pretio rei uenalis (cuius

XXIX. Cela dit, conformément à mon plan, je passe à l'examen de toutes les insanités proférées par Emilianus ici présent. Et tout d'abord, tu l'as remarqué, ce qui a été relevé dès le début comme étant le plus propre à fortifier le soupçon de magie, c'est que j'aie payé des pêcheurs pour me procurer certaines espèces de poissons[47]. Lequel donc de ces deux faits est de nature à me rendre suspect de magie ? Que ce soient des pêcheurs qui aient cherché pour moi ce poisson ? Apparemment, ce sont des brodeurs ou des charpentiers qu'il fallait charger de ce soin. Je devais, si je voulais être à l'abri de vos calomnies, intervertir les attributions de chaque métier, demander à un menuisier de me ramener du poisson, à un pêcheur, en retour, de dégrossir une pièce de bois. Ou ce qui vous a fait penser que je cherchais ces petits poissons en vue de quelque maléfice, est-ce le fait que j'aie payé pour les avoir ? Sans doute, si je les avais destinés à un dîner, on me les aurait donnés pour rien. Pourquoi donc ne pas me faire un crime, tout aussi bien, de nombre d'autres achats : vin, légumes, fruits, pain, autant d'articles que j'ai bien souvent échangés contre de l'argent ? À ce compte, c'est tous les marchands de comestibles que vous condamnez à la famine : qui osera se fournir chez eux, si l'on décrète que tout mets acheté à prix d'argent est recherché non pour la table, mais pour une opération magique ? Et s'il ne reste matière à soupçon ni dans le fait d'avoir rétribué des pêcheurs pour exercer leur métier, qui est de prendre du poisson, (pêcheurs dont aucun, d'ailleurs, n'a été cité en témoignage, attendu qu'ils n'existent pas), ni dans celui d'avoir payé une chose vénale (dont d'ailleurs ils

47. Me vient à la mémoire l'étrange scène des *pisces* de *Mét.*, I, 24-25. Lucius va au marché aux poissons. Il en trouve de magnifiques qu'il achète 20 deniers. Pour punir le marchand de ce prix qu'il trouve excessif, Pythias, un ancien condisciple de Lucius, renverse les poissons par terre et les piétine...

tamen quantitatem nullam taxauere, ne, si mediocre pretium dixissent, contemneretur, si plurimum, non crederetur) — [9]si in his, ut dico, nulla suspicio est, respondeat mihi Aemilianus quo proximo signo ad accusationem magiae sit inductus.

XXX. [1] « Piscis » inquit « quaeris ». Nolo negare. Sed, oro te, qui piscis quaerit, magus est ? Equidem non magis arbitror quam si lepores quaererem uel apros uel altilia. [2]An soli pisces habent aliquid occultum aliis, sed magis cognitum ? Hoc si scis quid sit, magus es profecto ; sin nescis, confitearis necesse est id te accusare quod nescis. [3]Tam rudis uos esse omnium litterarum, omnium denique uulgi fabularum, ut ne fingere quidem possitis ista ueri similiter ? [4]Quid enim competit ad amoris ardorem accendendum piscis brutus et frigidus aut omnino res pelago quaesita ? nisi forte hoc uos ad mendacium induxit, quod Venus dicitur pelago exorta. [5]Audi sis, Tannoni Pudens, quam multa nescieris, qui de piscibus argumentum magiae recepisti. [6]At si Vergilium legisses, profecto scisses alia quaeri ad hanc rem solere ; [7]ille enim, quantum scio, enumerat uittas mollis et uerbenas pinguis et tura mascula et licia discolora, praeterea laurum fragilem, limum durabilem, ceram liquabilem, nec minus quae iam in opere serio scripsit :

[8]Falcibus et messae ad lunam quaeruntur aenis
pubentes herbae nigri cum lacte ueneni.

n'ont pas évalué le prix, par crainte que, médiocre, il ne parût insignifiant, trop élevé, invraisemblable), si dans tout cela, dis-je, il n'y a rien de suspect, qu'Emilianus me dise alors quel indice probant a pu l'engager à m'accuser de magie.

XXX. « Tu cherches, me dit-il, des poissons. » Je ne songe pas à le nier. Mais de grâce, pour chercher des poissons, est-on magicien ? Pas plus, selon moi, que si je cherchais des lièvres, des sangliers ou des volailles. Ou serait-ce que les poissons seuls ont quelque propriété cachée aux autres hommes, et que les magiciens sont seuls à connaître ? Si tu sais laquelle, tu es magicien, à n'en pas douter ; si tu l'ignores, tu es forcé d'avouer que tu m'accuses de ce que tu ignores. Êtes-vous si étrangers à toute littérature, si ignorants des fables les plus populaires, que vous ne puissiez même donner quelque vraisemblance à vos inventions ? Car de quel usage voulez-vous que soit, pour échauffer les ardeurs de l'amour, un être inerte et froid comme le poisson, ou, d'une manière générale, une substance tirée de la mer ? À moins que, par hasard, ce mensonge ne vous ait été suggéré par la légende de Vénus naissant des flots de la mer. Apprends, Tannonius Pudens, combien il a fallu que tu fusses ignorant pour croire qu'on pouvait trouver dans des poissons une preuve de magie. Si tu avais lu Virgile, tu saurais sans nul doute que c'est à d'autres corps qu'on a recours pour cet usage ; car, à ma connaissance, ceux qu'il énumère, ce sont les souples bandelettes, les rameaux sacrés lourds de sève, l'encens mâle, les fils de diverses couleurs ; c'est encore le laurier qui crépite au feu, l'argile qu'on fait durcir, la cire qu'on fait fondre, sans compter ceux qu'il mentionne dans une œuvre sérieuse cette fois :

« Avec des faux d'airain on récolte, à la lune, des herbes ruisselant du suc d'un noir venin, et l'on ravit au front d'un

Quaeritur et nascentis equi de fronte reuulsus
et matri praereptus amor.

[9] At tu piscium insimulator longe diuersa instrumenta magis attribuis, non frontibus teneris detergenda, sed dorsis squalentibus excidenda, nec fundo reuellenda, sed profundo extrahenda, nec falcibus metenda, sed hamis inuncanda ; [10] postremo in maleficio ille uenenum nominat, tu pulmentum, ille herbas et surculos, tu squamas et ossa, ille pratum decerpit, tu fluctum scrutaris.

[11] Memorassem tibi etiam Theocriti paria et alia Homeri et Orphei plurima, et ex comoediis et tragoediis Graecis et ex historiis multa repetissem, ni te dudum animaduertissem Graecam Pudentillae epistulam legere nequiuisse. [12] Igitur unum etiam poetam Latinum attingam ; uorsus ipsos, quos agnoscent qui Lae*u*ium legere :

> [13] Philtra omnia undique eruunt :
> anti*p*at*h*es illud quaeritur,
> trochiscili, ung*u*es, taeniae,
> radiculae, herbae, surculi,
> saurae inlices bicodulae, hin-
> nien*t*ium dulcedines.

XXXI. [1] Haec et alia quaesisse me potius quam piscis longe ueri similius confinxisses (his etenim fortasse per famam peruulgatam fides fuisset), si tibi ulla erudi-

48. Virgile, *Bucoliques*, VIII, 64 ss.; *Énéide*, IV, 513 ss.
49. Apulée affiche son mépris pour qui ne connaît pas le grec.

poulain nouveau-né le charme d'amour dont on a frustré sa mère[48]. »

Mais toi, l'homme qui en veux aux poissons, tout autres sont les instruments que tu attribues aux magiciens. On ne les cueille pas sur un front tendre, on les arrache, avec le fer, d'un dos couvert d'écailles ; on ne les extrait pas des profondeurs du sol, on les tire du fond de la mer ; on ne les moissonne pas avec une faucille, on les accroche avec un hameçon. Enfin, Virgile, à propos d'opérations magiques, parle de poison, toi de sauce ; lui, d'herbes et de jeunes pousses, toi, d'écailles et d'os ; lui dépouille une prairie, toi tu fouilles les flots de la mer.

J'aurais pu te citer des passages analogues empruntés à Théocrite, d'autres à Homère, un grand nombre à Orphée, et puiser abondamment dans les comédies et les tragédies grecques, ainsi que dans les histoires, si je n'avais pas déjà remarqué que tu n'avais pas su lire une lettre en grec de Pudentilla[49]. Je ne citerai donc plus qu'un poète, et un poète latin ; ce sont des vers que reconnaîtront ceux qui ont lu Lévius :

« On va, fouillant partout pour découvrir des philtres, *antipathes*[50], petites roues, rognures d'ongles, bandelettes, racines, herbes, tendres pousses, lézards à double queue au pouvoir séducteur et charmes d'amour des hennissantes cavales[51]. »

XXXI. Voilà, ou à peu près, ce qu'avec plus de vraisemblance que des poissons (les idées reçues à ce sujet te donnant peut-être quelque crédit) tu aurais pu inventer

50. Le sens est incertain, ainsi que la leçon. Le mot semble impliquer ici l'idée de réciprocité, et désigner un corps ou une matière ayant la vertu de faire naître l'amour chez l'objet aimé. (V)

51. Il s'agit de l'hippomane. *Cf.* introduction.

tio adfuisset ; enimuero piscis ad quam rem facit captus nisi ad epulas coctus ? Ceterum ad magian nihil qu*ic*quam uidetur mihi adiutare. Dicam unde id coniectem. 2 Pythagoram plerique Zoroastri sectatorem similiterque magiae peritum arbitrati tamen memoriae prodiderunt, cum animaduertisset proxime Metapontum in litore Italiae suae, quam subsiciuam Graeciam fecerat, a quibusdam piscatoribus euerriculum trahi, 3 fortunam iactus eius emiss*e* et pretio dato iussisse ilico piscis eos, qui capti tenebantur, solui retibus et reddi profundo ; 4 quos scilicet eum de manibus amissurum non fuisse, si quid *esse* in his utile ad magian comperisset. 5 Sed enim uir egregie doctus et ueterum aemulator meminerat Homerum, poetam multiscium uel potius cunctarum rerum adprime peritum, uim omnem medicaminum non mari, sed terrae ascripsiss*e*, cum de quadam saga ad hunc modum memorauit :

ἢ τόσα φάρμακα ᾔδη, ὅσα τρέφει εὐρεῖα χθών,

6 itemque alibi carminum similiter :

τῇ πλεῖστα φέρει ζείδωρος ἄρουρα
φάρμακα, πολλὰ μὲν ἐσθλὰ μεμιγμένα, πολλὰ δὲ λυγρά,

7 cum tamen numquam apud eum marino aliquo et piscolento medicauit nec Proteus faciem nec Vlixes

que je cherchais, si tu avais la moindre érudition. Mais un poisson, qu'en peut-on faire, quand on l'a pris, sinon le manger quand on l'a cuit ? Quant à la magie, je ne vois pas qu'il puisse y être d'aucun secours. Et voici ce qui me fait penser de la sorte. Pythagore passe en général pour avoir été disciple de Zoroastre, et versé comme lui dans la magie. Cependant, on rapporte qu'ayant aperçu près de Métaponte, sur le littoral de l'Italie, qu'il avait adoptée pour sienne et dont il avait fait comme une seconde Grèce, des pêcheurs qui ramenaient leur filet, il leur acheta la fortune du coup, et que, sitôt payés, il leur commanda de délivrer les poissons prisonniers dans leurs rets, et de les rendre à la mer. Vous vous doutez qu'il ne les eût pas laissé échapper de ses mains, s'ils avaient eu, à sa connaissance, quelque utilité en magie. Mais en homme d'une érudition peu commune, et qui se proposait les anciens comme maîtres, il se souvenait qu'Homère, poète aux connaissances variées, que dis-je ? au savoir absolument universel, place tous les principes ayant une vertu magique non dans la mer, mais dans la terre. C'est ainsi qu'il parle d'une enchanteresse « qui connaissait tous les breuvages que produit la vaste terre » et dans un autre endroit de ses poèmes, il dit également :

> « Pour elle la terre nourricière produit des breuvages en grand nombre et beaucoup de mixtures tant bienfaisantes que funestes[52]. »

Jamais, par contre, on ne voit chez Homère qu'une substance tirée de la mer ou des poissons serve de moyen magique à Protée pour sa figure, à Ulysse pour sa

52. *Iliade*, XI, 741 ; *Odyssée*, IV, 229.

scrobem nec Aeolus follem nec Helena creterram nec Circe poculum nec Venus cingulum. [8]At uos soli reperti estis ex omni memoria, qui uim *h*erbarum et radicum et surculorum et lapillorum, quasi quadam colluuione naturae, de summis montibus in mare transferatis et penitus piscium uentribus insuatis. [9]Igitur, ut solebat ad magorum cerimonias aduocari Mercurius carminum uector et illex animi Venus et Luna noctium conscia et manium potens Triuia, uobis auctoribus posthac Neptunus cum Salacia et Portuno et omni choro Nerei ab aestibus fretorum ad aestus amorum transferentur.

XXXII. [1]Dixi cur non arbitrer quicquam negotii esse magis et piscibus. [2]Nunc, si uidetur, credamus Aemiliano solere piscis etiam ad magicas potestates adiutare. Num ergo propterea quicumque quaerit et ipse magus est? Eo quidem pacto et qui myoparonem quaesierit pirata erit et qui uectem perfossor et qui gladium sicarius. [3]Nihil in rebus omnibus tam innoxium dices, quin id possit aliquid aliqua obesse, nec tam laetum, quin possit ad tristitudinem intellegi. [4]Nec tamen omnia iccirco ad nequiorem suspicionem trahuntur, ut si tus et casiam et myrram ceterosque id genus odores funeri tantum emptos arbitreris, cum et medicamento parentur et sacrificio. [5]Ceterum eodem piscium argumento etiam Menelai socios putabis

53. Admirons la rhétorique.

fosse, à Éole pour ses outres, à Hélène pour sa coupe, à Circé pour ses breuvages, à Vénus pour sa ceinture. Vous seuls vous êtes trouvés, de mémoire d'homme, pour transporter la vertu des herbes, des racines, des jeunes plants, des cailloux, par une sorte de bouleversement de la nature, du sommet des montagnes dans la mer, et pour l'enfermer au fond des entrailles des poissons. Et de même qu'il était de tradition d'invoquer dans les cérémonies magiques Mercure porteur des incantations, Vénus séductrice des cœurs, la Lune complice des nuits, Trivia reine des mânes, grâce à vous, désormais, ce sera Neptune avec Salacia, Portunus et tout le chœur de Nérée, qu'on fera passer du bouillonnement des flots aux bouillonnements de la passion[53].

XXXII. J'ai dit pourquoi, à mon avis, il n'y a rien de commun entre les magiciens et les poissons. Après cela, si vous voulez, croyons-en Emilianus, et admettons que les poissons servent aussi à produire une action magique. S'ensuit-il que quiconque s'en procure soit lui-même magicien[54] ? À ce compte, on ne pourra plus se procurer un navire de course sans être un pirate, un levier sans être un perceur de murailles, une épée sans être un assassin. Vous ne nommerez rien, dans aucun domaine, de si innocent, qui ne puisse par quelque endroit devenir nuisible, rien de si riant dont on ne puisse donner quelque sinistre interprétation. Voit-on pour cela qu'en toute chose on aille soupçonner le pire ? croire, par exemple, que l'on ne puisse, sans que ce soit pour des funérailles, acheter de l'encens, de la cannelle, de la myrrhe ou d'autres parfums analogues, qu'on emploie tout aussi bien pour des usages médicaux ou pour des sacrifices ? Mais à raisonner ainsi sur des poissons, tu regarderas même comme magiciens les compa-

54. Posséder un objet ne signifie pas que l'on s'en serve. *Cf. supra*, chap. XIII.

magos fuisse, quos ait poeta praecipuus flexis hamulis apud Pharum insulam famem propulsasse; [6]etiam mergos et delfinos et scillam tu eodem referes, etiam gulones omnis, qui impendio a piscatoribus merguntur, etiam ipsos piscatores, qui omnium generum piscis arte acquirunt.

[7]« Cu*r* ergo tu quaeris ? » Nolo equidem nec necessarium habeo tibi dicere, sed per te, si potes, ad hoc quaesisse me argue ; [8] ut si elleborum uel cicutam uel sucum papaueris emissem, item alia eiusdem modi quorum moderatus usus salutaris, sed commixtio uel quantitas noxia est, quis aequo animo pateretur, si me per haec ueneficii arcesseres, quod ex illis potest homo occidi ?

XXXIII [1]. Videamus tamen quae fuerint piscium genera tam necessaria ad habendum tamque rara ad reperiendum, ut merito statu*to* praemio quaererentur. [2]Tria omnino nominauer*u*nt, unum falsi, duo mentiti ; [3]falsi, quod leporem marinum fuisse dixerunt qui alius omnino piscis fuit, quem mihi Themis*o*n seruus noster, medicinae non ignarus, ut ex ipso audisti, ultro attulit ad inspiciundum ; nam quidem leporem nondum etiam inuenit. [4]Sed profiteor me quaerere et

55. *Odyssée*, IV, 3 6 8 s. (V)

56. Ceux-là sont des poisons sérieux.

57. On retrouve, en XLVIII, 3, un Thémison médecin. Il n'a évidemment rien à voir (sinon la doctrine ?) avec Thémison de Laodicée, d'abord disciple d'Asclépiade qui finit par fonder l'École

gnons de Ménélas, qui, d'après le prince des poètes, se servirent, près de l'île de Pharos, de hameçons recourbés pour chasser la faim[55]. Il n'y a pas jusqu'aux plongeons, aux dauphins, à la squille que tu ne doives ranger dans la même catégorie, sans compter les gourmands, dont les pêcheurs engloutissent les ressources, et les pêcheurs eux-mêmes, dont c'est l'art d'attraper toute espèce de poissons.

« Dis-nous donc, reprends-tu, pourquoi tu en cherches. » Je refuse de répondre, et rien ne m'y oblige. Prouve, toi, si tu le peux, par tes propres moyens, que c'est pour l'usage que tu dis. Supposons, par exemple, que j'aie acheté de l'ellébore, ou de la ciguë, on du suc de pavot[56], ou d'autres produits analogues, dont l'usage modéré est salutaire, mais qui, mélangés à d'autres ou pris à forte dose, deviennent nuisibles : qui tolérerait de sang-froid que tu m'accuses d'empoisonnement parce qu'ils peuvent tuer un homme ?

XXXIII. Voyons cependant quelles étaient ces espèces de poissons si indispensables à posséder, si rares à trouver, qu'il y avait lieu d'en mettre à prix la découverte. Trois en tout : voilà ce qu'ils ont nommé. Sur l'une, ils se sont trompés ; sur les deux autres, ils ont menti. Ils se sont trompés quand ils ont donné le nom de lièvre de mer à un tout autre poisson, que mon esclave Thémison[57], assez au courant de la médecine, m'a, comme tu l'as entendu de sa bouche, apporté spontanément à examiner ; car pour le lièvre de mer, il ne l'a pas encore trouvé. Mais je ne m'en cache pas : mes recherches s'étendent plus loin, et j'ai chargé non seule-

méthodiste (*cf.* mon article « L'introduction du méthodisme à Rome », *in Aufstieg und Niedergang der römischen Welt*, Berlin-New-York, W. de Gruyter, 1993, Teil II, *Principat*, Band 37.1, pp. 565-599). Thémison est un nom qui a été porté par d'autres médecins ; *cf.* introduction. Il faudrait traduire : « très au fait de la médecine ».

cetera, non piscatoribus modo, uerum etiam amicis meis negotio dato, quicumque minus cogniti generis piscis inciderit, ut eius mihi aut formam commemorent aut ipsum uiuum, si id nequierint, uel mortuum ostendant. Quam ob rem id faciam, mox docebo. 5Mentiti autem sunt callidissimi accusatores mei, ut sibi uidentur, cum me ad finem calumniae confinxerunt duas res marinas impudicis uocabulis quaesisse, 6quas Tannonius ille cum utriusque sexus genitalia intellegi uellet, sed eloqui propter infantiam causidicus summus nequiret, multum ac diu haesitato tandem uirile marinum nescio qua circumlocutione male ac sordide nominauit, 7sed enim feminal nullo pacto reperiens munditer dicere ad mea scripta confugit et quodam libro meo legit: « Interfeminium tegat et femoris obiectu et palmae uelamento. »

XXXIV. 1Hic etiam pro sua grauitate uitio mihi uortebat, quod me nec sordidiora dicere honeste pigeret. 2At ego illi contra iustius exprobrarim, quod qui eloquentiae patrocinium uulgo profiteatur etiam honesta dictu sordide blateret ac saepe in rebus nequaquam difficilibus fringultiat uel omnino ommutescat. 3Cedo enim, si ego de Veneris statua nihil dixissem neque interfemin*ium* nominassem, quibus tandem

ment des pêcheurs, mais même mes amis, chaque fois qu'il leur tomberait sous les yeux un poisson d'une espèce peu connue, soit de me le décrire, soit de me le montrer lui-même, vivant si possible ; sinon, mort. Pourquoi j'agis de la sorte, je vous l'apprendrai tout à l'heure.

Et voici maintenant pour le mensonge. Mes accusateurs, qui se croient très habiles, ont imaginé, pour que rien ne manquât à la calomnie, que j'avais cherché à me procurer deux bêtes marines aux noms obscènes. Tannonius voulait faire entendre que c'étaient les parties génitales de l'un et de l'autre sexe ; mais à court d'expressions, et incapable de s'en tirer, notre éminent avocat, après de longues hésitations, a eu recours enfin, pour désigner le poisson auquel on donne le nom de l'organe masculin, à je ne sais quelle impropre et basse périphrase. Quant à l'organe féminin, faute décidément de trouver aucun terme décent, il s'est rabattu sur mes écrits, en rappelant une phrase lue dans un de mes livres : « Qu'elle cache son sexe *(interfeminium)* en ramenant sa cuisse par devant, et en le voilant avec sa main[58]. »

XXXIV. Ceci, d'ailleurs, pour me censurer, en grave moraliste qu'il est, de ne pas craindre de parler même de choses basses en un langage honnête. Mais moi je lui reprocherais au contraire, et à plus juste titre, lui qui fait profession publique d'éloquence, de parler même de choses honnêtes en un jargon grossier, et là, souvent, où il n'y a nulle difficulté, de bégayer, quand il n'est pas complètement frappé de mutisme. Car je te le demande, si je n'avais pas parlé d'une statue de Vénus[59], et employé le mot d'*interfeminium*, en quels termes aurais-

58. *Cf. infra* XXXIV, 3. Ce mot est employé par Novius, *Atellanae*, vers 41.

59. Il s'agit sans doute de la Vénus de Cnide.

uerbis accusasses crimen illud tam stultitiae quam linguae tuae congruens? [4]An quicquam stultius quam ex nominum propinquitate uim similem rerum coniectam? [5]Et fortasse an peracute repperisse uobis uidebamini, *u*t quaesisse me fingeretis ad illecebras magicas duo haec marina, ueretillam et uirginal; disce enim nomina rerum Latina, quae propterea uarie nominaui, ut denuo instructus accuses. [6]Memento tamen tam ridiculum argumentum fore desiderata ad res uenerias marina obscena, quam si dicas marinum pectinem comendo capillo quaesitum uel aucupandis uolantibus piscem accipitrem aut uenandis apris piscem apriculum aut eliciendis mortuis marina caluaria. [7]Respondeo igitur ad hunc uestrum locum, non minus insulse quam absurde commentum, me hasce nugas marinas et quiscil*i*as litoralis neque pretio neque gratis quaesisse.

XXXV. [1]Illud etiam praeterea respondeo, nescisse uos quid a me quaesitum fingeretis. [2]Haec enim friuola quae nominastis pleraque in litoribus omnibus congestim et aceruatim iacent et sine ullius opera quamlibet leuiter motis flucticulis ultro foras euoluuntur. [3]Quin ergo dicitis me eadem opera pretio impenso per pluri*mos* piscatoris quaesisse de litore conch*u*lam striatam, testam h*e*b*e*tem, calculum teretem, praeter-

tu présenté une accusation aussi digne de ta sottise que de ton talent de parole ? Quoi de plus sot, en effet, que de conclure d'une parenté entre les mots à des qualités de même ordre entre les choses ? Vous avez peut-être cru faire une bien ingénieuse trouvaille, en imaginant que j'avais cherché, pour des opérations de magie amoureuse, deux animaux de mer qu'on appelle *ueretilla* et *uirginal* ! Apprends en effet à nommer les choses en latin : c'est à dessein que j'ai varié les termes, pour te permettre, mieux instruit, de renouveler ton accusation. Souviens-toi cependant qu'il n'est pas moins ridicule de prétendre qu'on a eu recours, pour des manœuvres amoureuses, à des animaux de mer aux noms obscènes, qu'il ne le serait de dire qu'on s'est procuré un peigne marin[60] pour peigner sa chevelure, un poisson épervier pour attraper des oiseaux, un poisson *apriculus* pour chasser le sanglier, des crânes marins pour évoquer des morts. Je réponds donc aux inventions, aussi insipides qu'absurdes, dont est faite cette partie de votre accusation, que ces bagatelles de mer et tout ce rebut du rivage, je n'ai cherché à les avoir ni à prix d'argent, ni gratis.

XXXV. Je réponds en outre que vous ignoriez la nature de ce qu'à vous en croire je cherchais. Car ce vil fretin que vous avez nommé, il traîne en tas et en monceaux sur toutes les plages, et sans le secours de personne, le léger mouvement des plus petites vagues le rejette de lui-même hors de la mer. Dites donc aussi, pendant que vous y êtes, que j'ai largement payé toute une équipe de pêcheurs pour me ramasser sur le sable un coquillage strié, une écaille aux arêtes émoussées, un caillou arrondi et poli, ou encore des pinces de crabe,

60. Justement ! *pecten* désigne aussi, par métaphore, le sexe de la femme. « Quant aux parties honteuses de la femme, on appelle *peigne*... l'extrémité triangulaire de l'hypogastre *(pubis)* », Rufus d'Éphèse, *Du nom des parties du corps*, Daremberg-Ruelle, p. 147.

ea cancrorum furcas, echin*or*um caliculos, lolliginum ligulas, [4]postremo assulas, festucas, resticulas et ostrea † Pergami † uermiculata, denique muscum et algam, cetera maris eiectamenta, quae ubique litorum uentis expelluntur, salo exspuuntur, tempestate reciprocantur, tranquillo deseruntur? [5]Neque enim minus istis quae commemoraui accommodari possunt similiter ex uocabulo suspiciones. [6]Posse dicitis ad res uenerias sumpta de mari spuria et fascina propter nominum similitudinem: qui minus possit ex eodem litore calcul*us* ad uesicam, testa ad testamentum, cancer ad ulcera, alga ad quercerum? [7]Ne tu, Claudi Maxime, nimis patiens uir es et oppido proxima humanitate, qui hasce eorum argumentationes diu hercle perpessus sis; equidem, cum haec ab illis quasi grauia et uincibilia dicerentur, illorum stultitiam ridebam, tuam patientiam mirabar.

XXXVI. [1]Ceterum quam ob rem plurimos iam piscis cognouerim, quorundam adhuc nescius esse nolim, discat Aemilianus, quoniam usque adeo rebus meis curat; [2]quamquam est iam praecipiti aeuo et occidua senectute, tamen, si uidetur, accipiat doctrinam seram plane et postumam; [3]legat ueterum philosophorum monumenta, tandem ut intellegat non me primum haec requisisse, sed iam pridem maiores meos, Aris-

61. Selon le principe de la *similitudo nominum*, la ressemblance des noms. C'est un principe que ne néglige pas Trimalcion dans la *Cena* du *Satyricon* de Pétrone. D'ailleurs le jeu qui suit est aussi digne

des tests d'oursin, des os de seiche, enfin des copeaux, des brins de paille, des bouts de corde, des *débris rongés par les vers*, voire de la mousse, des algues, et autres excréments de la mer, qui, partout sur le littoral, sont chassés par le vent, vomis par le flot, ballottés par la tempête, abandonnés par les eaux tranquilles. Car les objets que je viens de citer ont, eux aussi, des noms qui peuvent également prêter aux soupçons. Vous attribuez des propriétés amoureuses à des animaux marins portant les noms des organes sexuels de l'homme et de la femme : pourquoi, tout aussi bien, une pierre trouvée sur le même rivage ne servirait-elle pas pour les maux de vessie[61], un testacé pour les testaments, un crabe pour les cancers, une algue pour les frissons de la fièvre[62] ? En vérité, Claudius Maximus, il faut que tu aies de la patience et une bien prévenante honte, pour avoir si longtemps supporté toute cette argumentation ; et pour ma part, en les entendant invoquer de tels faits comme accablants et décisifs, je riais de leur sottise et j'admirais ta patience.

XXXVI. Maintenant, pourquoi ai-je étudié déjà un grand nombre de poissons ? pourquoi y en a-t-il quelques-uns que je regrette de ne pas connaître encore ? Je vais l'apprendre à Emilianus, puisqu'il s'intéresse tant à mes affaires. Quoique sur le penchant de l'âge et au déclin de sa vieillesse, qu'il acquière encore, s'il y consent, une science tardive et de la dernière heure ; qu'il lise les œuvres des anciens philosophes, quand ce ne serait que pour se rendre compte que je ne suis pas le premier à m'être livré à ces recherches, mais que, bien avant moi, mes ancêtres en ont fait autant : je veux dire

de Trimalcion. *Cf.* J. Pigeaud, « L'esthétique de Trimalcion », *in LMS*, n° 12, *Le Banquet*, Université de Nantes, 1994, pp. 1-14.

62. Jeu de mots sur *alga* et *algere*, avoir le frisson (V) ; *querquerum = febris acris ac uehemens quae cum magno frigore solet uenire.*

totelen dico et Theop*h*rastum et *E*udemum et Lyconem ceterosque Platonis minores, [4]qui plurimos libros de genitu animalium deque uictu deque particulis deque omni differentia reliquerunt. [5]Bene quod apud te, Maxime, causa agitur, qui pro tua eruditione legisti profecto Aristotelis περὶ ζῴων γενέσεως, περὶ ζῴων ἀνατομῆς, περὶ ζῴων ἱστορίας multiiuga uolumina, praeterea problemata innumera eiusdem, tum ex eadem secta ceterorum, in quibus id genus uaria tractantur. [6]Quae tanta cura conquisita si honestum et gloriosum illis fuit scribere, cur turpe sit nobis experiri, praesertim cum ordinatius et cohibilius eadem Graece et Latine adnitar conscribere et in omnibus aut omissa acquirere aut defecta supplere? [7]Permittite, si operaest, quaedam legi de magicis meis, ut sciat me Aemilianus plura quam putat quaerere et sedulo explorare. [8]Prome tu librum e Graecis meis, quos forte hic amici habuere sedulique naturalium quaestionum, atque eum maxime, in quo plura de piscium genere tractata sunt. Interea, dum hic quaerit, ego exemplum rei competens dixero.

XXXVII. [1]Sophocles poeta Euripidi aemulus et superstes, uixit enim ad extremam senectam, cum igitur accusaretur a filio suomet dementiae, quasi iam per

63. *Experiri* n'a certainement pas ce sens ; je traduirai plutôt : « de les observer directement », pour éviter tout anachronisme. Il s'agit de décrire et de combler les lacunes des prédécesseurs.

Aristote, Théophraste, Eudème, Lycon, et toute la lignée de Platon, dont il reste un grand nombre de livres sur la génération des animaux, leurs mœurs, leurs parties, et l'ensemble de leurs caractères distinctifs. C'est une heureuse chance, Maximus, que cette cause se plaide devant toi : érudit comme tu l'es, tu as certainement lu les nombreux livres d'Aristote sur la Génération des animaux, l'Anatomie des animaux, l'Histoire des animaux, ainsi que les innombrables Problèmes du même philosophe, sans parler des ouvrages où les autres représentants de l'école traitent diverses questions de même ordre. Or, si les résultats de leurs diligentes recherches, ce fut leur honneur et leur gloire de les mettre par écrit, comment serait-il déshonorant pour moi d'en faire le sujet de mes expériences[63] ? alors surtout que je m'efforce de les présenter avec plus d'ordre et de concision, en grec et en latin, de réparer partout leurs omissions et de combler leurs lacunes. Souffrez, si vous en avez le loisir, qu'on donne lecture de quelques passages de mes livres magiques, afin de montrer à Emilianus que mes recherches et mes patientes observations s'étendent à plus de choses qu'il ne croit. Prends l'un de mes livres grecs, que se trouvent avoir ici par hasard des amis zélés pour les recherches sur la nature, et de préférence celui qui traite d'un certain nombre de questions relatives aux poissons. En attendant, pendant qu'il cherche, je vais conter une anecdote en rapport avec la circonstance.

XXXVII. Le poète Sophocle, qui fut rival d'Euripide et lui survécut – il parvint en effet jusqu'à la vieillesse la plus avancée –, fut accusé de démence[64] par son propre

64. *Dementia* est un terme qui désigne un symptôme ; on le trouve chez Celse (par ex., *De medicina*, III, 18, 3) ; jamais chez Caelius. Ce n'est pas un diagnostic antique.

aetatem desiperet, protulisse dicitur Coloneum suam, peregregiam tragoediarum, quam forte tum in eo tempore conscribebat, [2]eam iudicibus legisse nec quicquam amplius pro defensione sua addidisse, nisi ut audacter dementiae condemnarent, si carmina senis displicerent. [3]Ibi ego comperior *omn*is iudices tanto poetae assurrexisse, miris laudibus eum tulisse ob argumenti sollertiam et coturnum facundiae, nec ita multum omnis afuisse quin accusatorem potius dementiae condemnarent.

[4]Inuenisti tu librum? beasti. Cedo enim experiamur an et mihi possint in iudicio litterae meae prodesse. Lege pauca de principio, dein quaedam de piscibus. At tu interea, dum legit, *aquam* sustine. —

XXXVIII. [1]Audisti, Maxime, quorum pleraque scilicet legeras apud antiquos philosophorum. [2]Et memento de solis piscibus haec uolumina a me conscripta, qui eorum coitu progignantur, qui ex limo coalescant, quotiens et quid anni cuiusque eorum generis feminae suben*t*, mares suriant, [3]quibus membris et causis discrerit natura uiuiparos eorum et ouiparos — ita enim Latine appello quae Graeci ζῳοτόκα et ᾠοτόκα — [4]et, ne *o*perose animalium genit*um* pergam, deinde de differentia et uictu et membris et aetatibus ceterisque plurimis scitu quidem necessariis, sed in iudicio alienis.

[5]Pauca etiam de Latinis scriptis meis ad eandem peritiam pertinentibus legi iubebo, in quibus animaduertes cum me....... cognitu raras, tum nomina etiam

fils, qui prétendait que l'âge lui avait fait perdre la raison. Sophocle, ayant apporté, dit-on, son *Œdipe à Colone*, une tragédie qui est un chef-d'œuvre, et à la composition de laquelle il travaillait à ce moment même, la lut aux juges, sans rien ajouter pour sa défense, sinon qu'ils eussent le courage de le condamner comme dément, si ce poème de sa vieillesse ne leur plaisait pas. Alors, si j'en crois l'histoire, les juges se levèrent comme un seul homme devant un si grand poète, en louant avec enthousiasme l'art de l'intrigue et la grandeur tragique du style ; et peu s'en fallut qu'ils ne condamnassent plutôt l'accusateur comme dément.

Tu as trouvé le livre ? c'est parfait. Voyons donc si, moi aussi, mes écrits pourront me servir devant la justice. Lis quelques lignes du commencement, puis quelques passages sur les poissons. Et toi, pendant la lecture, arrête l'eau *(Lecture des passages indiqués).*

XXXVIII. Ce que tu viens d'entendre, Maximus, tu en avais lu assurément la plus grande partie chez les philosophes anciens. Et note que, dans tous ces volumes, je n'expose que des questions relatives aux poissons : lesquels d'entre eux sont procréés par voie d'accouplement, lesquels naissent de la vase ; combien de fois par an et à quelles époques revient dans chaque espèce, pour les femelles et pour les mâles, la saison de l'amour ; par quels éléments constitutifs la nature a établi parmi eux une distinction entre les vivipares et les ovipares – c'est ainsi que je traduis en latin les mots grecs ζῳοτόκα et ᾠοτόκα – ; et aussi, pour ne pas vous importuner davantage avec la génération des animaux, quelles sont leurs différences spécifiques, leurs mœurs, leurs parties, leur durée, et bien d'autres questions qu'il est nécessaire de connaître, mais qui n'ont que faire dans un procès.

Je demanderai encore qu'on lise quelques passages de mes ouvrages en latin sur le même ordre de connaissances ; tu y remarqueras, outre des particularités peu

Romanis inusitata et in hodiernum quod sciam infecta, ea tamen nomina labore meo et studio ita de Graecis prouenire, ut tamen Latina moneta percussa sint. [6] Vel dicant nobis, Aemiliane, patroni tui ubi legerint Latine haec pronuntiata uocabula. De solis aquatilibus dicam nec cetera animalia nisi in communibus different*i*s attingam. [7] Ausculta igitur quae dicam. Iam me clamabis magica nomina Aegyptio uel Babylonico ritu percensere : [8] σελάχεια, μαλάκεια, μαλακόστρακα, χονδράκανθα, ὀστρακόδερμα, καρχαρόδοντα, ἀμφίβια, λεπιδωτά, φολιδωτά, δερμόπτερα, στεγανόποδα, μονήρη, συναγελαστικά — [9] possum etiam pergere ; sed non est operae in istis diem terere, ut sit mihi tempus aggredi ad cetera. Haec interim quae dixi pauca recita Latine a me enuntiata. —

XXXIX. [1] V*t*rum igitur putas philosopho non secundum Cynicam temeritatem rudi et indocto, sed qui se Platonicae scholae meminerit, utrum ei putas turpe scire ista an nescire, neglegere an curare, nosse quanta sit etiam in istis prouidentiae ratio an < de > diis immortalibus matri et patri credere ? [2] Q. Ennius hed*y*phagetica [a] uorsibus scripsit ; innumerabilia genera piscium enumerat, quae scilicet curiose cognorat. Paucos uorsus memini, eos dicam :

65. Sur ces questions, *cf.* introduction.

66. Poissons cartilagineux – mollusques non testacés – crustacés – poissons à arêtes cartilagineuses – mollusques testacés – poissons à

connues, des noms encore inusités chez les Romains, et qui, jusqu'à ce jour, n'avaient pas, que je sache, été créés : ces noms, c'est moi qui, par mon labeur et mon étude, les ai empruntés aux Grecs, en leur donnant toutefois une empreinte latine[65]. Ou qu'ils nous disent, tes avocats, Emilianus, où ils ont lu sous une forme latine les mots que je vais dire. Je me bornerai aux animaux aquatiques, et ne ferai allusion aux autres que dans la mesure où ils ont en commun avec eux les mêmes caractères distinctifs. Écoute-moi donc : c'est pour le coup que tu vas t'écrier que je récite une liste de mots magiques tirés du rituel égyptien ou babylonien : σελάχεια, μαλάχεια, χονδράκανθα, ὀστραχόδερμα, καρχαρόδοντα, ἀμφίβια, λεπιδωτά, φολιδωτά, δερμόπτερα, στεγανόποδα, μονήρη, συναγελαστικά[66]. Je pourrais continuer ; mais nous avons autre chose à faire que de passer là-dessus la journée : je tiens à me réserver du temps pour le reste. Lis cependant les quelques noms que je viens de citer, sous la forme que je leur ai donnée en latin. (*Cette liste manque dans le texte.*)

XXXIX. Eh bien, penses-tu que, pour un philosophe qui, répudiant la grossière ignorance d'un cynique à l'esprit frivole, se souvient au contraire qu'il est de l'école de Platon, penses-tu qu'il soit honteux de savoir ces choses ou de les ignorer, de les négliger ou de s'y intéresser, d'étudier jusque dans les faits de cet ordre le plan de la providence ou de s'en rapporter sur les dieux immortels à son père et à sa mère ? Quintus Ennius a écrit une Gastronomie en vers ; il énumère d'innombrables espèces de poissons, qu'il connaissait naturellement pour les avoir étudiées avec soin. Je me rappelle quelques-uns de ces vers ; je vais les réciter.

dents aiguës – amphibies – animaux à écailles (*lepidôta* et *pholidôta*) – à ailes membraneuses – à pieds palmés – solitaires – allant en troupes. (V)

[3]Omnibus ut Clipea praestat mustela marina,
mures sunt Aeni, as*pr*a ostrea plurima Abyd*i*.
Mytilenae est pecten C*h*aradrumque apud *A*mbraciae finis.
Brundisii sargus bonus est; hunc, magnus si erit, sume.
Apriculum piscem scito primum esse Tarenti;
Surrenti *tu* elopem fac emas, glaucumque apud Cumas.
Quid scarum praeterii ce*r*ebrum Iouis paene su*p*remi
(Nestoris ad patriam hic capitur magnusque bonusque),
melanurum, turdum, merulamque umbra*m*que marinam?
Polypus Corcyrae, caluaria pinguia *a*carnae,
purpur*a*, m*ur*iculi, mures, dulces quoque echini.

[4]Alios etiam multis uorsibus decorauit, et ubi gentium quisque eorum, qualiter assus aut iu*r*ulentus optime sapiat, nec tamen ab eruditis reprehenditur, ne ego reprehendar, qui res paucissimis cognitas Graece et Latine, propriis et elegantibus uocabulis conscribo.

XL. [1]Cum hoc satis dixi, tum aliud accipe. Quid enim tandem, si medicinae neque instudiosus neque imperitus quaepiam remedia ex piscibus quaero? [2]Vt sane sunt plurima cum in aliis omnibus rebus eodem naturae munere interspersa atque interseminata, tum

« La mustelle de Clipea l'emporte sur toutes les autres ; les moules abondent à Aenos, les huîtres rugueuses, à Abydos ; à Mytilène sont les peignes, qu'on trouve aussi à *Charadra, dans la région d'Ambracie.* À Brindes, le sargue est bon ; prends-le de grandes dimensions. Quant au sanglier de mer, sache qu'il est de première qualité à Tarente. Achète à Sorrente l'élops, le squale bleu, à Cumes. Comment ai-je oublié le scare, mets digne de la table des dieux (c'est près de la patrie de Nestor[67] qu'on le pêche le plus grand et le plus friand), le mélanure, le labre lourd, le merle et l'ombre. À Corcyre sont les poulpes, les succulentes cervelles de bar, les pourpres, les murex, les moules, les savoureux oursins[68]. »

Il y a bien d'autres poissons encore qu'il a célébrés dans ses vers, disant pour chacun d'eux dans quel pays, et comment apprêté – en friture ou en sauce – il a le goût le plus savoureux. Nul homme cultivé ne lui en fait reproche : qu'on n'aille donc pas me reprocher non plus de traiter des sujets dont très peu de gens ont connaissance, en grec et en latin, en termes propres et choisis.

XL. En voilà assez sur ce point. Mais voici autre chose. J'ai toujours eu le goût de la médecine, et ne suis pas sans m'y connaître : si c'étaient certains remèdes que je cherchais à tirer des poissons ? Des principes salutaires que le même bienfait de la nature a largement répandus et semés dans tous les autres corps, quelques-

67. Pylos.

68. Les vers cités par Apulée sont le seul fragment que nous ayons conservé du poème composé par Ennius (239-169 av. J.-C.) sous le titre de *Hedyphagetica.* Il semble y avoir imité surtout le poète grec Archestratos de Gela (IVe siècle av. J.-C.), auteur d'un ouvrage gastronomique intitulé *Hêdupatheia* (V).

etiam nonnulla in piscibus. [3]An remedia nosse et ea conquirere magi potius es*se* quam medici, quam denique philosophi putas, qui illis non ad quaestum, sed ad suppetias usur*us* est ? [4]Veteres quidem medici etiam carmina remedia uulnerum norant, ut omnis uetustatis certissimus auctor Homerus docet, qui facit Vlixi de uulnere sanguinem profluentem sisti cantamine. Nihil enim, quod salutis ferendae gratia fit, criminosum est.

[5] « At enim » inquit « piscem cui rei nisi malae proscidisti, quem tibi Themi*son* seruus attulit? » Quasi uero non paulo prius dixerim me de particulis omnium animalium, de situ earum de*q*ue numero de*q*ue causa conscribere ac libros ἀνατομῶν Aristoteli et explorare studio et augere. [6]Atque adeo *s*umme miror quod unum a me pisciculum inspectum sciatis, cum iam plurimos, ubicumque locorum oblati sunt, aeque inspexerim, [7]praesertim quod nihil ego clanculo, sed omnia in propatulo ago, *u*t quiuis uel extrarius arbiter assistat, more hoc et instituto magistrorum meorum, qui aiunt hominem liberum et magnificum debere, si qu*o* eat, in primori fronte animum gestare. [8]Hunc adeo pisciculum, quem uos leporem marinum nominatis, plurimis qui aderant ostendi ; [9]necdum etiam decerno quid uocent, nisi quaeram sane accuratius, quod nec apud ueteres philosophos proprietatem eius piscis reperio, quamquam sit omnium rarissima et

uns se trouvent aussi chez les poissons. Connaître les remèdes, chercher à s'en procurer, est-ce là, à ton sens, le fait d'un magicien, et non pas plutôt d'un médecin, que dis-je ? d'un philosophe, qui s'en servira non pour gagner, mais pour aider. Les médecins de jadis connaissaient même les charmes comme remèdes aux blessures : c'est ce que nous apprend Homère, notre plus sûr garant en matière d'antiquité, quand il nous montre le sang qui coule de la blessure d'Ulysse arrêté par des incantations[69]. Rien en effet de ce qui a pour but de sauver des vies, ne saurait passer pour criminel.

« Mais, me dit-on, pourquoi, si ce n'est dans une intention coupable, as-tu disséqué le poisson que t'a apporté l'esclave Thémison ? » Comme si je ne venais pas de dire que je composais des traités sur les parties du corps de tous les animaux, leur place, leur nombre, leur raison d'être, et que j'étudiais soigneusement, en y ajoutant des développements, les ouvrages d'anatomie d'Aristote. Aussi, ce qui m'étonne par-dessus tout, c'est que vous ayez connaissance d'un seul petit poisson examiné par moi, alors que j'en ai déjà examiné de même un très grand nombre, partout où j'en ai rencontré, et cela sans rien faire en cachette, mais en agissant toujours au grand jour, et en présence de n'importe quel témoin, fût-ce un étranger. Je suis en cela l'exemple et le précepte de mes maîtres, qui disent qu'un homme libre et de nobles sentiments doit, où qu'il aille, porter son âme sur son front. C'est ainsi que ce petit poisson, que vous appelez lièvre de mer, je l'ai montré à de nombreuses personnes qui se trouvaient là. Je ne puis d'ailleurs encore décider quel est son nom, et cela n'ira pas sans d'assez minutieuses recherches ; car même chez les philosophes anciens, je ne trouve mentionnée nulle part une particularité de ce poisson, pourtant rare entre toutes et bien digne de remarque :

69. *Odyssée*, XIX, 456 ss.

hercule memoranda ; [10]quippe solus ille, quantum sciam, cum sit cetera exossis, duodecim numero ossa ad similitudinem talorum suillorum in uentre eius conexa et catenata sunt. [11]Quod Aristoteles *n*umquam profecto omisisset scripto prodere, qui aselli piscis solius omnium in medio aluo corculum situm pro maximo memorauit.

XLI. [1]« Piscem » inquit « proscidisti ». Hoc quis ferat philosopho crimen esse, quod lanio uel coquo non fuisset? [2]« Piscem proscidisti ». Quod crudum, id accusas? Si cocto uentrem ruspare*r*, hep*a*tia suffoderem, ita ut apud te puerulus ille Sicinius Pudens suomet obson*i*o discit, eam rem non putares accu*s*andam ; atqui maius crimen est philosopho comesse piscis quam inspicere. [3]An hariolis licet iocine*r*a rimari, philosopho contemplari non licebit, qui se sciat omnium animalium haruspicem, omnium deum sacerdotem ? [4]Hoc in me accusas, quod ego et Maximus in Aristotele miramur ? cuius nisi libros bybliothecis exegeris et studiosorum manibus extorseris, accusare me non potes. Sed de hoc paene plura quam debui.

[5]Nu*nc* praeterea uide, quam ipsi sese reuincant : aiunt mulierem magicis artibus, marinis illecebris a me petitam eo in tempore, quo me non negabunt in Gaetuliae mediterranis montibus fuisse, ubi pisces per Deucalionis diluuia reperientur. [6] Quod ego gratulor nescire istos legisse me Theophrasti quoque περὶ δακέτων καὶ βλητ<ικ>ῶν et Nicandri θηριακά ; ceterum me

seul, à ma connaissance, étant dépourvu d'os pour le reste du corps, il a dans le ventre douze os semblables à des osselets de porc, attachés l'un à l'autre, et formant comme une chaîne. C'est une chose qu'Aristote n'aurait pas manqué de signaler dans ses écrits, lui qui a noté comme très important le fait que le poisson *asellus* est le seul à avoir le cœur situé au milieu de l'abdomen.

XLI. « Tu as, me dit-on, découpé un poisson. » Est-il tolérable qu'on fasse un crime à un philosophe de ce qui n'en serait pas un chez un boucher ou un cuisinier ? « Tu as découpé un poisson. » Veux-tu dire qu'il était cru, est-ce cela que tu me reproches ? Si je l'avais fait cuire pour lui fouiller le ventre, lui creuser le foie, comme apprend à le faire le petit Sicinius Pudens pour ceux qui lui sont servis à ta table, tu ne verrais pas là matière à accusation ; et pourtant c'est un plus grand crime, pour un philosophe, de manger des poissons que d'en examiner. Ou sera-t-il permis à des diseurs de bonne aventure d'interroger des foies, et interdit au philosophe de les observer, lui qui se sait l'haruspice de tous les animaux, le prêtre de tous les dieux ? Tu dénonces comme un crime chez moi ce que Maximus et moi nous admirons chez Aristote ? Commence par bannir ses livres des bibliothèques et par les arracher des mains des gens d'étude, si tu veux pouvoir m'accuser. Mais en voilà déjà presque trop sur ce sujet.

Vois d'ailleurs comme ils se contredisent : ils affirment qu'une femme a été de ma part l'objet d'entreprises magiques, de séductions opérées à l'aide d'animaux marins ; et ils ne nieront pas d'autre part qu'à la même époque j'étais dans l'intérieur des terres, dans les montagnes de Gétulie, où des poissons, on en peut trouver, oui – grâce au déluge de Deucalion. Heureux encore qu'ils ignorent que j'ai lu également le livre de Théophraste *Sur les animaux armés de dents ou de défenses*, et les *Theriaka* de Nicandre : sans quoi ils

etiam *u*eneficii *r*eum postularent, [7]ut quidem hoc negotium ex lectione et aemulatione Aristoteli nactus sum, nonnihil et Platone meo adhortante, qui ait eum, qui ista uestiget, ἀμεταμέλητον παιδιὰν ἐν βίῳ παίζειν.

XLII. [1]Nunc quoniam pisces horum satis patuerunt, accipe aliud pari quidem stultitia, sed multo tanta uanius et nequius excogitatum. [2]Scierunt et ipsi argumentum piscarium futile et nihil futurum, praeterea nouitatem eius ridiculam, (quis enim fando audiuit ad magica maleficia disquamari et exdorsari piscis solere?), potius aliquid de rebus peruulgatioribus et iam creditis fingendum esse.[3]Igitur ad praescriptum opinionis et famae confinxere puerum quempiam carmine cantatum remotis arbitris, secreto loco, arula et lucerna et paucis consciis testibus, ubi incantatus sit, corruisse, postea nescientem sui excitatum. [4]Nec ultra isti quidem progredi mendacio ausi; enim fabula ut impleretur, addendum etiam illud fuit, puerum eundem multa praesagio praedixisse. [5]Quippe hoc emolumentum canticis accipimus, praesagium et diuinationem ; nec modo uulgi opinione, uerum etiam doctorum uirorum auctoritate hoc miraculum de pueris confirmatur. [6]Memini me apud Varronem philosophum, uirum accuratissime doctum atque erudi-

m'accuseraient aussi d'empoisonnement. Aussi bien, n'est-ce pas la lecture d'Aristote et le désir de l'imiter qui m'ont attiré cette affaire ? non moins que les préceptes de mon maître Platon, lequel déclare que s'adonner à ces recherches, c'est consacrer sa vie à un divertissement qui ne laisse pas de regrets.

XLII. Maintenant que sur leurs poissons l'on est édifié, écoute une autre invention, qui témoigne d'une égale sottise, mais de plus de légèreté encore et de scélératesse. Ils savaient bien eux-mêmes que l'argument poissonnier était futile et ne donnerait rien, trop insolite d'ailleurs pour ne pas paraître ridicule. Car a-t-on jamais entendu dire qu'on eût coutume, pour des opérations magiques, d'écailler et de désosser des poissons ? Il fallait imaginer quelque chose qui répondît mieux à des idées courantes et déjà accréditées. Donc, pour rester d'accord avec les opinions et les croyances reçues, ils ont prétendu qu'un jeune garçon avait été ensorcelé par mes incantations, loin de tout contrôle, en un lieu écarté, avec un petit autel[70], une lampe et quelques rares complices pour témoins ; qu'au lieu même de l'incantation, il était tombé à terre ; qu'ensuite on l'avait réveillé n'ayant plus conscience de rien. Ils n'ont pas osé, quant à eux, pousser le mensonge plus loin : pour que la fable fût complète, il aurait fallu ajouter que le même enfant avait révélé beaucoup de choses à venir. Car c'est là, nous apprend-on, ce qui fait l'intérêt pratique des incantations : je veux dire les présages et les oracles. Et ce n'est pas seulement l'opinion du vulgaire, mais l'autorité des savants qui confirme ce prodige en ce qui concerne les enfants. J'ai souvenir d'avoir lu chez Varron, philosophe d'une science et d'une érudition profondes, entre autres traits analogues, notamment

70. Ou un *encensoir* (Butler-Owen). *Cf.* en effet plus loin (XLVII), les grains d'encens.

tum, cum alia eiusdem modi, tum hoc etiam legere : Trallibus de euentu Mithridatici belli magica percontatione consultantibus puerum in aqua simulacrum Mercuri contemplantem quae futura erant *centum* sexaginta uorsibus cecinisse. [7]Itemque Fa*b*ium, cum quingentos denarium perdidisset, ad Nigidium consultum uenisse; ab eo pueros carmine instinctos indicauisse ubi locorum defossa esset crumina cum parti eorum, ceteri ut forent distributi ; [8]unum etiam denarium ex eo numero habere *M*. Catonem philosophum ; quem se a pedisequo in stipe Apollinis accepisse Cato confessus est.

XLIII. [1] Haec et alia apud plerosque de magiis et pueris lego equidem, sed dubius sententiae sum dicamne fieri posse an negem ; [2] quamquam Platoni credam inter deos atque homines natura et loco medias quasdam diuorum potestates intersitas, easque diuinationes cunctas et magorum miracula gubernare ; [3]quin et illud mecum reputo posse animum humanum, praesertim puerilem et simplicem, seu carminum auocamento siue odorum delenimento soporari et ad obliuionem praesentium externari et paulisper remota

71. Nigidius Figulus, sénateur, ami de Cicéron, homme très instruit. En sus de travaux concernant la grammaire et l'histoire naturelle, il écrivit trois ouvrages sur la divination. Il essaya de faire revivre le pythagorisme. On dit (Suétone, *Aug.*, 94) qu'il prédit qu'Octave deviendrait le maître du monde. Il fut banni par César et mourut en 45 av. J.-C. Sur Nigidius Figulus, *cf.* J. Carcopino, *Virgile et le Mystère de la IVe Églogue*, Paris, 1943.

celui-ci. À Tralles, un enfant que l'on consultait par des moyens magiques sur l'issue de la guerre de Mithridate, contempla dans l'eau une image de Mercure, et annonça, en une prophétie de cent soixante vers, ce qui devait arriver. D'après le même auteur, Fabius, ayant perdu cinq cents deniers, vint consulter Nigidius[71] ; celui-ci, par des enchantements, provoqua l'inspiration chez des enfants, qui indiquèrent dans quel endroit était enfouie une bourse contenant une partie de la somme, et comment le reste avait été distribué ; un denier en particulier était en la possession de Marcus Caton le philosophe : et Caton, en effet, reconnut l'avoir reçu de l'esclave attaché à sa personne, avec les offrandes pour le trésor d'Apollon.

XLIII. Telles sont, parmi d'autres, sur les arts magiques et les enfants, les anecdotes que je lis chez de nombreux auteurs ; mais je ne sais trop qu'en penser, ni si je dois tenir ces faits pour possibles ou les nier. Je crois pourtant, sur la foi de Platon, qu'entre les dieux et les hommes se trouvent certaines puissances divines, intermédiaires par leur nature et par la place qu'elles occupent, et que c'est par elles que s'opèrent toutes les divinations et les miracles de la magie[72]. Je me dis en outre que l'âme humaine, surtout l'âme simple d'un enfant, peut, à l'appel de certains chants, ou sous l'action de parfums capiteux, être assoupie et s'extérioriser au point d'oublier la réalité, perdre pour un moment la

72. *Cf.* Apulée, *Démon de Socrate*, VI : « Il existe des puissances divines intermédiaires [...] entre les hauteurs de l'éther et les bas-fonds terrestres, et qui communiquent aux dieux nos souhaits et nos mérites », trad. J. Beaujeu, Paris, Les Belles Lettres, CUF, 1973. Sur la démonologie d'Apulée, on se reportera à l'introduction de Beaujeu.

corporis memoria redigi ac redire ad naturam suam, quae est immortalis scilicet et diuina, atque ita uelut quodam sopore futura rerum praesagare. [4]Verum enimuero, ut ista sese habent, si qua fides hisce rebus impertienda est, debet ille nescio qui puer prouidus, quantum ego audio, et corpore decorus atque integer deligi et animo sollers et ore facundus, [5]ut in eo aut diuina potestas quasi bonis aedibus digne diuersetur, si tamen ea pueri corpore includitur, an ipse animus expergitus cito ad diuinationem suam redigatur, quae ei prompte insita et nulla obliuione saucia et hebes facile resumatur. [6]Non enim ex omni ligno, ut Pythagoras dicebat, debet Mercurius exsculpi.

[7]Quod si ita est, nominate, quis ille fuerit puer sanus, incolumis, ingeniosus, decorus, quem ego carmine dignatus sim initiare. [8] Ceterum Thallus, quem nominastis, medico potius quam mago indiget ; [9]est enim miser morbo comitiali ita confectus, ut ter an quater die saepe numero sine ullis cantaminibus corruat omniaque membra conflictationibus debilitet, facie ulcerosus, fronte et occipitio conquassatus, oculis hebes, naribus hiulcus, pedibus caducus. [10] Maximus omnium magus est, quo praesente Thallus diu steterit : ita plerumque morbo ceu somno uergens inclinatur.

XLIV. [1] Eum tamen uos carminibus meis subuersum dixistis, quod forte me coram semel decidit. [2] Conserui eius plerique adsunt, quos exhiberi denuntiastis. Possunt dicere omnes quid in Thallo despuant, cur

mémoire de son corps, être rendue et revenir à sa nature, qui est immortelle et divine comme on sait, et dans cet état, comme en une sorte de sommeil, prédire l'avenir.

Mais il résulte de la nature même des choses, en admettant qu'on doive ajouter foi à ce genre de faits, que cet enfant prophète, quel qu'il soit, il faut, si je suis bien informé, le choisir beau de corps, sans tare, l'esprit délié, la parole facile, de telle sorte ou que la puissance divine ait en lui, pour y habiter, une demeure digne d'elle, si tant est qu'elle se loge dans le corps d'un enfant, ou que l'âme, sitôt rendue à elle-même, rentre en possession de sa prescience divine, qui, toujours présente en elle, et n'étant ni altérée ni émoussée par l'oubli, sera facile à ressaisir. Car, comme disait Pythagore, ce n'est pas dans n'importe quel bois qu'il sied de sculpter un Mercure.

S'il en est ainsi, nommez-le, dites quel il était, cet enfant sain et sans défaut, doué des grâces de l'esprit et du corps, et que j'ai jugé digne d'être initié à ces mystères par mes enchantements. Car pour Thallus que vous rivez nommé, c'est d'un médecin qu'il a besoin, plutôt que d'un magicien ; le malheureux, en effet, est tourmenté par l'épilepsie au point de tomber à terre trois ou quatre fois par jour sans incantations d'aucune sorte, et de se meurtrir de heurts tous les membres ; il a la face couverte d'ulcères, le front et l'occiput abîmés de contusions, les yeux éteints, les narines béantes, les pieds mal assurés. Le plus grand de tous les magiciens serait celui en présence de qui Thallus resterait longtemps sur ses jambes, tant il est habituel que, par l'effet de la maladie, comme un homme titubant de sommeil, il perde son équilibre.

XLIV. Voilà pourtant celui que vous dites avoir été jeté à terre par mes enchantements, parce qu'une fois par hasard il est tombé en ma présence. Les esclaves, ses camarades, que vous avez fait citer, sont ici pour la plupart. Tous peuvent vous dire pourquoi, à la vue de Thallus, ils ont soin de cracher, pourquoi personne n'ose

nemo audeat cum eo ex eodem catino cenare, eodem poculo bibere. [3] Et quid ego de seruis? uos ipsi uidetis. Negate Thallum multo prius, quam ego Oeam uenirem, corruere eo morbo solitum, medicis saepe numero ostensum. [4] Negant hoc conserui eius? <negant> qui sunt in ministerio uestro? omnium rerum conuictum me fatebor, nisi rus adeo *iam* diu ablegatus est in longinquos agros, ne familiam contaminaret: quod ita factum nec ab illis negari potest. [5] Eo nec potuit hodie a nobis exhiberi. Nam ut omnis ista accusatio temeraria et repentina fuit, nudius tertius nobis Aemilianus denuntiauit, ut seruos numero quindecim apud te exhiberemus. [6] Adsunt quattuordecim, qui in oppido erant. Thallus solus, ut dixi, quod ferme ad centesimum lapidem longe ex*ul est*, is Thallus solus abest, sed misimus qui eum curriculo aduehat. [7] Interroga, Maxime, quattuordecim seruos quos exhibemus, Thallus puer ubi sit et quam salue agat, interroga seruos accusatorum meorum. Non negabunt turpissimum puerum, corpore putri et morbido, caducum, barbarum, rusticanum. [8] Bellum uero puerum elegistis, quem quis sacrificio adhibeat, cuius caput contingat, quem puro pallio amiciat, a quo responsum speret. [9] Velle*m* hercle adesset: tibi eum, Aemiliane, permisissem, et tenerem, si tu interrogares; iam in media quaestione hic ibidem pro tribunali oculos trucis in te inuertisset, faciem tuam spumabundus conspuisset, manus contraxisset, caput succussisset, postremo in sinu tuo corruisset.

avec lui manger au même plat, boire à la même coupe. Et qu'ai-je à parler d'esclaves ? vous-mêmes, vous avez des yeux. Osez nier que Thallus, bien avant mon arrivée à Oea, fût sujet à des accès qui le faisaient tomber, qu'on l'ait souvent montré à des médecins. Ses camarades le nient-ils ? Le nient-ils, ceux qui sont à votre service ? Je m'avoue battu sur toute la ligne s'il n'est pas depuis longtemps relégué bien loin à la campagne, pour ne pas contaminer les autres esclaves : cela, eux-mêmes ne peuvent le nier. Et c'est la raison pour laquelle nous n'avons pas pu le produire aujourd'hui. Car toute cette accusation, comme on le sait, a été improvisée à la légère, et c'est avant-hier seulement qu'Emilianus nous a sommés de produire quinze esclaves devant ton tribunal. Quatorze sont présents, qui se trouvaient à la ville. Thallus seul, exilé, comme je viens de le dire, à une distance d'environ cent milles, Thallus seul est absent, mais je l'ai envoyé chercher par exprès. Interroge, Maximus, les quatorze esclaves que nous produisons ; demande-leur où est le jeune Thallus, et comment il se porte ; interroge les esclaves de mes accusateurs. Ils ne nieront pas que ce soit un enfant repoussant, au corps rongé par la maladie, sujet à tomber du haut mal, un barbare et un rustre. Le joli enfant, en vérité, que vous avez choisi là, pour être celui qu'on associera à un sacrifice, dont on touchera la tête, qu'on revêtira d'une robe sans défaut, dont on attendra des oracles. Par Hercule, je voudrais qu'il fût ici : je l'aurais confié à tes soins, Emilianus ; je l'aurais tenu tandis que tu l'aurais interrogé : au milieu de la question, ici même, devant ce tribunal, il aurait tourné vers toi des yeux hagards, craché son écume sur ta figure, tordu ses mains convulsivement, secoué sa tête, pour s'écrouler enfin entre tes bras.

XLV. 1 Quattuordecim seruos quos postulasti exhibeo: cur illis ad quaestionem nihil uteris? Vnum puerum atque eum caducum requiris, quem olim abesse pariter mecum scis; quae alia est euidentior calumnia? Quattuordecim serui petitu tuo adsunt, eos dissimulas; unus puerulus abest, eum insimulas. 2 Postremo quid uis? Puta Thallum adesse: uis probare eum praesente me concidisse? ultro confiteor. Carmine id factum dicis? hoc puer nescit, ego non factum reuinco; nam caducum esse puerum nec tu audebis negare. 3 Cur ergo carmini potius quam morbo attribuatur eius ruina? an euenire non potuit ut forte praesente me idem pateretur, quod saepe alias multis praesentibus? 4 Quod si magnum putarem caducum deicere, quid opus carmine fuit, cum incensus gagates lapis, ut apud physicos lego, pulchre et facile hunc morbum exploret, cuius odore etiam in uenaliciis uulgo sanitatem aut morbum uenalium experiantur? 5 Etiam orbis a figulo circumactus non difficile eiusdem ualetudinis hominem uertigine sui corripit, ita spectaculum rotationis eius animum saucium debilitat; ac multo plus ad caducos consternendos figulus ualet quam magus.

6 Tu frustra postulasti ut seruos exhiberem: ego non de nihilo postulo ut nomines, quinam testes huic piaculari sacro adfuerint, cum ego ruentem Thallum impellerem. 7 Vnum omnino nominas, puerulum illum

XLV. Les quatorze esclaves que tu as réclamés, les voici : pourquoi n'utilises-tu pas leur présence pour les questionner ? Le seul que tu demandes à entendre, c'est un enfant, un épileptique, et celui-là, tu sais aussi bien que moi qu'il est absent depuis longtemps. Quelle preuve plus manifeste de la mauvaise foi de l'accusation ? Quatorze esclaves, à ta requête, sont présents : tu les ignores ; seul un jeune garçon fait défaut : c'est à lui que tu en as. En définitive, que demandes-tu ? Suppose que Thallus soit ici. Tu veux prouver qu'il est tombé en ma présence ? Je suis le premier à l'avouer. Des incantations, dis-tu, en sont la cause ? L'enfant n'en sait rien ; moi, j'établis que c'est faux : l'enfant, en effet, est épileptique, toi-même tu n'oseras pas le nier. Pourquoi donc attribuer sa chute à des incantations plutôt qu'à la maladie ? N'a-t-il pas pu se faire qu'il éprouvât, moi me trouvant là par hasard, ce qui lui est arrivé si souvent devant de nombreux témoins ? Si d'ailleurs j'avais considéré comme un exploit de jeter à terre un épileptique, qu'avais-je besoin d'incantations, quand il suffit, comme on le lit chez les physiciens[73], d'enflammer une pierre de jais pour révéler à coup sûr cette affection ? C'est même de l'odeur de cette pierre qu'on se sert dans les marchés pour s'assurer de la santé ou de la maladie des esclaves mis en vente. De même, une roue de potier, en tournant sur elle-même, communique le vertige à un homme atteint de ce mal, tant la vue de ce mouvement circulaire ébranle ses sens déjà frappés ; et pour renverser un épileptique, un potier fait beaucoup mieux l'affaire qu'un magicien.

Tu m'as sommé, sans nulle utilité, de produire des esclaves : moi je te somme, et à bon escient, de nommer les témoins présents à ce sacrifice expiatoire, où j'ai aidé Thallus à tomber. Tu en nommes un, en tout et pour

73. Les médecins, les spécialistes de la *physis*, les « physiologues », comme dit Aristote, *Poétique*, 1447 b.

Sicinium Pudentem, cuius me nomine accusas; is enim adfuisse se dicit; cuius pueritia etsi nihil ad re*lig*ionem refragaretur, tamen accusatio fidem deroget. [8]Facilius fuit, Aemiliane, ac multo grauius, tete ut ipsum diceres interfuisse et ex eo sacro coepisse dementire, potius quam totum negotium quasi ludicrum pueris donares. Puer cecidit, puer uidit: num etiam puer aliqui incantauit?

XLVI. [1]Hic satis ueteratorie Tannonius Pudens, cum hoc quoque mendacium frigere ac prope iam omnium uultu et m*u*rmure explosum uideret, ut uel suspiciones quorundam spe moraretur, ait pueros alios producturum, qui sint aeque a me incantati, atque ita ad aliam speciem argumenti transgressus est [2]Quod quamquam dissimulare potui, tamen, ut omnia ita hoc quoque ultro prouoco. Cupio enim produci eos pueros, quos spe libertatis audio confirmatos ad mentiendum. Sed nihil amplius dico : ut producant. [3]Postulo igitur et flagito, Tannoni Pudens, ut expleas quod pollicitus<es>. Cedo pueros istos, quibus confiditis ; produc, nomina qui sint. Mea aqua licet ad hoc utare. Dic, inquam, Tannoni. [4]Quid taces, quid cunctaris, quid respectas? Quod si hic nescit quid *di*dicerit aut nomina oblitus est, at tu, Aemiliane, cede huc, dic quid aduocato tuo mandaueris, exhibe pueros. [5]Quid expalluisti? quid taces? Hocine accusare est, hocine tantum crimen deferre, an Claudium Maxi-

tout : c'est ce petit Sicinius Pudens, sous le nom duquel tu m'accuses ; il prétend en effet y avoir assisté ; mais même si sa jeunesse n'ôtait pas tout poids à sa parole, sa qualité d'accusateur infirmerait son témoignage. Il aurait été plus simple, Emilianus, et bien plus convaincant, de dire que toi-même avais été présent à ce sacrifice, et que c'était depuis lors que tu avais perdu la tête, au lieu d'abandonner toute l'affaire à des enfants, comme un jouet. Un enfant est tombé, un enfant a vu : est-ce aussi un enfant qui a fait les incantations ?

XLVI. Ici, Tannonius Pudens, en rusé compère, voyant que ce mensonge lui aussi était reçu froidement, et que déjà l'expression des visages et les murmures de presque toute l'assistance en avaient fait justice, a voulu du moins entretenir par des promesses les soupçons de quelques-uns, en déclarant qu'il produirait d'autres enfants, victimes également de mes incantations ; après quoi, il a passé à un autre ordre de preuves. J'aurais pu laisser tomber l'incident ; mais sur ce point comme sur tous les autres, je prends les devants et provoque l'adversaire. Je désire qu'on les produise, ces jeunes esclaves, auxquels on a, me dit-on, fait espérer la liberté pour les encourager à mentir. Mais passons ; je ne dis qu'une chose : qu'on les produise. Je réclame donc et j'exige de toi, Tannonius Pudens, l'exécution de ta promesse. Montre-les, ces enfants, en qui vous mettez votre confiance ; produis-les, nomme-les ; prends à cet effet, j'y consens, sur ma part d'eau. Parle, te dis-je, Tannonius. Pourquoi ce silence, pourquoi ces hésitations, pourquoi ces coups d'œil jetés derrière toi ? Que s'il ne sait pas sa leçon et s'il a oublié les noms, avance, toi, Emilianus, dis ce dont tu avais chargé ton avocat, montre les jeunes esclaves. Quoi ? tu pâlis, tu ne dis mot ? Est-ce là accuser ? est-ce là déférer un si grand crime ? ou n'est-ce pas plutôt se jouer d'un homme considérable comme l'est Claudius Maximus, et me

mum, tantum uirum, ludibrio habere, me calumnia insectari? [6]Quod si forte patronus tuus uerbo prolapsus est et nullos pueros habes quos producas, saltem quattuordecim seruis quos exhibui ad aliquid utere.

XLVII [1]. Aut cur sisti postulabas tantam familiam? Magiae accusans de quindecim seruis denuntiasti: quid, si de ui accusares, quo*t* tandem seruos postulares? [2]Sciunt ergo aliquid quindecim serui et occultum est. An occultum non est et magicum est? Alterum horum fatearis necesse est, aut illicitum non fuisse in quo tot conscios non timuerim, aut, si illicitum fuit, scire tot conscios non debuisse. [3]Magia ista, quantum ego audio, res est legibus delegata, iam inde antiquitus duodecim tabulis propter incredundas frugum illecebras interdicta, igitur et occulta non minus quam tetra et horribilis, plerumque noctibus uigilata et tenebris abstrusa et arbitris solitaria et carminibus murmurata, [4]cui non modo seruorum, uerum etiam liberorum pauci adhibentur. [5]Et tu quindecim seruos uis interfuisse? nuptiaene illae fuerunt an aliud celebratum officium an conuiuium tempestiuum? Quindecim serui sacrum magicum participant, quasi quindecim uiri sacris faciundis creati? [6]Cui tamen rei tot numero adhibuissem, si conscientiae nimis multi sunt? Quindecim liberi homines populus est, totidem serui familia, totidem uincti ergastulum.

poursuivre calomnieusement ? Que si par hasard ton avocat a dit un mot pour un autre, et si tu n'as pas d'enfants à produire, fais usage au moins des quatorze esclaves que j'ai mis à ta disposition.

XLVII. Ou pourquoi réclamais-tu la comparution de toute cette valetaille ? À l'appui d'une accusation de magie, tu as fait citer quinze esclaves : et si tu m'accusais de violence ? combien d'esclaves assignerais-tu ? Voilà donc une chose connue de quinze esclaves, et qui est secrète. Ou elle n'est pas secrète, et c'est pourtant de la magie ? De deux choses l'une, tu es forcé d'en convenir ou il n'y avait rien d'illicite dans un acte où la présence de tant de témoins ne m'a pas gêné, ou il était illicite, et je n'aurais pas mis tant de complices dans mon secret. Cette magie dont vous parlez, si je suis bien informé, est une pratique qui tombe sous le coup de la loi, et que jadis déjà les Douze Tables avaient proscrite pour la mystérieuse influence qu'on lui prête sur les fruits de la terre. C'est donc une chose occulte autant que sombre et terrifiante, qui veille durant les nuits, se dissimule dans les ténèbres, évite les regards et cherche la solitude, murmure à voix basse des incantations. Ce ne sont pas seulement les esclaves, ce sont même les hommes libres qu'elle n'admet qu'en petit nombre. Et tu veux que quinze esclaves aient été présents ? Était-ce donc une noce, ou quelque autre solennité, ou un banquet de fête ? Quinze esclaves pour prendre part à un sacrifice magique ! les avait-on nommés *quindecimviri* chargés des soins du culte ? Mais encore, dans quelle intention aurais-je eu recours à tout ce monde, si c'est déjà trop de tant de gens comme complices ? Quinze hommes libres, c'est un peuple ; quinze esclaves, une famille ; quinze forçats, un ergastule. Me fallait-il l'aide

7 An adiutorio multitudo eorum necessaria fuit, qui diutine hostias lustralis tenerent? *at* nullas hostias nisi gallinas nominastis. An *ut* grana turis numerarent, an ut Thallum prosternerent?

XLVIII 1. Mulierem etiam liberam perductam ad me domum dixistis eiusdem Thalli ualetudinis, quam ego pollicitus sim curaturum, eam quoque a me incantatam corruisse. 2 Vt uideo, uos palaestritam, non magum accusatum uenistis: ita omnis qui me accessere dicitis cecidisse. 3 Negauit tamen quaerente te, Maxime, Themison medicus, a quo mulier ad inspiciendum perducta est, quicquam ultra passam, nisi quaesisse me ecquid illi aures obtinnirent et utra earum magis; 4 ubi responderit dexteram sibi aurem nimis inquietam, confestim discessisse.

5 Hic ego, Maxime, quamquam sedulo impraesentiarum a laudibus tuis tempero, necubi tibi ob causam istam uidear blanditus, tamen sollertiam tuam in percontando nequeo quin laudem. 6 Dudum enim, cum haec agitarentur, et illi incantatam mulierem dicerent, medicus qui adfuerat abnueret, quaesisti tu nimis quam prudenter quod mihi em*o*lumentum fuerit incantandi. 7 Responderunt : « Vt mulier rueret ». « Quid deinde? mortua est? » inquis. Negarunt. « Quid ergo dicitis? quod Apulei commodum, si ruisset? » 8 Ita enim pulchre ac perseueranter tertio quaesisti,

de cette multitude pour tenir durant la cérémonie les victimes lustrales ? mais en fait de victimes, vous n'avez mentionné que des poules. Était-ce donc pour compter les grains d'encens ? était-ce pour renverser Thallus ?

XLVIII. Vous dites encore qu'une femme de condition libre m'a été amenée dans ma maison, atteinte du même mal que Thallus, que j'ai promis de la soigner, et qu'elle aussi, par mes incantations, est tombée à terre. Je vois que c'est un lutteur de palestre, non un magicien que vous êtes venus accuser : tous ceux qui m'ont approché, vous dites qu'ils sont tombés. Pourtant, Maximus, quand tu l'as interrogé, le médecin Thémison, qui m'avait amené la femme pour la soumettre à mon examen, a déclaré que je ne lui avais fait autre chose que lui demander si elle avait des bourdonnements d'oreilles[74], et de quel côté ils étaient le plus forts ; elle avait répondu que c'était surtout l'oreille droite qui la gênait beaucoup, puis s'était retirée aussitôt.

Ici, Maximus, quoique dans la circonstance présente je m'abstienne soigneusement de faire ton éloge, pour n'avoir pas l'air de te flatter dans l'intérêt de ma cause, je ne puis m'empêcher de louer l'adresse avec laquelle tu as posé tes questions. Tout à l'heure, en effet, comme on discutait ce point, eux soutenant que la femme avait été ensorcelée, le médecin qui avait assisté à la scène le niant, tu as demandé avec infiniment de sagacité quel profit j'avais tiré de ces incantations. – « De faire tomber la femme », ont-ils répondu. – « Et après, as-tu repris ? est-elle morte ? » – « Non », dirent-ils. – « Où voulez-vous donc en venir ? Qu'est-ce qu'Apulée y aurait gagné, si elle était tombée ? » C'est ainsi qu'avec autant de persévérance que d'à propos, tu es par trois fois

74. *Tinnitus* est le terme fréquemment employé par les médecins.

ut qui scires omnium factorum rationes diligentius examinandas ac saepius causas quaeri, facta concedi, eoque etiam patronos litigatorum causidicos nominari, quod cur quaeque facta sint expediant. [9] Ceterum negare factum facilis res est et nullo patrono indiget: recte factum uel perperam docere, id uero multo arduum et difficile est. Frustra igitur an factum sit anquiritur, quod nullam malam causam habuit ut fieret. [10] Ita facti reus apud bonum iudicem scrupulo quaestionis liberatur, si nulla fuit ei ratio peccandi. [11] Nunc quoniam neque incantatam neque prostratam mulierem probauerunt, et ego non nego petitu medici a me inspectam, dicam tibi, Maxime, cur illud de aurium tinnitu quaesierim, [12] non tam purgandi mei gratia in ea re, quam tu iam praeiudicasti neque culpae neque crimini confinem, quam ut ne quid dignum auribus tuis et doctrinae tuae congruens reticuerim. [13] Dicam igitur quam breuissime potuero; etenim admonendus es mihi, non docendus.

XLIX [1]. Plato philosophus in illo praeclarissimo Timaeo caelesti quadam facundia uniuersum mundum molitus, [2] igitur, postquam de nostri quoque animi trinis potestatibus sollertissime disseruit, et cur quaeque membra nobis diuina prouidentia fabricata sint aptissime docuit, causam morborum omnium trifariam percenset. [3] Primam causam primordiis corporis attribuit, si ipsae elementorum qualitates, uuida et frigida et his duae aduorsae, non congruant; id adeo euenit, cum quaepiam earum modo excessit aut

revenu à la charge, te souvenant qu'en tout ordre de faits, il faut examiner avec soin les motifs ; que l'on s'enquiert souvent des causes là même où l'on concède les faits, et que si les avocats des plaideurs sont appelés *causidici*, c'est parce qu'ils mettent en lumière le pourquoi de chaque fait. Aussi bien, nier un fait est chose facile, et pour laquelle on se passe d'avocat ; mais montrer si le fait se justifie ou est blâmable, voilà qui est autrement malaisé et difficile. Il est donc vain de rechercher si le fait a eu lieu, quand les motifs n'ont rien eu de coupable. Aussi un accusé n'a-t-il pas à redouter, devant un bon juge, d'être inquiété pour ses actes, s'il n'a eu aucune raison de mal faire. Et puisque, dans le cas présent, ils n'ont prouvé ni que la femme ait été ensorcelée, ni qu'elle ait été jetée à terre ; puisque, de mon côté, je reconnais l'avoir examinée sur la demande d'un médecin, je t'expliquerai, Maximus, ma question sur ces bourdonnements d'oreilles, moins pour me justifier d'une conduite que tu as déjà jugée étrangère à toute pensée coupable ou criminelle, que pour ne rien passer sous silence qui soit digne d'être entendu par toi ou qui convienne à ta science. Je serai aussi bref que possible ; aussi bien s'agit-il de faire appel à tes souvenirs, non de rien t'enseigner.

XLIX. Le philosophe Platon, dans son illustre *Timée*, construit avec une éloquence divine le plan de l'univers. Traitant donc également, avec une grande pénétration, de l'âme humaine et de ses trois puissances, montrant ensuite pertinemment comme quoi chacun de nos membres est l'ouvrage d'une providence divine, il expose enfin, sous un triple point de vue, l'origine de toutes les maladies. Il y a d'abord celles dont il fait remonter la cause aux principes constitutifs du corps, et à un défaut d'harmonie entre les qualités mêmes de ces éléments, l'humidité, le froid et leurs contraires : ce qui se produit quand l'une d'elles dépasse les proportions

loco demigrauit. [4]Sequens causa morborum inest in eorum uitio, quae iam concreta ex simplicibus elementis una tamen specie coaluerunt, ut est sanguinis species et uisceris et ossi et medullae, porro illa quae ex hisce singularibus mixta sunt. [5]Tertio in corpore concrementa uarii fellis et turbidi spiritus et pinguis humoris nouissima aegritudinum incitamenta sunt.

L. [1]Quorum e numero praecipuas*t* materia morbi comitialis, de quo dicere exorsus sum, cum caro in humorem crassum et spumidum inimico igni colliquescit et spirit*u* indidem parto ex candore compressi aeris albida et tumida tabes fluit. [2]Ea namque tabes si foras corporis prospirauit, maiore dedecore quam noxa diffunditur; pectoris enim primorem cutim uitiligine insignit et omnimodis maculationibus conuariat. [3]Sed cui hoc usu uenerit, numquam postea comitiali morbo adtemptatur; ita aegritudinem animi grauissimam leui turpitudine corporis compensat. [4]Enimuero si perniciosa illa dulcedo, intus cohibita et bili atrae sociata, uenis omnibus furens peruasit, dein ad summum caput uiam molita dirum fluxum cerebro

75. *Timée*, 82 a.
76. *Timée*, 82 c.
77. *Varii fellis* : « de la bile aux couleurs variées ».
78. Ennemi. Cette métaphore se trouve dans le *Timée*, 82 e *(ekhtra)*.

normales ou ne reste pas à sa place[75]. La seconde cause des maladies réside dans un vice des composés d'éléments simples constituant cependant un tout spécifiquement défini, comme le sang, les chairs, les os, la moelle, et tout ce qui est fait du mélange de chacun d'eux pris isolément[76]. Troisième cause enfin : ce sont les concrétions formées dans le corps par l'inégalité de la bile, l'impureté du souffle et l'épaisseur des humeurs qui donnent naissance aux maladies[77].

L. C'est ici que l'épilepsie, d'où j'étais parti, trouve son principal aliment. Quand la chair, travaillée par un feu pernicieux[78], se résout en une humeur épaisse[79] et écumeuse, il se dégage en même temps une vapeur ; et du souffle brûlant de l'air comprimé s'échappe et se répand un liquide corrompu, blanchâtre et bouillonnant. Car ce liquide[80] peut faire éruption au dehors, et, dans ce cas, il se dissipe, plus repoussant que nuisible, en laissant l'épiderme de la poitrine couvert de rougeurs[81] et tacheté de marbrures[82]. Mais celui chez qui cet accident se produit n'est plus exposé dans la suite aux attaques du haut mal, et se rachète ainsi de la plus cruelle maladie de l'esprit au prix d'une légère disgrâce physique. Qu'au contraire cette sérosité[83] maligne, retenue à l'intérieur et mêlée à la bile noire, se répande comme une force déchaînée dans toutes les veines, et que, se frayant un chemin jusqu'au haut de la tête, elle inonde le cerveau

79. *Tabes* = *ichôr*.

80. *Uitiligo* désigne les dartres, chez Celse.

81. Sur les signes prémonitoires, cf. introduction.

82. *Conuariat* rend le grec : *katapoikillei* (85 a).

83. Le sens de *dulcedo* est difficile. Peut-être peut-on rendre ce terme par « humeur douceâtre » ?

immiscuit, ilico regalem partem animi debilitat, quae ratione pollens uerticem hominis uelut arcem et regiam insedit. [5]Eius quippe diuinas uias et sapientis meatus obruit et obturbat; quod facit minore pernicie per soporem, cum potu et cibo plenos comitialis morbi praenuntia strangulatione modice angit. [6]Sed si usque adeo aucta est, ut etiam uigilantium capiti offundatur, tum uero repentino mentis nubilo obtorpescunt et moribundo corpore, cessante animo cadunt. [7]Eum nostri non modo maiorem et comitialem, uerum etiam diuinum morbum, ita ut Graeci ἱερὰν νόσον, uere nuncuparunt, uidelicet quod animi partem rationalem, quae longe sanctissimast, eam uiolet.

LI. [1]Agnoscis, Maxime, rationem Platonis quantum potui pro tempore perspicue explicatam; [2]cui ego fidem arbitratus causam diuini morbi esse, cum illa pestis in caput redundauit, haudquaquam uideor de nihilo percontatus an esset mulieri illi caput graue, ceruix torpens, tempora pulsata, aures sonorae. [et]

[3] Ceterum, quod dexterae auris crebriores tinnitus fatebatur, signum erat morbi penitus adacti; nam dextera corporis ualidiora sunt eoque minus spei ad sanitatem relinquunt, cum et ipsa aegritudini *suc*cumbunt. [4]Aristoteles adeo in problematis scriptum reliquit, quibus*cum*que caducis a dextero morbus occipiat, eorum esse difficiliorem medelam. [5]Longum est,

de son flux redoutable : aussitôt elle paralyse la partie royale de l'âme, la raison souveraine, qui siège au sommet du corps comme en une forteresse et un palais, en y obstruant et bouleversant les divines routes et les sentiers de la sagesse. Les effets, d'ailleurs, en sont moins funestes pendant le sommeil, le malade, chargé de boisson et de nourriture, étant averti de l'attaque imminente par une légère impression d'étranglement. Mais qu'elle en vienne au point de se répandre dans la tête quand il est éveillé, alors, l'esprit soudain obnubilé, il est saisi de torpeur, et il tombe à terre, le corps sans vie, l'âme défaillante. Cette maladie est appelée chez nous non seulement haut mal ou mal comitial, mais mal divin, comme chez les Grecs ἱερὰ νόσος, et c'est à juste titre, puisqu'elle profane la partie raisonnable, donc la plus sainte, de l'âme.

LI. Tu reconnais, Maximus, la théorie de Platon ; je l'ai aussi clairement exposée que me le permettaient les circonstances. Et comme j'estime sur sa foi que le mal divin a pour cause cette influence pernicieuse envahissant la tête, ce n'est pas pour rien, j'imagine, que j'ai demandé si cette femme avait la tête lourde, la nuque engourdie, des battements de tempes, des bourdonnements d'oreilles. Le fait, d'autre part, que c'était à droite que les bourdonnements d'oreilles avaient, d'après ses déclarations, le plus d'intensité, était l'indice d'un mal profondément enraciné ; car les organes situés à droite étant plus forts, ils laissent moins d'espoir de guérison quand eux-mêmes sont en proie à la maladie. C'est ainsi qu'Aristote, en ses *Problèmes*, écrit que les épileptiques dont la maladie commence à droite sont plus difficiles à guérir[84]. Il serait trop long de reproduire l'opinion de

84. Il s'agit de textes disparus. Les *Problèmes* que nous avons conservés sont plus tardifs.

si uelim Theophrasti quoque sententiam de eodem morbo recensere ; est enim etiam eius egregius liber de caducis. [6] Quibus tamen in alio libro, quem de inuidentibus animalibus conscripsit, remedio esse ait exuuias stelionum, quas uelut senium more ceterorum serpentium temporibus statutis exuant; [7] sed nisi confestim eripias, malignone praesagio an naturali appetentia ilico conuertuntur et deuorant. [8] Haec iccirco commemoraui, nobilium philosophorum disputata simul et libros sedulo nominaui nec ullum ex medicis aut poetis uolui attingere, ut isti desinant mirari, si philosophi suapte doctrina causas morborum et remedia nouerunt. [9] Igitur, cum ad inspiciendum mulier aegra curationis gratia ad me perducta sit atque hoc et medici confessione qui adduxit ad <me et> mea ratiocinatione recte factum esse conueniat, [10] aut constituant magi et malefici hominis esse morbis mederi, aut si hoc dicere non audent, fateantur se in puero et muliere caducis uanas *et* prorsus caducas calumnias intendisse.

LII. [1] Immo enim si uerum uelis, Aemiliane, tu potius caducus, qui iam tot calumniis cecidisti. Neque enim grauius est corpore quam corde collabi, pede potius quam mente corruere, in cubiculo despui quam in isto splendidissimo coetu detestari. [2] At tu fortasse

Théophraste sur la même maladie : car il y a également, de cet écrivain, un excellent ouvrage sur l'épilepsie. Toutefois, dans un autre livre, qui traite de la jalousie des animaux, il indique comme remède à ce mal la peau dont les lézards, de même que les autres reptiles, se dépouillent, comme d'une défroque usée, à certaines époques déterminées. Mais il faut s'en saisir immédiatement : sinon l'animal, soit pressentiment jaloux, soit appétit instinctif, se retourne et la dévore.

Si, sur ces faits, j'ai rappelé les avis de philosophes illustres, et donné avec soin les titres de leurs œuvres, en laissant de côté à dessein les médecins et les poètes, c'est afin que nos gens cessent de s'étonner que des philosophes étudient, par profession scientifique, les causes des maladies et leurs remèdes.

Dès lors, étant donné qu'on m'a amené, pour être examinée, une femme malade, dans l'espoir de la soulager ; qu'il résulte, d'autre part, de la déclaration du médecin qui me l'a présentée et de ma propre argumentation, que ce qu'on a fait a été bien fait, il faut ou que mes adversaires établissent qu'on est un magicien et un faiseur de maléfices pour porter remède aux maladies ; ou, s'ils n'osent pas le dire, qu'ils avouent qu'à propos d'un enfant et d'une femme atteints du mal caduc, ils ont proféré contre moi des calomnies vaines et tout aussi caduques[85].

LII. Et même, à te dire vrai, Emilianus, si quelqu'un est sujet aux chutes, c'est toi, dont toutes les calomnies retombent à plat. Car les défaillances du corps sont moins graves que celles de l'esprit ; mieux vaut que le pied vous manque, et non pas le bon sens ; plutôt être couvert de crachats dans sa chambre, que de malédictions dans cette brillante assemblée. Mais peut-être te

85. Jeu de mots sur le sens de *caduque ; in iudicio cadere* : « perdre son procès ».

te putas sanum, quod non domi contineris, sed insaniam tuam, quoquo te duxerit, sequeris. Atqui contende, si uis, furorem tuum cum Thalli furore : inuenies non permultum interesse, nisi quod Thallus sibi, tu etiam aliis furis. [3]Ceterum Thallus oculos torquet, tu ueritatem ; Thallus manus contrahit, tu patronos ; Thallus pauimentis illiditur, tu tribunalibus ; postremo ille quicquid agit in aegritudine facit, ignorans peccat : [4]at tu, miser, prudens et sciens delinquis, tanta uis morbi te instigat ; falsum pro uero insimulas, infectum pro facto criminaris, quem innocentem liquido scis, tamen accusas ut nocentem.

LIII. [1]Quin etiam — quod praeterii — sunt quae fatearis nescire, et eadem rursus, quasi scias, criminaris. [2]Ais enim me habuisse quaedam sudariolo inuoluta apud lares Pontiani. Ea inuoluta quae et cuius modi fuerint, nescisse te confiteris, neque praeterea quemquam esse qui uiderit ; tamen illa contendis instrumenta magiae fuisse. [3]Nemo tibi blandiatur, Aemiliane : non est in accusando uersutia ac ne impudentia quidem, ne tu arbitreris. Quid igitur ? furor infelix acerbi animi et misera insania crudae senectutis. [4]His enim paene uerbis cum tam graui et perspicaci iudice egisti : « Habuit Apuleius quaepiam linteolo inuoluta apud lares Pontiani. Haec quoniam

86. Ta « folie furieuse » ; on notera les mots qui désignent la folie : *insania*, *furor*...

crois-tu en santé, parce qu'on ne te tient pas enfermé dans ta demeure, et que tu suis ta déraison partout où elle te mène. Eh bien, compare, si tu veux, ta frénésie[86] à celle de Thallus : tu verras qu'il n'y a guère de différence, sinon que Thallus tourne sa fureur contre lui-même, tandis que tu la tournes aussi contre les autres. À part cela, Thallus tord ses prunelles, toi, la vérité ; Thallus agite ses mains, toi, tes avocats ; Thallus donne contre les pavés, toi, contre les tribunaux. Enfin, ce qu'il fait, c'est par l'effet de la maladie ; il pèche par ignorance ; mais toi, malheureux, c'est en connaissance de cause que tu pèches[87], tant est violent le mal qui t'aiguillonne ; le faux, tu l'insinues comme vrai ; ce qu'on n'a pas fait, tu vous l'imputes à crime comme si on l'avait fait ; celui que tu sais clairement être innocent, tu l'accuses comme coupable.

LIII. Bien plus – j'oubliais d'en parler – : il y a des choses que, de ton propre aveu, tu ignores, et ces mêmes choses, tu les dénonces comme si tu les connaissais. Ainsi, tu affirmes que j'avais certains objets enveloppés dans un mouchoir et déposés auprès des lares de Pontianus. Quels objets et de quelle nature ? tu avoues que tu n'en savais rien, et que nul autre ne les a vus. Néanmoins, tu prétends que c'étaient des instruments de magie. Sans flatterie, Emilianus, tu ne fais preuve comme accusateur ni d'adresse, ni même d'impudence, comme tu te le persuades peut-être ; tu ne montres que la fureur stérile d'un esprit aigri, et la démence importune d'une vieillesse qui ne désarme pas. Car voici presque en propres termes le discours que tu as tenu à ce juge grave et perspicace : « Apulée a déposé certains objets, enveloppés dans un linge, près des lares de Pontianus.

87. *Prudens et sciens* : « en toute lucidité et connaissance de cause ».

ignoro quae fuerint, iccirco magica fuisse contendo. Crede igitur mihi quod dico, quia id dico quod nescio. » [5]O pulchra argumenta et aperte crimen reuincentia ! « Hoc fuit, quoniam quid fuerit ignoro. » Solus repertus es, Aemiliane, qui scias etiam illa quae nescis ; tantum super omnis stultiti*a* euectus es ; [6]quippe qui sollertissimi et acerrimi philosophorum ne iis quidem confidendum esse aiunt quae uidemus, at tu de illis quoque adfirmas, quae neque conspexisti umquam neque audisti. [7]Pontianus si uiueret atque eum interrogares, quae fuerint in illo inuolucro, nescire se responderet. [8]Libertus eccille, qui clauis eius loci in hodiernum habet et a uobis stat, numquam se ait inspexisse, quamquam ipse aperiret, utpote promus librorum qui illic erant conditi, paene cotidie et clauderet, saepe nobiscum, multo saepius sol*us* intraret, linteum in mensa positum cerneret sine ullo sigillo, sine uinculo. [9]Quidni enim ? magicae res in eo occultabantur : eo neglegentius adseruabam, sed e*nim* libere scrutandum et inspiciendum, si liberet, etiam auferendum temere exponebam, alienae custodiae commendabam, alieno arbitrio permittebam. [10]Quid igitur impraesentiarum uis tibi credi ? quodne Pontianus nescierit, qui indiuiduo contubernio mecum uixit, id te scire, quem numquam uiderim nisi pro tribunali ? [11]an quod libertus assiduus, cui omnis facultas inspiciendi fuit, quod is libertus non uiderit, te qui numquam eo accesseris uidisse ? [12]Denique, ut quod non uidisti, id tale fuerit quale dicis : atqui,

Ces objets, j'ignore quels ils étaient, et c'est pourquoi je prétends qu'ils étaient magiques. Crois donc ce que je dis, car je dis ce que je ne sais pas. » Admirable raisonnement, et qui ne laisse aucun doute sur le crime. « Ceci est, puisque j'ignore ce que c'est. » Il n'y a que toi au monde, Emilianus, pour savoir même ce que tu ne sais pas. Ta sottise te met au-dessus de tous les autres. Alors que les plus habiles et les plus pénétrants d'entre les philosophes déclarent que nous ne devons même pas nous fier à ce que nous voyons, toi tu parles avec assurance de choses que tu n'as jamais ni aperçues, ni entendues. Pontianus, s'il vivait, et si tu lui demandais ce qui était enveloppé dans ce linge, répondrait qu'il l'ignore. L'affranchi que voici, qui a jusqu'à ce jour les clefs de la pièce, et qui est de votre côté, déclare n'avoir jamais examiné l'objet en question ; pourtant, c'est lui-même qui, comme gardien des livres conservés dans la chambre, l'ouvrait et la fermait presque chaque jour ; il y entrait, souvent avec nous, plus souvent seul, et pouvait voir le linge posé sur une table, sans cachet ni cordon. Quoi de plus naturel, en effet ? des objets magiques étaient cachés dedans : voilà pourquoi je mettais tant de négligence à le garder, pourquoi chacun pouvait, à son gré, le fouiller, l'examiner, l'emporter même, s'il lui en prenait fantaisie, comme une chose qui traîne ; voilà pourquoi je le confiais à la surveillance d'un tiers, pourquoi je le livrais à la discrétion d'autrui. Comment veux-tu, après cela, qu'on te croie ? Ce qu'ignorait Pontianus, qui vivait avec moi dans une intimité de tous les instants, tu le saurais, toi que je n'ai jamais vu que devant ce tribunal ? Ce qu'un affranchi toujours présent, et ayant toute facilité de regarder, ce que cet affranchi n'a pas vu, toi qui n'as jamais eu accès en ce lieu, tu l'aurais vu ? Supposons toutefois que ce que tu n'as pas vu fût tel que tu le dis : mais, pauvre sot,

stulte, si hodie illud sudariolum tu intercepisses, quicquid ex eo promeres, ego magicum negarem.

LIV. [1] Tibi adeo permitto, finge quiduis, eminiscere, excogita, quod possit magicum uideri : tamen de eo tecum decertarem. [2] Aut ego subiectum dicerem aut remedio acceptum aut sacro traditum aut somnio imperatum ; mille alia sunt quibus possem more communi et uulgatissima obseruationum consuetudine uere refutare. [3] Nunc id postulas, ut, quod reprehensum et detentum tamen nihil me apud bonum iudicem laederet, id inani suspicione incertum et incognitum condemnet.

[4] Haud sciam an rursus, ut soles, dicas : « Quid ergo illud fuit, quod linteo tectum apud lares potissimum deposuisti ? » Itane est, Aemiliane ? sic accusas, ut omnia a reo percontere, nihil ipse afferas cognitum. [5] « Quam ob rem piscis quaeris ? cur aegram mulierem inspexisti ? quid in sudario habuisti ? » Vtrum tu accusatum an interrogatum uenisti ? Si accusatum, tute argue quae dicis ; si interrogatum, noli praeiudicare quid fuerit quod ideo te necesse est interrogare, quia nescis. [6] Ceterum hoc quidem pacto omnes homines rei constituentur, si ei, qui nomen cuiuspiam detulerit, nulla necessitas sit probandi, omnis contra facultas percontandi. Quippe omnibus sic, ut forte negotium magiae facessitur, quicquid omnino egerint obicietur. [7] Votum in alicuius statuae femore signasti : igitur magus es ; aut cur signasti ?

si aujourd'hui tu avais mis la main sur ce mouchoir, tu pourrais en tirer ce que tu voudrais : je nierais que ce fût un objet magique.

LIV. Ainsi, je te laisse libre : imagine, invente, trouve dans ton esprit un objet qui puisse passer pour magique même alors, j'accepterais encore la discussion. Je dirais qu'il s'est glissé là par substitution, ou qu'on me l'a donné comme remède, ou qu'il m'a été remis en souvenir d'un acte religieux, ou que j'exécute un ordre reçu en songe. Je pourrais tirer de l'usage courant et des pratiques les plus universellement observées mille autres explications plausibles et convaincantes. Mais quand on l'aurait saisi, cet objet, quand on le tiendrait entre ses mains, il ne me ferait aucun tort auprès d'un juge éclairé : et toi, sur des soupçons en l'air, de vagues suppositions, des aveux d'ignorance, tu prétends qu'on me condamne.

Peut-être vas-tu dire de nouveau, selon ton habitude : « Qu'est-ce donc que tu avais recouvert d'un linge et déposé près des dieux lares, de préférence à tout autre endroit ? » En vérité, Emilianus, cela s'appelle-t-il accuser ? tu ne sais qu'interroger le prévenu, sans apporter toi-même aucune précision. « Pourquoi cherches-tu des poissons ? pourquoi as-tu examiné une femme malade ? qu'avais-tu dans un mouchoir ? » Est-ce pour accuser ou poser des questions que tu es ici ? Si c'est pour accuser, fais toi-même la preuve de ce que tu avances ; si c'est pour questionner, ne préjuge pas ce sur quoi ton ignorance même t'oblige à poser des questions. Tout le monde, à ce compte, se verra intenter des poursuites, si l'on peut dénoncer le premier venu, sans être tenu de rien prouver, et avec toute latitude, au contraire, d'interroger. Il suffira qu'on vous fasse un procès de magie, pour que chacun de vos actes soit exploité contre vous. Tu as inscrit un vœu sur la cuisse d'une statue : donc tu es magicien ; ou pourquoi l'as-tu inscrit ? Tu as,

Tacitas preces in templo deis allegasti : igitur magus es ; aut quid optasti ? Contra : nihil in templo precatus es : igitur magus es ; aut cur deos non rogasti ? Similiter, si posueris donum aliquod, si sacrificaueris, si uerbenam sumpseris. [8]Dies me deficiet, si omnia uelim persequi, quorum rationem similiter calumniator flagitabit. Praesertim quod conditum cumque, quod obsignatum, quod inclusum domi adseruatur, id omne eodem argumento magicum dicetur aut e cella promptaria in forum atque in iudicium proferetur.

LV. [1]Haec quanta sint et cuius modi, Maxime, quantusque campus calumniis hoc Aemiliani tramite aperiatur, quantique sudores innocentibus hoc uno sudariolo afferantur, possum equidem pluribus disputare ; [2]sed faciam quod institui : etiam quod non necesse est confitebor et interrogatus ab Aemiliano respondebo. [3]Interrogas, Aemiliane, quid in sudario habuerim. At ego quamquam omnino positum ullum sudarium meum in bybliotheca Pontiani possim negare, [4]ac, <si> maxime fuisse concedam, tamen habeam dicere nihil in eo inuolutum fuisse, — [5]quae si dicam, neque testimonio aliquo neque argumento reuincar ; nemo est enim qui attigerit, unus libertus, ut ais, qui uiderit — [6]tamen, inquam, per me licet fuerit refertissimum. Sic enim, si uis, arbitrare, ut olim Vlixi socii thesaurum repperisse arbitrati sunt, cum utrem uentosissimum manticularentur. [7]Vin

dans un temple, prié les dieux à voix basse : donc tu es magicien ; ou qu'as-tu demandé ? Inversement, tu as été dans un temple sans prier : donc tu es magicien ; ou pourquoi n'as-tu pas invoqué les dieux ? Et ainsi de suite, que tu aies déposé une offrande, fait un sacrifice, cueilli un rameau consacré. La journée ne me suffirait pas, si je voulais passer en revue tout ce dont un accusateur de mauvaise foi pourra vous demander compte de la même manière. En particulier, tout ce que vous enfermerez, scellerez, mettrez sous clef chez vous pour le garder, sera, en vertu du même raisonnement, déclaré magique, et tiré de la pièce où on le conserve pour être produit sur le forum et devant le tribunal.

LV. Où mèneraient de tels procédés, Maximus, quel champ serait ouvert à la calomnie, si l'on suivait Emilianus dans cette voie, et quelles sueurs un simple mouchoir ferait essuyer à des innocents, c'est un thème qu'il me serait facile de développer. Mais je veux suivre mon plan : même quand je pourrais m'en dispenser, j'avouerai tout, et puisque Emilianus m'interroge, je répondrai. Tu me demandes, Emilianus, ce que j'avais dans ce mouchoir : je pourrais affirmer qu'il n'y a jamais eu de mouchoir à moi déposé dans la bibliothèque de Pontianus, ou, à la rigueur, en convenir, mais en niant que rien y fût enveloppé ; et à ces assertions l'on n'aurait à opposer ni témoignage, ni argument pour me démentir, puisque personne n'a touché l'objet, et qu'il n'y a, de ton propre aveu, qu'un seul affranchi qui l'ait vu. Mais encore une fois, tu le veux, j'y consens : le mouchoir était plein à crever. Crois-le si bon te semble : tels jadis les compagnons d'Ulysse crurent avoir trouvé un trésor, lorsqu'ils dérobèrent une outre gonflée de vent[88]. Tu

88. Cf. *Odyssée*, X, 28 ss.

dicam cuius modi illas res in sudario obuolutas laribus Pontiani commendarim? mos tibi geretur.

8 Sacrorum pleraque initia in Graecia participaui. Eorum quaedam signa et monumenta tradita mihi a sacerdotibus sedulo conseruo. Nihil insolitum, nihil incognitum dico. Vel unius Liberi patris mystae qui adestis scitis quid domi conditum celetis et absque omnibus profanis tacite ueneremini. 9 At ego, ut dixi, multiiuga sacra et plurimos ritus et ua*ri*as cerimonias studio ueri et officio erga deos didici. 10 Nec hoc ad tempus compono, sed abhinc ferme triennium est, cum primis diebus quibus Oeam ueneram *pu*blice disserens de Aesculapii maiestate eadem ista prae me tuli et quo*t* sacra nossem percensui. 11 Ea disputatio celebratissima est, uulgo legitur, in omnibus manibus uersatur, non tam facundia mea quam mentione Aesculapii religiosis Oeensibus commendata. 12 Dicite aliquis, si qui forte meminit, huius loci principium. — Audisne, Maxime, multos suggerentis? Immo, ecce etiam liber offertur. Recitari ipsa haec iubebo, quoniam ostendis humanissimo uultu auditionem te istam non grauari. —

LVI. 1 Etiamne cuiquam mirum uideri potest, cui sit ulla memoria religionis, hominem tot mysteriis deum

veux que je dise de quelle nature étaient ces objets, enveloppés dans un mouchoir, et placés par moi sous la garde des lares de Pontianus ? On va te satisfaire.

J'ai été initié en Grèce à un grand nombre de cultes. Des symboles et des souvenirs m'en ont été confiés par les prêtres, et je les conserve avec soin. Je ne dis là rien d'insolite, rien qui ne soit connu. Ainsi, et pour ne m'adresser qu'aux mystes du dieu Liber qui peuvent se trouver ici : vous savez ce que vous gardez caché dans vos demeures et vénérez en silence, loin de tous les profanes. Eh bien, moi, comme je viens de le dire, ce sont des cultes de tout ordre, des rites nombreux, des cérémonies variées que, par amour de la vérité et par piété envers les dieux, j'ai voulu connaître. Et ce n'est pas là une histoire arrangée pour la circonstance : il y a environ trois ans, dans les premiers jours qui ont suivi mon arrivée à Oea, parlant en public sur la majesté d'Esculape, j'ai fait les mêmes déclarations, et énuméré tous les mystères que je connaissais. Ce discours est célèbre, on le lit partout, il se trouve dans toutes les mains : c'est d'ailleurs moins mon éloquence, que le nom d'Esculape, qui en a fait le succès auprès des pieux habitants d'Oea. Citez, si, par hasard quelqu'un de vous s'en souvient, le début de ce morceau. Entends-tu, Maximus, comme on me le souffle de tous côtés ? Encore mieux : voilà qu'on me présente le livre. Je vais faire donner lecture du passage : je vois à la bienveillance de ton expression que tu l'entendras sans déplaisir. *(Lecture du passage.)*

LVI. Quelqu'un s'étonnera-t-il encore, s'il lui reste quelque notion de religion, qu'un homme initié à tant de divins mystères garde chez lui, de ces cérémonies, des

conscium quaedam sacrorum crepundia domi adseruare atque ea lineo texto inuoluere, quod purissimum est rebus diuinis uelamentum? [2]Quippe lana, segnissimi corporis excrementum, pecori detracta, iam inde Orphei et Pythagorae scitis profanus uestitus est; sed enim mundissima lini seges, inter optumas fruges terra exorta, non modo indutui et amictui sanctissimis Aegyptiorum sacerdotibus, sed opertui quoque rebus sacris usurpatur.

[3]Atque ego scio nonnullos et cum primis Aemilianum istum facetiae sibi habere res diuinas deridere. [4]Nam, ut audio partim Oeensium qui istum nouere, nulli deo ad hoc aeui supplicauit, nullum templum frequentauit; si fanum aliquod praetereat, nefas habet adorandi gratia manum labris admouere. [5]Iste uero nec dis rurationis, qui eum pascunt ac uestiunt, segetis ullas aut uitis aut gregis primitias impertit; nullum in uilla eius delubrum situm, nullus locus aut lucus consecratus. [6]Et quid ego de luco et delubro loquor? negant uidisse se qui fuere unum saltem in finibus eius aut lapidem unctum aut ramum coronatum. [7]Igitur agnomenta ei duo indita: Charon, ut iam dixi, ob oris et animi diritatem, sed alterum, quod libentius audit, ob deorum contemptum, Mezentius. [8]Quapropter facile intellego hasce ei tot initio-

89. *Crepundia* s'applique ici aux symboles matériels que le fidèle gardait de l'initiation (*cf.* LV, 8 : *signa, monumenta*). Ces signes de reconnaissance pouvaient consister aussi en gestes, formules ou mots

signes de reconnaissance[89], et qu'il les enveloppe dans un tissu de lin, la matière la plus pure dont on puisse voiler des objets sacrés ? Car la laine, excroissance d'un corps inerte, dépouille d'un stupide animal, est déjà par les lois d'Orphée et de Pythagore réservée aux vêtements profanes ; la chaste plante du lin au contraire, noble entre les présents de la terre, ne sert pas seulement au vêtement et à l'habillement des saints prêtres de l'Égypte : on l'emploie aussi pour recouvrir les objets sacrés[90].

Je sais bien qu'il y a des gens, Emilianus en tête, pour trouver très spirituel de railler les choses divines. Car si j'en crois ceux des habitants d'Oea qui le connaissent, il n'a jamais, à l'âge où le voici, ni prié aucun dieu, ni fréquenté aucun temple ; et quand il passe devant un édifice religieux, il croirait pécher s'il portait sa main à ses lèvres en signe d'adoration. Même aux divinités champêtres, qui lui donnent la nourriture et le vêtement, il n'offre jamais les prémices de ses moissons, de ses vignes ou de ses troupeaux ; il n'y a sur ses terres aucun sanctuaire, aucun emplacement ou bois consacré. Et qu'ai-je à parler de bosquets et de chapelles ? Ceux qui ont été chez lui affirment n'avoir jamais vu sur son domaine fût-ce une pierre ointe d'huile ou un rameau orné d'une guirlande. Aussi lui a-t-on donné deux sobriquets : celui de Charon, comme je l'ai dit, pour la laideur infernale de son visage et de son âme, et un autre, qu'il préfère, et que lui vaut son mépris des dieux, le surnom de Mézence[91]. C'est pourquoi je comprends sans peine

de passe. C'est ainsi qu'il faut l'entendre, semble-t-il, à la fin du chapitre LVI. (V)

90. Sur le lin et son éloge, *cf.* Pline, *HN*, XLX, 1, 2 ss.

91. *Cf.* Virgile, *Énéide,* VII, 643, où Mézence est appelé *contemptor diuum.*

rum enumerationes nugas uideri, et fors anne ob hanc diuini contumaciam non inducat animum uerum esse quod dixi, me sanctissime tot sacrorum signa et memoracula custodire. [9]Sed ego, quid de me Mezentius sentiat, manum non uorterim, ceteris autem clarissima uoce profiteor : si qui forte adest eorundem sollemnium mihi particeps, signum dato, et audias licet quae ego adseruem. [10]Nam equidem nullo umquam periculo compellar, quae reticenda accepi, haec ad profanos enuntiare.

LVII. [1] Vt puto, Maxime, satis uideor cuiuis uel iniquissimo animum explesse et, quod ad sudarium pertineat, omnem criminis maculam detersisse, ac bono iam periculo ad testimonium illud Crassi, quod post ista quasi grauissimum legerunt, a suspicionibus Aemiliani transcensurus. [2]Testimonium ex libello legi audisti gumiae cuiusdam et desperati lurconis Iuni Crassi, me in eius domo nocturna sacra cum Appio Quintiano amico meo factitasse, qui ibi mercede deuersabatur. Idque se ait Crassus, quamquam in eo tempore uel Alexandreae fuerit, tamen taedae fumo et auium plumis comperisse. [3]Scilicet eum, cum Alexandreae symposia obiret — est enim Crassus iste, qui non inuitus de die in ganeas correpat —, in illo cauponi*i* nidore pinnas de penatibus suis aduectas aucupatum, fumum domus suae agnouisse patrio culmine longe exortum. [4]Quem si oculis uidit, ultra *V*lixi uota et desideria hic quidem est oculatus ; Vlixes fumum terra su*a* *e*mergentem compluribus annis e

que ces énumérations de mystères lui paraissent saugrenues ; et peut-être est-ce ce farouche dédain de la religion qui l'empêche de croire à ma sincérité, quand je dis que je garde avec vénération des symboles et des souvenirs de tant de pieuses cérémonies. Mais que Mézence pense de moi ce qu'il voudra : je n'en ai cure. Quant aux autres, je le proclame à haute voix : s'il se trouve ici un adepte des mêmes mystères que moi, qu'il me donne un signe de reconnaissance : je suis prêt à lui apprendre quels sont les objets que je conserve. Car il n'est péril qui me fît jamais consentir à divulguer devant des profanes ce qui m'a été confié sous le sceau du secret.

LVII. En voilà sans doute assez, Maximus, pour satisfaire l'esprit le plus prévenu, et, dans l'affaire du mouchoir, me laver de tout crime. Je ne risque donc rien à passer maintenant à ce fameux témoignage de Crassus, qu'on a présenté, quand on l'a lu, comme particulièrement accablant, et à laisser là les soupçons d'Emilianus.

Vous avez entendu lire la déposition écrite d'une espèce de glouton, de goinfre sans vergogne, qui a nom Junius Crassus, et au dire duquel j'aurais, dans sa maison, célébré des sacrifices nocturnes avec mon ami Appius Quintianus, qui habitait là en qualité de locataire. Crassus, à ce moment, était à Alexandrie ; il affirme néanmoins s'être aperçu du fait à la fumée des torches et à des plumes d'oiseau. Apparemment, tandis qu'il festoyait à Alexandrie – car Crassus est homme à ne pas craindre de se vautrer en plein jour dans les lieux où l'on fait ripaille –, là-bas, dans son auberge, parmi le fumet des cuisines, il épiait les plumes apportées de ses pénates, et reconnaissait de loin la fumée de sa maison montant du toit paternel. S'il l'a vue de ses yeux, les vœux et les souhaits d'Ulysse sont dépassés pour ces yeux-là. Ulysse[92], des années durant, comme un guetteur

92. *Odyssée*, I, 5 7.

litore prospectans frustra captauit: Crassus in paucis quibus afuit mensibus eundem fumum sine labore in taberna uinaria sedens conspexit. [5]Sin uero naribus nidorem domesticum praesensit, uincit idem sagacitate odorandi, canes et uulturios; cui enim cani, cui uulturio Alexandrini caeli quicquam abusque Oeensium finibus oboleat? [6]Est quidem Crassus iste summus helluo et omnis fumi non imperitus, sed profecto pro studio bibendi, quo solo censetur, facilius ad eum Alexandriam uini aura quam fumi perueniret.

LVIII. [1] Intellexit hoc et ipse incredibile futurum; nam dicitur ante horam diei secundam ieiunus adhuc et abstemius testimonium istud uendidisse. [2]Igitur scripsit haec se ad hunc modum comperisse: postquam Alexandria reuenerit, domum suam recta contendisse, qua iam Quintianus migrarat; ibi in uestibulo multas auium pinnas offendisse, praeterea parietes fuligine deformatos; quaesisse causas ex seruo suo, quem Oeae reliquerit, eumque sibi de meis et Quintiani nocturnis sacris indicasse. [3]Quam uero subtiliter compositum et ueri similiter commentum me, si quid eius facere uellem, non domi meae potius facturum fuisse, [4]Quintianum istum, qui mihi assistit, quem ego pro amicitia quae mihi cum eo artissima est proque eius egregia eruditione et perfectissima eloquentia honoris et laudis gratia nomino, [5]hunc igitur Quintianum, si quas auis in cena habuisset aut,

sur le rivage[93], chercha en vain à apercevoir la fumée qui s'élevait de sa terre : Crassus, pendant les quelques mois qu'a duré son absence, l'a aperçue, cette fumée, sans se donner aucun mal, attablé dans un débit de vin. Mais si c'est au flair qu'il a deviné l'odeur de sa maison, il passe en finesse d'odorat les chiens et les vautours ; car quel chien, quel vautour, sous le ciel d'Alexandrie, percevrait une odeur à la distance du territoire d'Oea ? Votre Crassus, à la vérité, n'a pas son rival en gourmandise, et se connaît en fumets de toute sorte : mais avec le talent de buveur qui est le seul qu'on lui reconnaisse, c'est plutôt l'odeur du vin que celle de la fumée qui lui serait parvenue à Alexandrie.

LVIII. Lui-même a bien compris que tout cela ne trouverait aucune créance ; car c'est, dit-on, avant la seconde heure du jour, encore à jeun et avant boire, qu'il a vendu son témoignage. Voici donc comment il a raconté par écrit que la chose était venue à sa connaissance. À son retour d'Alexandrie, il s'était rendu droit à sa maison, que Quintianus avait déjà quittée ; là, dans le vestibule, une quantité de plumes d'oiseau avaient attiré ses regards ; en outre, les murs étaient maculés de suie. Il en avait demandé l'explication à son esclave, qu'il avait laissé à Oea, et celui-ci lui avait révélé les sacrifices nocturnes accomplis par Quintianus et moi. L'ingénieuse trouvaille, la vraisemblable histoire ! Alors, si j'avais voulu faire quelque chose de ce genre, ce n'est pas ma propre demeure que j'aurais choisie pour cela ? Et Quintianus, qui m'assiste en cette affaire, et qu'en raison de l'étroite amitié qui nous unit, de sa haute culture et de son éloquence sans défaut, je nomme avec déférence et avec éloge, Quintianus, s'il avait mangé de la volaille à son repas, ou si, comme on le prétend, il

93. Souvenir de Catulle : 64, 52 « ... *fluentisono prospectans litore* » ?

quod aiunt, magiae causa interemisset, puerum nullum habuisse, qui pinnas conuerreret et foras abiceret; [6]praeterea fumi tantam uim fuisse, ut parietes atros redderet, eamque deformitatem, quoad habitauit, passum in cubiculo suo Quintianum. [7]Nihil dicis, Aemiliane, non est ueri simile, nisi forte Crassus non in cubiculum reuersus perrexit, sed suo more recta ad focum. [8]Vnde autem seruus Crassi suspicatus est noctu potissimum parietes fumigat*os*? an ex fumi colore? uidelicet fumus nocturnus nigrior est eoque diurno fumo differt. [9]Cur autem suspicax seruus ac tam diligens passus est Quintianum migrare prius quam mundam domum redderet? Cur ill*ae* plumae quasi plumbea*e* tam diu aduentum Crassi manserunt? [10]Non insimulet Crassus seruum suum: ipse haec potius de fuligine et pinnis mentitus est, dum non potest nec in testimonio dando discedere longius a culina.

LIX. [1]Cur autem testimonium ex libello legistis? Crassus ipse ubi gentium est? an Alexandriam taedio domus remeauit? an parietes suos detergit? an, quod uerius est, ex crapula helluo adtemptatur? [2]Nam equidem hic Sabratae *e*um hesterna die animaduerti satis notabiliter in medio foro tibi, Aemiliane, obructantem. Quaere a nomenclatoribus tuis, Maxime, quamquam

94. Esclaves ou affranchis faisant partie du personnel administratif, et chargés soit d'introduire en les annonçant les visiteurs ou les solliciteurs, soit de nommer au gouverneur, pour qu'il eût l'air de les

avait immolé des oiseaux dans une intention magique, n'avait pas un esclave pour balayer les plumes et les jeter dehors ? Et la fumée aurait été assez épaisse pour noircir les parois, et Quintianus aurait souffert ces dégradations dans sa propre chambre pendant tout le temps de son séjour ? Tu ne dis mot, Emilianus ; oui, le conte est invraisemblable : à moins cependant que Crassus, à son retour, n'ait été droit, suivant son caractère, non à sa chambre, mais à ses fourneaux. D'où cependant l'esclave de Crassus a-t-il soupçonné que c'était plutôt de nuit que les murs avaient été couverts de suie ? Est-ce d'après la couleur de la fumée ? Sans doute, la fumée nocturne est plus noire, et c'est ce qui la distingue de la fumée diurne. Mais comment cet esclave si soupçonneux et si minutieux a-t-il laissé Quintianus déménager sans nettoyer les lieux ? Comment ces plumes ont-elles, lourdes comme du plomb, attendu si longtemps le retour de Crassus ? Non, que Crassus n'accuse pas son esclave ; cette fumée, ces plumes, tout ce mensonge, c'est lui qui l'a inventé : même dans ses dépositions, il ne s'éloigne jamais beaucoup de sa cuisine.

LIX. Mais pourquoi avez-vous donné lecture d'une déposition écrite ? Et où donc, dans quel pays, se trouve Crassus lui-même ? Est-il retourné à Alexandrie, par dégoût de sa maison ? essuie-t-il ses murs ? ou, ce qui est plus probable, ce pilier de cabaret est-il malade des suites de quelque orgie ? Car je l'ai remarqué hier, ici même, à Sabrata, qui s'exhibait en plein forum, en te rotant à la figure, Emilianus. Interroge tes nomenclateurs[94],

connaître, les personnes auxquelles il avait affaire. Ils devaient donc être eux-mêmes parfaitement au courant des noms et des physionomies. (V)

est ille cauponibus quam nomenclatoribus notior, tamen, inquam, interroga, an hic Iunium Crassum Oeensem uiderint; non negabunt. [3]Exhibeat nobis Aemilianus iuuenem honestissimum, cuius testimonio nititur. Quid sit diei uides : dico Crassum iam dudum ebrium stertere, aut secundo lauacro ad repotia cenae obeunda uinulentum sudorem in balneo desudare. [4]Is tecum, Maxime, praesens per libellum loquitur, non quin adeo sit alienatus omni pudore, ut etiam, sub oculis tuis si foret, sine rubore ullo mentiretur, sed fortasse nec tantulum potuit ebri*us* sibi temperare, ut hanc horam sobrie exspectaret ; [5]aut potius Aemilianus de consilio fecit, ne eum sub tam seueris oculis tuis constitueret, [6]ne tu beluam illam uulsis maxillis, foedo aspectu, de facie improbares, cum animaduertisses caput iuuenis barba et capillo populatum, madentis oculos, cil*i*a turgentia, rictum..., saliuosa labia, uocem absonam, manuum tremorem, ructus *po*pinam. [7]Patrimonium omne iam pridem abligurriuit, nec quicquam ei de bonis paternis superest, nisi una domus ad calumniam uenditandam, quam tamen numquam carius quam in hoc testimonio locauit ; [8]nam temulentum istud mendacium tribus milibus nummis Aemiliano huic uendidit, idque Oeae nemini ignoratur.

LX. [1]Omnes hoc, antequam fieret, cognouimus, et potui denuntiatione impedire, nisi scirem mendacium tam stultum potius Aemiliano, qui frustra redimebat,

Maximus, encore qu'il soit plus connu des aubergistes que des nomenclateurs ; demande-leur s'ils ont vu ici Junius Crassus d'Oea : ils ne le nieront pas. Qu'Emilianus nous le présente, cet honorable jeune homme, sur le témoignage duquel il se fonde. Tu vois quelle heure il est : je dis que Crassus, ivre, ronfle depuis longtemps, ou que, retourné au bain, il se prépare à affronter des beuveries d'après dîner en suant son vin dans l'étuve. Voilà celui, Maximus, qui, bien que présent, te parle par écrit ; non qu'il ait conservé la moindre pudeur[95] : sous tes yeux même, il mentirait sans rougir ; mais sans doute notre ivrogne n'aura pas su se dominer même un moment, et rester sans boire jusqu'à cette heure. Ou plutôt c'est Emilianus qui aura évité à dessein d'exposer à la sévérité de ton regard cette brute au menton glabre, à l'aspect repoussant ; tu l'aurais trop bien jugé sur sa mine, rien qu'à voir cette tête encore jeune dégarnie de barbe et de cheveux, ces yeux larmoyants, ces paupières tuméfiées, ce sourire *figé*, ces lèvres baveuses, cette voix éraillée, ces mains tremblantes, ces hoquets avinés. Quant à son patrimoine, voilà longtemps qu'il l'a dévoré ; et des biens paternels, il ne lui reste qu'une maison, où il tient boutique de calomnie, mais dont il n'a jamais tiré un plus beau loyer qu'à l'occasion de son dernier témoignage : car ce mensonge d'ivrogne a été vendu par lui à Emilianus pour trois mille sesterces, personne dans Oea ne l'ignore.

LX. Tous, avant que l'affaire fût conclue, nous en avions connaissance, et j'aurais pu l'empêcher en la dénonçant ; mais je savais que ce mensonge absurde nuirait à Emilianus, qui, en l'achetant, faisait un marché

95. *Alienari*. « perdre tout sentiment ». On pourrait aussi traduire ainsi : « Non qu'il soit paralysé par quelque pudeur... »

quam mihi, qui merito contemnebam, offuturum. Volui et Aemilianum damn*o* *affic*i et Crassum testimonii sui dedecore prostitui. [2] Ceterum nudiustertius haudquaquam occulta res acta est in Rufini cuiusdam domo, de quo mox dicam, intercessoribus et deprecatoribus ipso Rufino et Calpurniano. Quod eo libentius Rufinus perfecit, quod erat certus ad uxorem suam, cuius stupra sciens dissimulat, non minimam partem praemii eius Crassum relaturum. [3] Vidi te quoque, Maxime, coitionem aduersum me et *coni*urationem eorum pro tua sapientia suspicatum, simul libellus ille prolatus est, totam rem uultu aspernantem. [4] Denique quamquam sunt *in*solita audacia et importuna impudentia praediti, tamen testimonio Crassi, cuius oboluisse faecem uidebant, — nec ipsi ausi sunt perlegere nec quicquam eo niti. [5] Verum ego ista propterea commemoraui, non quod pinnarum formidines et fuliginis maculam te praesertim iudice timerem, sed ut ne impunitum Crasso foret, quod Aemiliano, homini rustico, fumum uendidit.

LXI. [1] Vn*um* etiam crimen ab illis, cum Pudentillae litteras legerent, de cuiusdam sigilli fabricatione prolatum est, [2] quod me aiunt ad magica maleficia occulta fabrica, ligno exquisitissimo, comparasse et, cum sit

96. Jeu de mots : *formido* (épouvantail) est un terme technique de chasse. Il s'agit d'une corde munie de plumes de différentes couleurs, qu'on agite pour effrayer le gibier et le rabattre.

de dupe, plus qu'à moi qui le méprisais comme il convenait ; je voulais voir du même coup Emilianus perdre son argent et Crassus se déshonorer en prostituant son témoignage. Toujours est-il qu'avant-hier, sans le moindre mystère, l'affaire s'est négociée dans la maison d'un certain Rufinus, dont je parlerai tout à l'heure, par l'entremise et les bons offices de Rufinus lui-même et de Calpurnianus. Rufinus s'est chargé de la chose avec d'autant plus d'empressement qu'il était certain que sa femme, dont il feint, quoique averti, d'ignorer l'inconduite, se verrait reverser par Crassus la plus grosse part du bénéfice.

J'ai bien vu, d'ailleurs, Maximus, que leur entente et le complot qu'ils avaient formé contre moi n'échappaient pas à ta clairvoyance, quand, au reçu du libelle, tu as fait paraître sur ton visage l'aversion que t'inspirait toute cette affaire. Enfin, malgré l'excès de leur audace et leur intolérable effronterie, ils se sont rendu compte que le témoignage de Crassus sentait sa lie, et eux-mêmes n'ont osé ni le lire en entier, ni en faire état. J'ai tenu cependant à en parler ; non que ces plumes à épouvantail[96] et ces taches de suie, surtout devant un juge tel que toi, me causent la moindre inquiétude ; mais je voulais que Crassus n'eût pas impunément vendu de la fumée[97] à ce rustre d'Emilianus.

LXI. Voici maintenant un grief que mes adversaires ont mis en avant en lisant la lettre de Pudentilla : il s'agit de la fabrication d'une statuette, qu'en vue de maléfices magiques, j'aurais fait faire secrètement en un bois très précieux ; et bien qu'elle ait l'aspect, disent-ils, d'un

97. Expression proverbiale, pour dire : leurrer quelqu'un de vaines promesses. On l'appliquait en particulier à ceux qui, par le crédit qu'ils s'attribuaient à la cour, se livraient à un trafic de fausses nouvelles et de prétendue influence. *Cf.* Martial, IV, 5, 7. (V)

sceleti forma turpe et horribile, tamen impendio colere et Graeco uocabulo βασιλέα nuncupare. [3]Nisi fallor, ordine eorum uestigia persequor et singillatim apprehendens omnem calumniae textum retexo.

[4]Occulta fuisse fabricatio sigilli, quod dicitis, qui potest, cuius uos adeo artificem non ignorastis, ut ei praesto adesset denuntiaueritis? [5]En adest Cornelius Saturninus artifex, uir inter suos et arte laudatus et moribus comprobatus, qui tibi, Maxime, paulo ante diligenter sciscitanti omnem ordinem gestae rei summa cum fide et ueritate percensuit: [6]me, cum apud eum multas geometricas formas e *bu*xo uidissem subtiliter et affabre factas, inuitatum eius artificio quaedam mechanica ut mihi elaborasset petisse, simul et aliquod simulacrum cuiuscumque uellet dei, cui ex more meo supplicassem, quacumque materia, dummodo lignea, exsculperet. [7]Igitur primo buxeam temptass*e*. Interim dum ego ruri ago, Sicinium Pontianum priuignum meum, qui mihi factum uolebat, impetratos hebeni loculos a muliere honestissima Capitolina ad se attulisse, ex illa potius materia rariore et durabiliore uti faceret adhortatum: id munus cum primis mihi gratum fore. [8]Secundum ea se fecisse, proinde ut locul*i* suppetebant. Ita minutatim ex tabellis compacta crassitudine Mercuriolum expediri potuisse.

squelette[98] grimaçant et horrible, je l'honorerais dévotement en l'invoquant sous le nom grec de βασιλεύς. Si je ne me trompe, je les suis pas à pas, et je reprends un à un les fils dont est ourdi le tissu de leurs calomnies.

C'est en secret, dites-vous, que la statuette en question a été fabriquée. Comment cela se peut-il, puisque vous connaissiez l'artiste, à telles enseignes que vous l'avez cité à comparaître ? Le voici : c'est Cornélius Saturninus, artiste apprécié parmi ses confrères pour son talent et estimé pour son caractère. Répondant tout à l'heure au minutieux interrogatoire que tu lui as fait subir, Maximus, il t'a rendu des faits, dans l'ordre où ils se sont passés, un compte exact et véridique. J'avais vu chez lui beaucoup de figures géométriques en buis, d'un travail fin et délicat ; charmé de son ingéniosité, je lui avais demandé d'exécuter pour moi quelques ouvrages et, par la même occasion, de me sculpter l'image d'une divinité, à son choix, pour faire devant elle mes dévotions, comme j'en ai l'habitude ; peu m'importait la matière[99], pourvu que ce fût du bois. Il fit donc un premier essai en buis. Sur ces entrefaites, tandis que je séjournais à la campagne, Sicinius Pontianus, mon beau-fils, pour me faire plaisir, avait obtenu d'une respectable dame, Capitolina, un coffret en ébène, et l'avait apporté à Saturninus, en l'engageant à se servir de préférence de cette matière plus rare et plus durable ; ce présent, disait-il, me serait particulièrement agréable. Suivant ces instructions, Saturninus avait de son mieux tiré parti du coffret ; et c'est ainsi que, taillant les planchettes et les assemblant pour donner l'épaisseur voulue, il avait pu en faire sortir un petit Mercure.

98. Plutôt, une *momie*.

99. Entendre : peu m'importait *le* bois, pourvu que ce fût *du* bois.

LXII. 1 Haec ut dico omnia audisti. Praeterea a filio Capitolinae probissimo adulescente, qui praesens est, sciscitante te eadem dicta sunt : Pontianum loculos petisse, Pontianum Saturnino artifici detulisse. 2 Etiam illud non negatur, Pontianum a Saturnino perfectum sigillum recepisse, postea mihi dono dedisse. 3 His omnibus palam atque aperte probatis, quid omnino superest, in quo suspicio aliqua magiae delitescat ? Immo quid omnino est, quod uos manifesti mendacii non reuincat ? 4 Occulte fabricatum esse dixistis quo*d* Pontianus splendidissimus eques fieri curauit, quod Saturninus uir grauis et probe inter suos cognitus in taberna sua sedens propalam exsculpsit, quod ornatissima matrona munere suo adiuuit, quod et futurum et factum multi cum seruorum tum amicorum qui ad me uentitabant scierunt. 5 Lignum a me toto oppido et quidem oppido quaesitum non piguit uos commentiri, quem [quem] afuisse in eo tempore scitis, quem ius*s*isse fieri qualicumque materia probatum est.

LXIII. 1 Tertium mendacium uestrum fuit macilentam uel omnino euisceratam formam d*i*ri cadaueris fabricatam, prorsus horribilem et laru*a*lem. 2 Quod si compertum habebatis tam *e*uidens signum magiae, cur mihi ut exhiberem non denuntiastis ? An ut possetis in rem absentem libere mentiri ? Cuius tamen falsi

LXII. Tout cela est la répétition de ce que tu as entendu. En outre, le fils de Capitolina, jeune homme de toute probité, qui est ici présent, t'a, en réponse à tes questions, fait le même récit : c'est Pontianus qui a demandé le coffret, Pontianus qui l'a apporté à l'artiste Saturninus. Et ce qu'on ne nie pas davantage, c'est que Pontianus a reçu de Saturninus la statuette achevée, et m'en a ensuite fait présent. Tous ces faits clairement et nettement établis, que reste-t-il dans tout cela, où le plus léger soupçon de magie puisse encore se dissimuler ? Je dis plus : qu'y a-t-il qui ne vous convainque de mensonge flagrant ? Fabriquée en secret, dites-vous ? cette statuette que Pontianus, noble chevalier, a commandée ; que Saturninus, homme sérieux, et honorablement connu parmi les gens du métier, a sculptée devant tout le monde, assis dans son atelier ; dont le présent d'une dame de condition a facilité l'exécution ; dont, soit à l'état de projet, soit après son achèvement, tant d'esclaves, tant d'amis qui venaient sans cesse chez moi, ont eu connaissance ? Quant au bois, vous n'avez pas craint de déclarer mensongèrement que je l'avais cherché à grand-peine dans toute la ville[100], quand vous savez qu'à ce moment j'étais absent, et quand il est établi que j'avais laissé à l'artiste le choix de la matière.

LXIII. Troisième mensonge, enfin : vous avez prétendu que l'ouvrage en question était la figure émaciée, ou, pour mieux dire, complètement décharnée d'un affreux cadavre, spectre infernal et terrifiant. Si vous aviez surpris une preuve aussi flagrante de magie, que ne m'avez-vous mis en demeure de la produire ? Espériez-vous pouvoir, en l'absence de l'objet, mentir tout à votre aise ? J'ai lieu alors de me féliciter d'une

100. Calembour intraduisible sur *oppido* (V) (*oppido* = substantif, et *oppido* l'adverbe = beaucoup).

facultas opportunitate quadam meae consuetudinis uobis adempta est. [3] Nam morem mihi habeo, quoquo eam, simulacrum alicuius dei inter libellos conditum gestare eique diebus festis ture et mero et aliquando uictima supplicare. [4] Dudum ergo cum audire*m* sceletum perquam impudenti mendacio dictitari, iussi curriculo iret aliquis et ex hospitio meo Mercuriolum afferret, quem mihi Saturninus iste Oeae fabricatus est. [5] Cedo tu eum, uideant, teneant, considerent. Em uobis, quem scelestus ille sceletum nominabat. Auditisne reclamationem omnium qui adsunt? auditisne mendacii uestri damnationem? non uos tot calumniarum tandem dispudet? [6] Hiccine est sceletus, haeccine est larua, hoccine est quod appellitabatis daemonium? magicumne istud an sollemne et commune simulacrum est? Accipe quaeso, Maxime, et contemplare; bene tam puris et tam piis manibus tuis traditur res consecrata. [7] Em uide, quam facies eius decora et suci palaestrici plena sit, quam hilaris dei uultus, ut decenter utrimque lanugo malis deserpat, ut in capite crispatus capillus sub imo pillei umbraculo appareat, [8] quam lepide super tempora pares pinnulae emineant, quam autem festiue circa humeros uestis substricta sit. [9] Hunc qui sceletum audet dicere, profecto ille simulacra deorum nulla uidet aut omnia neglegit; hunc denique qui laruam putat, ipse est laruans.

LXIV. [1] At tibi, Aemiliane, pro isto mendacio duit deus iste superum et inferum commeator utrorumque deorum malam gratiam semperque obuias species

pratique qui vient à point déjouer votre imposture. C'est en effet chez moi une habitude, en quelque lieu que j'aille, d'emporter avec moi, rangée parmi mes papiers, l'image de quelque dieu, et de lui offrir aux jours de fête, en même temps que mes prières, de l'encens, du vin, parfois une victime. Aussi, dès que j'ai eu vent de cette histoire de squelette, qu'on allait colportant par le plus impudent mensonge, j'ai envoyé en toute hâte chercher à mon hôtellerie le petit Mercure que Saturninus a sculpté pour moi à Oea. Passe-le moi, qu'ils le voient, le tiennent, l'examinent. Voilà ce que ce scélérat appelait un squelette. Entendez-vous les exclamations indignées de toute l'assistance ? Entendez-vous la condamnation de votre mensonge ? N'avez-vous pas honte enfin de toutes vos calomnies ? Est-ce là un squelette ? est-ce là un spectre ? est-ce là ce que vous affectiez d'appeler un démon ? Est-elle magique, cette image, ou d'un type consacré et ordinaire ? Prends-la, je te prie, Maximus, et la considère : tes mains pures et pieuses sont dignes qu'on leur confie un objet sacré. Vois : comme elle est noble, cette figure, avec cette plénitude de santé que donne l'exercice de la palestre ! comme il est souriant, le visage du dieu ! quel joli duvet, à droite et à gauche, erre le long de ses joues ! comme sa chevelure bouclée dépasse, sur sa tête, le bord de sa coiffure ! avec quelle grâce ses petites ailes symétriques se dressent au-dessus de ses tempes ! avec quelle coquetterie son vêtement est ajusté autour de ses épaules ! En vérité, pour oser parler de squelette, il faut ou ne jamais voir d'images divines, ou ne jamais daigner en regarder aucune ! Prendre cela pour un spectre des Enfers, c'est être soi le jouet des spectres infernaux.

LXIV. Quant à toi, Emilianus, puisse, pour prix de ton mensonge, ce dieu qui sert de messager entre le monde céleste et le monde infernal, attirer sur toi la malédiction des dieux de l'un et de l'autre, mettre

mortuorum, quicquid umbrarum est usquam, quicquid lemurum, quicquid manium, quicquid lar*u*arum, oculis tuis oggerat, [2]omnia noctium occursacula, omnia bustorum formidamina, omnia sepulcrorum terriculamenta, a quibus tamen aeuo et merito haud longe abes.

[3]Ceterum Platonica familia nihil nouimus nisi festum et laetum et sollemne et superum et caeleste. Quin altitudinis studio secta ista etiam caelo ipso sublimiora quaepiam uesti*g*auit et in e*x*timo mundi tergo res*ti*tit. [4]Scit me uera dicere Maximus, qui τὸν ὑπερουράνιον τόπον et οὐρανοῦ νῶτον legit in Phaedro diligenter. [5]Idem Maximus optime intellegit, ut de nomine etiam uobis respondeam, quisnam sit ille non a me primo, sed a Platone βασιλεύς nuncupatus : [6]περὶ τὸν πάντων βασιλέα πάντ' ἐστὶ καὶ ἐκείνου ἕνεκα πάντα, [7]quisnam sit ille basileus, totius rerum naturae causa et ratio et origo initialis, summus animi genitor, aeternus animantum sospitator, assiduus mundi sui opifex, sed enim sine opera opifex, sine cura sospitator, sine propagatione genitor, neque loco neque tempore neque uice ulla comprehensus eoque paucis cogitabilis, nemini effabilis. [8] En ultro augeo magiae suspicionem : non respondeo tibi, Aemiliane, quem colam βασιλέα ; quin si ipse proconsul interroget quid sit deus meus, taceo.

101. *Cf. Démon de Socrate*, ch. XV, où Apulée distingue, parmi les Lémures, ou âmes des morts : les lares, démons heureux et bienfaisants ; les larves, damnés errants qui inquiètent les vivants (« cette catégorie-là, vain épouvantail pour les hommes de bien, mais fléau des

toujours sur ton chemin les fantômes des trépassés, assembler devant tes yeux toute l'armée des ombres, des lémures, des mânes, des larves[101], avec toutes les apparitions des nuits, toutes les terreurs des bûchers, tous les épouvantails des tombeaux, – bien qu'à vrai dire, par ton âge et ton caractère, tu sois presque du nombre.

Nous autres, au contraire, famille de Platon, nous ne connaissons que la joie et la sérénité des choses consacrées, sublimes et célestes. Que dis-je ? dans son effort pour s'élever plus haut, cette philosophie a exploré des régions supérieures au ciel même, et s'est arrêtée sur la surface extérieure[102] de l'univers. Maximus sait que je dis vrai, lui qui connaît bien, par la lecture du *Phèdre*, le « lieu supracéleste » et la « convexité de la voûte du ciel[103] ». Et Maximus aussi comprend parfaitement – pour m'expliquer maintenant sur le nom – qui est celui auquel non pas moi le premier, mais Platon a donné le nom de « βασιλεύς », quand il a écrit : « Tout se rapporte au roi du tout et tout existe en raison de lui[104] » ; – quel est, dis-je, ce Roi, cause, raison, origine première de la nature entière, créateur souverain de l'âme, éternel nourricier des êtres animés, infatigable artisan du monde qu'il a créé, mais artisan sans travailler, nourricier sans peiner, créateur sans engendrer, échappant à toute limite d'espace, de temps, de changement, intelligible dès lors pour un petit nombre, ineffable pour tous. Et tenez, j'aggrave moi-même le soupçon de magie : je ne te dirai pas, Emilianus, quel est ce Roi auquel je rends un culte ; le proconsul lui-même peut me demander ce qu'est mon dieu : je suis muet.

méchants, porte généralement le nom de Larves », trad. Beaujeu). « Quand on ne sait quel lot est échu à chacun d'eux, s'il s'agit d'un Lare ou d'une Larve, on le nomme dieu Mâne » *(ibid.)*.

102. « Et s'est arrêtée *à la limite extrême de la face externe de l'Univers.* »

103. *Cf.* Platon, *Phèdre*, 247 b-c.

104. Platon, *Lettres*, II, 312 e.

LXV. [1] De nomine ut impraesentiarum satis dixi. Quod superest, nec ipse sum nescius quosdam circumstantium cupere audire cur non argento uel auro, sed potissimum ex ligno simulacrum fieri uoluerim, [2] idque eos arbitror non tam ignoscendi quam cognoscendi causa desiderare, [3] ut hoc etiam scrupulo liberentur, cum uideant omnem suspicionem criminis abunde confutatam. [4] Audi igitur cui cura cognoscere est, sed animo quantum potes erecto et attento, quasi uerba ipsa Platonis iam senis de nouissimo legum libro auditurus :

[5] Θεοῖσιν δὲ ἀναθήματα χρεὼν ἔμμετρα τὸν μέτριον ἄνδρα ἀνατιθέντα δωρεῖσθαι. γῆ μὲν οὖν ἑστία τε οἰκήσεως ἱερὰ πᾶσι πάντων θεῶν· μηδεὶς οὖν δευτέρως ἱερὰ καθιερούτω θεοῖς.

[6] Hoc eo prohibet, ut delubra nemo audeat priuatim constituere ; censet enim satis esse ciuibus ad immolandas uictimas templa publica ; deinde subnectit :

[7] Χρυσὸς δὲ καὶ ἄργυρος ἐν ἄλλαις πόλεσιν ἰδίᾳ καὶ ἐν ἱεροῖς ἐστιν ἐπίφθονον κτῆμα, ἐλέφας δὲ ἀπὸ λελοιπότος ψυχὴν σώματος οὐκ εὔχαρι ἀνάθημα, σίδηρος δὲ καὶ χαλκὸς πολέμων ὄργανα· ξύλου δὲ μονόξυλον ὅ τι ἂν θέλῃ τις ἀνατιθέτω, καὶ λίθου ὡσαύτως.

LXV. Sur le nom, j'en ai dit assez pour le moment. Reste un dernier point : quelques personnes de l'assistance, je ne l'ignore pas moi-même, voudraient apprendre pourquoi j'ai tenu à ce que la statuette fût non en argent ou en or, mais en bois. Cette curiosité, j'en suis convaincu, vient chez elles du désir, non de reconnaître mon innocence, mais de connaître la vérité, et d'être soulagées de cette dernière arrière-pensée, maintenant qu'elles voient tout soupçon de crime suffisamment dissipé.

Écoutez donc, vous qui avez souci de vous instruire, avec tout le recueillement, toute l'attention dont vous serez capables : ce sont les paroles mêmes de la vieillesse de Platon que vous allez entendre, au dernier livre des *Lois* :

> « Quant aux offrandes aux dieux, les dons offerts par l'homme moyen doivent rester dans la juste mesure. Or le sol et le foyer de l'habitation sont chose sacrée et bien commun de tous les dieux. Que nul donc ne consacre aux dieux une seconde fois ce qui est déjà sacré. »

Cette interdiction a pour but d'empêcher qui que ce soit d'établir témérairement des sanctuaires privés ; il estime en effet qu'il suffit aux citoyens, pour immoler des victimes, des temples publics. Puis il ajoute :

> « L'or et l'argent sont dans d'autres cités, chez les particuliers comme dans les temples, une occasion d'envie ; l'ivoire, venant d'un corps que la vie a quitté, n'est pas une offrande agréable ; le fer et le bronze sont des instruments de guerre ; mais une offrande tout en bois, chacun la peut faire à son gré ; et de pierre pareillement[105]. »

105. Platon, *Lois*, XII, 955 e.

8 Vt omnium assensus declarauit, Maxime qu*i*que in consilio estis, competentissime uideor usus Platone ut uitae magistro, ita causae patrono, cuius legibus obedientem me uidetis.

LXVI. 1 Nunc tempus est ad epistulas Pudentillae praeuerti, uel adeo totius rei ordinem paulo altius petere, ut omnibus manifestissime pateat me, quem lucri cupiditate inuasisse Pudentillae domum dictitant, si ullum lucrum cogitarem, fugere semper a domo ista debuisse, 2 quin et in ceteris causis minime prosperum matrimonium, nisi ipsa mulier tot incommoda uirtutibus suis repensaret, in*im*icum.

3 Neque enim ulla alia causa praeter cassam inuidiam reperiri potest, quae iudicium istud mihi et multa antea pericula uitae conflauerit. Ceterum cur Aemilianus commoueretur, etsi uere magum me comperisset, qui non modo ullo facto, sed ne tantulo quidem dicto meo laesus est, ut uideretur se merito ultum ire? 4 Neque autem gloriae causa me accusat, ut M. Antonius Cn. Carbonem, C. Mucius A. Albucium, P. Sulpicius Cn. Norbanum, C. Furius M. Aquilium, C. Curio Q. Metellum. 5 Quippe homines eruditissimi iuuenes laudis gratia primum hoc rudimentum forensis operae subibant, ut aliquo insigni iudicio ciuibus suis noscerentur. Qui mos incipientibus adu-

L'assentiment unanime me montre, Maximus, et vous, ses assesseurs, combien j'ai été heureusement inspiré en prenant Platon non seulement comme maître de ma vie, mais comme avocat dans ce procès : car je ne fais, comme vous le voyez, que me conformer à ses lois[106].

LXVI. Il est temps maintenant d'en venir aux lettres de Pudentilla, ou plutôt de reprendre d'un peu plus haut toute la suite des événements, pour rendre évident à tous les yeux que, loin d'avoir, comme ils le répètent, envahi par amour du lucre la maison de Pudentilla, j'aurais dû, si j'avais eu la moindre pensée de lucre, fuir de tout temps cette maison ; car ce mariage m'était à tous égards si peu avantageux que, si ma femme n'avait pas eu assez de qualités personnelles pour en compenser les inconvénients, il était contraire à mes intérêts.

On ne saurait, en effet, expliquer autrement que par une stérile jalousie ce procès fomenté contre moi, et toutes les menaces dont ma vie a été l'objet auparavant. Quel motif, sans cela, aurait eu Emilianus ? M'eût-il vraiment convaincu de magie, rien ni dans ma conduite, ni dans la moindre de mes paroles n'avait pu le blesser et lui inspirer un juste désir de vengeance. Et ce n'est pas non plus pour la gloire qu'il m'intente une accusation, comme Marc Antoine fit à Gnéus Carbon, Gaius Mucius à Aulus Albucius, Publius Sulpicius à Gnéus Norbanus, Gaius Furius à Marcus Aquilius, Gaius Curion à Quintus Métellus[107]. Car les jeunes gens formés par l'étude et avides de gloire faisaient ainsi leurs premières armes dans la carrière du barreau, pour se signaler par un procès retentissant à l'attention de leurs concitoyens.

106. Ses lois ou ses *Lois* : le mot est à double entente. (V)

107. Apulée fait ici une série de confusions. Voy. Cicéron, *Brutus*, 2 6, 102 ; 62, 222. *De Oratore*, II, 21, 89. *Epist. fam.* IX, 2 1, 3. (V)

lescentulis ad illustrandum ingenii florem apud antiquos concessus diu exoleuit. [6]Quod si nunc quoque frequens esset, tamen ab hoc procul a*b*fuisset ; nam neque facundiae ostentatio rudi et indocto neque gloriae cupido rustico et barbaro neque inceptio patrociniorum capulari seni congruisset ; [7]nisi forte Aemilianus pro sua seueritate exemplum dedit et ipsis maleficiis infensus accusationem istam pro morum integritate suscepit. [8]A*t* hoc ego Aemiliano, non huic Afro, sed illi Africano et Numantino et praeterea Censorio uix credidissem : ne huic frutici credam non modo odium peccatorum, sed saltem intellectum inesse.

LXVII. [1]Quid igitur est ? cuiuis clari*us* di*e* lucet aliam rem inuidia nullam esse quae hunc et Herennium Rufinum, impulsorem huius, de quo mox dicam, ceterosque inimicos meos ad nectendas magiae calumnias prouocarit.

[2]Quin*que* igitur res sunt, quas me oportet disputare. Nam si probe memini, quod ad Pudentillam attinet, haec obiecere : [3]una res est, quod numquam eam uoluisse nubere post priorem maritum, sed meis carminibus coactam dixere ; altera res est de epistulis eius, quam confessionem magiae putant ; deinde sexagesimo anno aetatis ad lubidinem nupsisse, et quod in uilla ac non in oppido tabulae nuptiales sint consignatae, tertio et quarto loco obiecere ; [4]nouissima et

Cet usage, que les anciens passaient aux débutants pressés de mettre en évidence la fleur de leur jeune talent, est depuis longtemps tombé en désuétude. Mais fût-il encore en vigueur, il n'aurait rien à voir ici. Ni faire parade d'éloquence ne saurait convenir à un ignorant illettré, ni rechercher la gloire à un rustre barbare, ni débuter dans le barreau à un vieillard ayant un pied dans la tombe. Ou dira-t-on qu'Emilianus a voulu donner un exemple de la rigueur de ses principes, et affirmer, en se chargeant de cette accusation, sa haine seule pour les maléfices et l'intégrité de ses mœurs ? C'est à peine si pour Émilien – non point notre Africain, que nous voyons ici présent, mais l'autre, le grand Africain, le vainqueur de Numance, Émilien le Censeur enfin – j'eusse admis pareille hypothèse : et je croirais que cette souche ait, je ne dis pas la haine, mais simplement le sens du mal ?

LXVII. Que conclure alors ? pour tout le monde il est clair comme le jour que l'envie, et nulle autre chose, a incité Emilianus, ainsi qu'Hérennius Rufinus, son instigateur, dont je parlerai tout à l'heure, et mes autres ennemis, à ourdir cette accusation calomnieuse de magie.

J'ai donc cinq points à discuter : car si j'ai bonne mémoire, en ce qui concerne Pudentilla, leurs griefs sont les suivants. Premièrement, Pudentilla n'a jamais voulu se remarier après la mort de son premier époux, et n'y a été contrainte, disent-ils, que par mes enchantements. En second lieu, il y a ses lettres, dans lesquelles ils croient trouver l'aveu de l'ensorcellement. Étant dans sa soixantième année, c'est par libertinage[108] qu'elle se serait remariée ; c'est à la campagne, non à la ville, que l'acte de mariage a été signé : voilà leur troisième et leur quatrième grief. La dernière accusation enfin, et la plus

108. *Ad libidinem* = « pour le plaisir ».

eadem inuidiosissima criminatio de dote fuit: ibi omne uirus totis uiribus adnixi effundere, ibi maxime angebantur, atque ita dixere me grandem dotem mox in principio coniunctionis nostrae mulieri amanti remotis arbitris in uilla extorsisse. [5]Quae omnia tam falsa, tam nihili, tam inania ostendam adeoque facile et sine ulla controuersia refutabo, ut medius fidius uerear, Maxime quique in consilio estis, ne demissum et subornatum a me accusatorem putetis, ut inuidiam meam reperta occasione palam restinguerem. [6]Mihi credite, quod reapse intelle*ge*tur: oppido quam mihi laborandum est, ne tam friuolam accusationem me potius callide excogitasse quam illos stulte suscepisse existimetis.

LXVIII. [1]Nunc dum ordinem rei breuiter persequor et *e*fficio ut ipse Aemilianus re cognita falso se ad inuidiam meam inductum et longe a uero aberrasse necesse habeat confiteri, quaeso, uti adhuc feci*stis* uel si quo magis etiam potestis, ipsum fontem et fundamentum iudicii huiusce diligentissime cognoscatis.

[2]Aemilia Pudentilla, quae nunc mihi uxor est, ex quodam Sicinio Amico, quicum antea nupta fuerat, Pontianum et Pudentem filios genuit eosque pupillos relictos in potestate paterni aui — nam superstite patre Amicus decesserat — per annos ferme quattuordecim memorabili pietate sedulo aluit, [3]non tamen libenter in ipso aetatis suae flore tam diu uidua. [4]Sed puerorum auus inuita*m* eam conciliare studebat

fielleuse, est celle qui concerne la dot. C'est là qu'ils ont donné tout leur effort et répandu tout leur venin, c'est là ce qui les tourmentait le plus : cette grosse dot, qu'à les entendre, j'aurais, dès le début de notre union, extorquée à une femme amoureuse, en l'absence de tous témoins, dans une maison de campagne.

De tout cela je démontrerai si bien la fausseté, l'inanité, le néant, et ferai justice si aisément et d'une manière si irréfutable, que je crains, en vérité, Maximus et ses conseillers, que vous ne me soupçonniez d'avoir engagé et suborné un accusateur, à seule fin de trouver dans un débat public l'occasion de fermer la bouche à l'envie. Vous pouvez m'en croire, et vous le constaterez : j'aurai fort à faire pour vous convaincre que cette accusation frivole n'est pas une astucieuse invention de ma part, plutôt qu'une stupide machination de la leur.

LXVIII. Je vais donc résumer les faits dans leur ordre, et je prétends forcer Emilianus lui-même, quand il les connaîtra, à convenir qu'il s'est laissé entraîner contre moi à une hostilité injustifiée et s'est égaré bien loin de la vérité. Veuillez donc, je vous prie, avec autant d'attention que vous en avez montré jusqu'ici, et plus encore si possible, vous instruire de ce qui est la source et le fondement même de ce procès.

Emilia Pudentilla, aujourd'hui ma femme, a eu d'un nommé Sicinius Amicus, son précédent mari, deux fils, Pontianus et Pudens. Orphelins de bonne heure, et dans la puissance de leur grand-père paternel (car Amicus était mort du vivant de son père), elle s'est, pendant près de quatorze ans, avec une piété exemplaire, consacrée à leur éducation. Ce n'est pas cependant pour son plaisir que, dans la fleur de l'âge, elle est restée veuve si longtemps. Mais le grand-père des enfants s'était mis en tête de la donner pour femme malgré elle à son fils Sicinius

† ceterum † filio suo Sicinio Claro eoque ceteros procos absterrebat ; et praeterea minabatur, si extrario nupsisset, nihil se filiis eius ex paternis eorum bonis testamento relicturum. [5]Quam condicionem cum obstinate propositam uideret mulier sapiens et egregie pia, ne quid filiis suis eo nomine incommodaret, facit quidem tabulas nuptiales cum quo iubebatur, cum Sicinio Claro, [6]uerum enimuero uariis frustrationibus nuptias eludit eo ad dum puerorum auus fato concessit, relictis filiis eius heredibus ita ut Pontianus, qui maior natu erat, fratri suo tutor esset.

LXIX. [1] Eo scrupulo liberata, cum a principibus uiris in matrimonium peteretur, decreuit sibi diutius in uiduitate non permanendum ; quippe ut solitudinis taedium perpeti posset, tamen aegritudinem corporis ferre non poterat. [2]Mulier sancte pudica, tot annis uiduitatis sine culpa, sine fabula, assuetudine coniugis torpens et diutino situ uiscerum saucia, uitiatis intimis uteri saepe ad extremum uitae discrimen doloribus obortis exanimabatur. [3]Medici cum obstetricibus consentiebant penuria matrimonii morbum quaesitum, malum in dies augeri, aegritudinem ingrauescere ; dum aetatis aliquid supersit, nuptiis ualetudinem

109. Le contrat, ou *tabulæ nuptiales*, preuve matérielle de la légitimité d'une union, était cependant distinct du mariage ; et ici comme on le voit, il le précède. Pratiquement, en général (*cf.* LXXXVII *sq.*),

Clarus, et éloignait tous les autres prétendants, la menaçant en outre, si elle se mariait hors de la famille, de ne rien laisser par testament à ses fils de leurs biens paternels. Voyant que c'était là une condition dont rien ne le ferait démordre, et pour éviter, en femme prudente et en mère dévouée, que son refus portât préjudice à ses fils, elle fit bien un contrat de mariage[109] entre elle et l'homme qu'on voulait lui imposer, Sicinius Clarus ; mais le mariage même, sous des prétextes divers, elle l'éluda, jusqu'au jour où l'aïeul cédant à la loi de nature laissa l'héritage à ses petits-fils, Pontianus, qui était l'aîné, servant de tuteur à son frère.

LXIX. Libre de scrupule de ce côté, et recherchée en mariage par les hommes les plus en vue, elle décida de ne pas prolonger son veuvage ; car si elle pouvait supporter à la rigueur l'ennui de la solitude, l'inconvénient qui en résultait pour sa santé était devenu intolérable. D'une chasteté scrupuleuse, elle avait traversé ces longues années de veuvage sans une défaillance et sans faire parler d'elle mais privée des habitudes conjugales, affaiblie par l'inaction prolongée où ses organes s'étaient engourdis, et atteinte de graves désordres de matrice, ses jours furent plus d'une fois mis en danger par des crises de douleurs dont elle sortait épuisée. Les médecins étaient d'accord avec les sages-femmes pour déclarer que l'absence de vie conjugale était la cause de sa maladie, que le mal s'aggravait de jour en jour, que son état devenait alarmant : pendant que son âge le lui permettait encore, il fallait, en se mariant, rétablir sa santé compromise[110].

la signature des *tabulae nuptiales* se confond avec la célébration du mariage. (V) Pour Butler-Owen, il ne saurait s'agir là de ces mêmes *tabulae*.

110. Elle souffre d'*hystérie* ; cf. introduction.

medicandum. [4] Consilium istud cum alii approbant, tum maxime Aemilianus iste, qui paulo prius confidentissimo mendacio adseuerabat numquam de nuptiis Pudentillam cogitasse, priusquam foret magicis maleficiis a me coacta, me solum repertum, qui uiduitatis eius uelut quandam uirginitatem carminibus et uenenis uiolarem. [5] Saepe audiui non de nihilo dici mendacem memorem esse oportere ; at tibi, Aemiliane, non uenit in mentem, priusquam ego Oeam uenirem, te litteras etiam, uti nuberet, scripsisse ad filium eius Pontianum, qui tum adultus Romae *ag*ebat. [6] Cedo tu epistulam uel potius da ipsi : legat, sua sibi uoce suisque uerbis sese reuincat.

[7] Estne haec tua epistula ? quid palluisti ? nam erubescere tu quidem non potes. Estne tua ista subscriptio ? — [8] Recita quaeso clarius, ut omnes intellegant quantum lingua eius manu discrepet, quantumque minor ill*i* sit mecum quam secum dissensio. —

LXX. [1] Scripsistine haec, Aemiliane, quae lecta sunt ? « Nubere illam uelle et debere scio, sed quem eligat nescio. » Recte tu quidem : nesciebas ; Pudentilla enim tibi, cuius infesta*m* malignitatem probe norat, de ipsa re tantum, ceterum de petitore nihil fatebatur. [2] At tu dum eam putas etiamnum Claro fratri tuo denupturam, falsa spe inductus filio quoque eius Pontiano auctor assentiendi fuisti. [3] Igitur si Claro nupsisset, homini rusticano et decrepito seni, sponte eam diceres sine ulla magia iam olim nuptu-

Ce conseil ne rencontra nulle part autant d'approbation que chez cet Emilianus, qui, tout à l'heure encore, mentait effrontément, en soutenant que Pudentilla n'avait jamais songé au mariage avant d'y être contrainte par mes maléfices, qu'il ne s'était trouvé que moi pour violer, si l'on peut dire, par des incantations et des poisons, la virginité de ce veuvage. J'ai souvent entendu dire, et non sans raison, qu'un menteur doit avoir de la mémoire : tu ne t'es pas avisé, Emilianus, qu'avant mon arrivée à Oea, tu avais toi-même conseillé le mariage de Pudentilla dans une lettre à son fils Pontianus, qui, parvenu à l'âge adulte, faisait à ce moment un séjour à Rome. Passe-moi la lettre ; ou plutôt, donne-la à Emilianus lui-même ; qu'il lise, qu'il se démente lui-même par sa propre voix et ses propres paroles.

(À Emilianus) Eh bien, est-elle de toi, cette lettre ? Pourquoi cette pâleur ? car rougir, tu ne le sais pas. Et cette signature, est-ce la tienne ? *(Lecture de la lettre).*

(Au greffier) Lis plus haut, je te prie, que tous puissent juger combien sa langue est peu d'accord avec sa main, et combien plus il est en contradiction avec lui-même qu'avec moi. *(Suite de la lecture).*

LXX. As-tu écrit, Emilianus, ce qui vient d'être lu ? « Qu'elle veuille et doive se marier, je le sais ; qui choisira-t-elle, je l'ignore. » Tu dis bien : tu l'ignorais. Car Pudentilla, qui connaissait parfaitement ta malveillance jalouse, t'avait bien déclaré son intention, mais sans parler du prétendant. Toi cependant, toujours convaincu qu'elle épouserait ton frère Sicinius Clarus, et bercé d'un chimérique espoir, tu engageais son fils Pontianus à donner lui aussi son approbation. Ainsi donc, si elle avait épousé Sicinius Clarus, un rustre, un vieillard décrépit, tu soutiendrais que, de son propre mouvement, et sans nulle intervention magique, elle avait depuis longtemps le

risse : quoniam iuuenem talem qualem dicitis elegit, coact*a*m fecisse ais, ceterum semper nuptias aspernatam. [4]Nescisti, improbe, epistulam tuam de ista re teneri, nescisti te tuomet testimonio conuictum iri. Quam tamen epistulam Pudentilla testem et indicem tuae uoluntatis, ut quae te leuem et mutabilem nec minus mendacem et impudentem scire*t*, maluit retinere quam mittere. [5]Ceterum ipsa de ea re Pontiano suo Romam scripsit, etiam causas consilii sui plene allegauit. [6]Dixit illa omnia de ualetudine ; nihil praeterea esse, cur amplius deberet obdurare, hereditatem auitam longa uiduitate cum despectu salutis suae quaesisse, eandem summa industria auxisse ; [7]iam deum uoluntate ipsum uxori, fratrem eius uirili togae idoneos esse ; tandem aliquando se quoque paterentur solitudin*i* suae et aegritudini subuenire ; [8]ceterum de pietate sua et supremo iudicio nihil metuerent ; qualis uidua eis fuerit, talem nuptam futuram. Recitari iubebo exemplum epistulae huius ad filium missae. —

désir de se marier ; mais parce qu'elle a choisi un homme jeune et fait comme vous l'avez décrit, tu affirmes qu'elle a agi par contrainte, et que jusque-là elle avait toujours été rebelle au mariage. Tu ne savais pas, effronté, que nous avions entre les mains ta lettre sur ce sujet, tu ne savais pas que tu serais confondu par ton propre témoignage. C'est pourtant ainsi : car cette lettre, preuve éloquente de tes dispositions, Pudentilla, qui te savait aussi frivole et changeant que menteur et impudent, avait mieux aimé la garder que l'envoyer à destination. Elle-même, cependant, écrivait à son fils Pontianus, à Rome, une lettre sur cette affaire, en lui exposant tout au long les motifs de sa résolution, et en lui donnant des détails circonstanciés sur l'état de sa santé. Rien désormais, ajoutait-elle, ne l'obligeait à une plus longue contrainte ; elle avait assuré à ses fils l'héritage de leur grand-père, en s'imposant un long veuvage au mépris de sa santé[111], et elle l'avait encore augmenté par son intelligente gestion ; maintenant, grâce au ciel, ils étaient en âge, Pontianus de se marier, son frère de prendre la toge virile ; ils ne devaient pas trouver mauvais qu'à son tour enfin, elle mît un terme à sa solitude et à ses souffrances. Du reste, ni sur ses sentiments maternels, ni sur ses dispositions suprêmes, ils ne devaient avoir d'inquiétude : telle elle avait été pour eux durant son veuvage ; telle elle serait une fois mariée. Je vais faire donner lecture d'une copie de cette lettre à son fils. *(Lecture de la lettre de Pudentilla).*

LXXI. Je pense qu'après cela il est assez clair pour tout le monde que ce ne sont pas mes enchantements qui ont forcé Pudentilla à abandonner ce veuvage obstiné, mais que d'elle-même et depuis longtemps, elle n'avait aucune répugnance à l'endroit du mariage, et qu'elle

111. Remarquons l'insistance. Il fallait, de toute façon, qu'elle se mariât.

LXXI. [1] Satis puto ex *i*stis posse cuiuis liquere Pudentillam non meis carminibus ab obstinata uiduitate compulsam, sed olim sua sponte a nubendo non alienam *um*quam me fortasse prae ceteris maluisse. [2] Quae electio tam grauis feminae cur mihi crimini potius quam honori danda sit, non reperio, nisi tamen miror quod Aemilianus et Rufinus id iudicium mulieris aegre ferant, cum hi qui Pudentillam in matrimonium petiuerunt aequo animo patiantur me sibi praelatum.

[3] Quod quidem illa ut faceret, filio suo potius quam animo obsecuta est. Ita factum nec Aemilianus poterit negare. [4] Nam Pontianus acceptis litteris matris confestim Roma aduolauit, metuens ne, si quem auarum uirum nacta esset, omnia, ut saepe fit, in mariti domum conferret. [5] Ea sollicitudo non mediocriter animum angebat : omnes illi fratrique diuitiarum spes in faculta*t*ibus matris sitae erant. [6] Auus modicum reliquerat, mater sestertium quadragies possidebat, ex quo sane aliquantam pecuniam nullis tabulis, sed, ut aequum erat, mera fide acceptam filiis debebat. [7] Hunc ille timorem mussitabat ; a*d*uersari propalam non audebat, ne uideretur diffidere.

LXXII. [1] Cum in hoc statu res esset inter pr*o*cationem matris et metum fili, fortene an fato ego aduenio pergens Alexandream. Dixissem hercule « quod utinam numquam euenisset », ni me uxoris meae respectus prohiberet. [2] Hiemps anni erat. Ego ex fatigatione itineris aduectus apud Appios istos amicos meos, quos honoris et amoris gratia nomino, aliquam multis diebus decumbo. [3] Eo uenit ad me Pontianus ; nam fuerat mihi non ita pridem ante multos annos Athenis

m'a tout au plus donné la préférence sur les autres. Que du choix d'une femme aussi sérieuse on me fasse un crime plutôt qu'un titre d'honneur, je n'en vois pas la raison. Mais je m'étonne qu'Emilianus et Rufinus aient tant de mauvaise humeur du jugement de Pudentilla, quand ceux qui l'ont demandée en mariage ont accepté de bonne grâce que je leur fusse préféré.

À la vérité, en agissant comme elle l'a fait, elle obéissait aux désirs de son fils plus qu'à sa propre inclination : cela, Emilianus lui-même ne pourra pas le nier. Pontianus, en effet, sitôt reçue la lettre de sa mère, accourut de Rome en toute hâte, craignant que si celle-ci tombait sur un homme avide, elle ne fît tout passer, comme il arrive souvent, dans la maison de son mari. Ce souci ne lui causait pas une médiocre angoisse : ses espérances et celles de son frère reposaient toutes sur la fortune de leur mère. Leur aïeul leur avait laissé un héritage modeste ; leur mère possédait quatre millions de sesterces, sur lesquels, il est vrai, elle devait à ses fils une certaine somme, sans garantie écrite, mais, comme il était légitime, sur parole uniquement. Ces craintes, Pontianus les ruminait à part lui, n'osant pas faire d'opposition ouverte, pour ne pas laisser paraître de méfiance.

LXXII. Les choses en étaient là : d'un côté les projets matrimoniaux de la mère, de l'autre les inquiétudes du fils, quand le hasard – ou le destin – m'amène, en route pour Alexandrie. Et je dirais volontiers « plût au ciel que cela ne fût jamais arrivé », n'étaient les égards que je dois à ma femme. On était en hiver. La fatigue du voyage m'oblige à m'arrêter chez des amis ici présents, les Appius, dont je prononce le nom avec estime et affection, et à me reposer un certain nombre de jours sous leur toit. Là je reçois la visite de Pontianus : car peu d'années auparavant, à Athènes, il m'avait été présenté par des amis communs, et depuis lors nous

per quosdam communis amicos conciliatus et arto postea contubernio intime iunctus. 4 Facit omnia circa ho*no*rem meum obseruanter, circa salut*e*m sollicite, circa amorem callide ; quippe etenim uidebatur sibi peridoneum maritum matri repperisse, cui bono periculo totam domus fortunam concrederet. 5 Ac primo quidem uoluntatem meam uerbis inuersis periclitabundus, quoniam me uiae cupidum et conuersum ab uxoria re uidebat, orat saltem paulisper manerem : uelle se mecum proficisci ; hiemem alteram propter Syrtis aestus et bestias opperiendam, quod illam mihi infirmitas exemisset. 6 Multis etiam precibus meis Appiis aufert, ut ad sese in domum matris suae transferar : salubriorem mihi habitationem futuram ; praeterea prospectum maris, qui mihi gratissimus est, liberius me ex ea fruiturum.

LXXIII. 1 Haec omnia adnixus impenso studio persuadet, matrem suam suumque fratrem, puerum istum, mihi commendat. Non nihil a me in communibus studiis adiuuantur, augetur oppido familiaritas. 2 Interibi reualesco ; dissero aliquid postulantibus amicis publice ; omnes qui aderant ingenti celebritate basilicam, qui locus auditorii erat, complentes inter alia pleraque congruentissima uoce « insigniter » adclamant petentes ut remanerem, fierem ciuis Oeensium. 3 Mox auditorio misso Pontianus eo principio me adortus consensum publicae uocis pro diuino auspicio interpretatur aperitque consilium sibi esse, si ego non nolim, matrem

avions vécu ensemble dans les relations les plus étroites de camaraderie et d'amitié. Il me comble de prévenances et d'égards, s'occupe avec sollicitude de ma santé, s'assure adroitement des dispositions de mon cœur ; il pensait en effet avoir trouvé pour sa mère le mari rêvé, et auquel il pouvait sans risque confier toute la fortune de sa maison. C'est d'abord à mots couverts qu'il sonde mes intentions ; me voyant d'humeur voyageuse, et nullement enclin au mariage, il me prie au moins de prolonger un peu mon séjour : il voulait partir avec moi ; les Syrtes étaient brûlantes et infestées d'animaux féroces ; il valait mieux attendre l'hiver suivant, puisque mon indisposition m'avait empêché de profiter de celui-ci. À force de prières enfin, il arrache à mes chers Appius la permission de m'emmener auprès de lui dans la maison de sa mère : j'y trouverais une habitation plus saine ; de plus, j'y jouirais plus librement de la vue de la mer, que j'aime par-dessus tout.

LXXIII. Il presse, il insiste si bien que je consens à tout. Il me confie sa mère et son jeune frère ici présent ; je leur donne quelques conseils pour nos communes études ; notre intimité fait des progrès.

Cependant, je recouvre mes forces ; je fais une conférence publique[112] à la demande de mes amis ; tous les assistants, qui se pressent en foule dans la basilique où ont lieu ces auditions, me prodiguent les marques d'approbation, m'acclament en criant d'une seule voix « bravo ! », me demandent de rester, de devenir citoyen d'Oea. La séance levée, Pontianus part de là pour m'entreprendre, prétend reconnaître dans l'accord unanime de la voix publique une manifestation de la volonté divine, et s'ouvre à moi du projet qu'il a, si je n'y répugne, de m'unir à sa mère, dont beaucoup de préten-

112. S'agit-il de la conférence « Sur la majesté d'Esculape », dont il parle en LV ?

suam, cui plurimi inhient, mecum coniungere (mihi quoniam soli ait rerum omnium confidere sese et credere); [4]*ni id* onus recipiam, quoniam non formosa pupilla, sed mediocri facie mater liberorum mihi offeratur, si haec reputans formae et diuitiarum gratia me ad aliam condicionem reseruarem, neque pro amico neque pro philosopho facturum. [5]Nimis multa oratio est, si uelim memorare quae ego contra responderim, [6]quam diu et quotiens inter nos uerbigeratum sit, quot et qualibus precibus me aggressus haud prius omiserit quam de*ni*que impetrarit; [7]non quin ego Pudentillam iam anno perpeti assiduo conuictu probe spectassem et uirtutium eius dotes explorassem, sed utpote peregrinationis cupiens impedimentum matrimoni aliquantisper recusaueram. [8]Mox tamen talem feminam nihilo segnius uolui quam si ultro appetissem. Persuaserat idem Pontianus matri suae, ut me aliis omnibus mallet, et quam primum hoc perficere incredibili studio auebat. [9]Vix ab eo tantulam moram impetramus, dum prius ipse uxorem duceret, frater eius uirilis togae usum auspicaretur: tunc deinde ut nos coniungeremur.

LXXIV. [1]Vtinam hercule possem quae deinde dicenda sunt sine maximo causae dispendio transgredi ne Pontiano, cui errorem suum deprecanti simpliciter ignoui, uidear nunc leuitatem exprobrare. [2]Confiteor enim, quod mihi obiectum est, eum, postquam uxorem duxerit, a co*m*pecti fide desciuisse ac derepente

dants convoitent la main. En moi seul il a assez de confiance, dit-il, pour s'en remettre à moi de tous ses intérêts ; il ajoute que si je me dérobe à cette charge, sous prétexte qu'on me propose non une jolie fille, mais une femme de médiocre beauté et mère de deux enfants, que si, sous l'influence de ces considérations, je me réserve pour un parti offrant plus de charmes et de richesses, je n'agirai ni en ami, ni en philosophe. Je n'en finirais pas si je voulais reproduire les réponses que j'opposai à ce discours, nos longues et fréquentes conversations, les nombreuses et pressantes sollicitations dont il ne cessa de me harceler, jusqu'à ce qu'enfin il eût gain de cause. Ce n'est pas qu'une année entière de constante intimité ne m'eût permis d'apprécier Pudentilla et de reconnaître les vertus dont elle était dotée ; mais la passion des voyages me faisait reculer pour le moment devant les embarras du mariage. Je ne tardai pas cependant à désirer la main d'une telle femme avec autant d'ardeur que si mon inclination avait été spontanée. Pontianus avait pareillement persuadé sa mère de me donner la préférence sur tous les autres, et l'achèvement de ce projet lui tenait au cœur plus qu'on ne saurait croire. C'est à peine si nous obtînmes de lui un court délai, jusqu'au moment où lui-même serait marié, et où son frère aurait pour la première fois revêtu la toge virile : ensuite serait célébrée notre union.

LXXIV. Que ne puis-je, sans nuire gravement à ma cause, passer sous silence ce qui me reste à dire ! Pourquoi faut-il qu'après avoir pardonné sans arrière-pensée à Pontianus une erreur dont il a imploré l'oubli, j'aie l'air maintenant de lui reprocher sa légèreté ? Je l'avoue en effet, et l'on en a tiré argument contre moi : après son mariage, il renia nos engagements mutuels ; par un brusque revirement, ce qu'il avait si impatiem-

animi mutatum quod antea nimio studio festinarat pari pertinacia prohibitum isse, denique ne matrimonium nostrum coalesceret, quiduis pati, quiduis facere paratum fuisse, [3]quamquam omnis illa tam foeda animi mutatio et suscepta contra matrem simultas non ipsi uitio uortenda sit, sed socero eius eccilli Herennio Rufino, qui unum neminem in terris uiliorem se aut improbiorem aut inquinatiorem reliquit. [4]Paucis hominem, quam modestissime potero, necessario demonstrabo, ne, si omnino de eo reticuero, operam perdiderit, quod negotium istud mihi ex summis uiribus conflauit.

[5]Hic est enim pueruli huius instigator, hic accusationis auctor, hic aduocatorum conductor, hic testium coemptor, hic totius calumniae fornacula, hic Aemiliani huius fax et flagellum, idque apud omnis intemperantissime gloriatur, me suo machinatu reum postulatum. [6]Et sane habet in *istis* quod sibi plaudat. Est enim omnium litium depector, omnium falsorum commentator, omnium simulationum architectus, omnium malorum seminarium, nec non idem libidinum ganearumque locus, lustrum, lupanar, iam inde ab ineunte aeuo cunctis probris palam notus, [7]olim in pueritia, priusquam isto caluitio deformaretur, emasculatoribus suis ad omnia infanda morigerus, mox in iuuentute saltandis fabulis exossis plane et eneruis, sed, ut audio, indocta et rudi mollitia ; negatur enim quicquam histrionis habuisse praeter impudicitiam.

ment souhaité, il s'efforça avec une égale opiniâtreté de l'empêcher ; et plutôt que de laisser notre mariage s'accomplir, il se montra décidé à tout souffrir, à tout mettre en œuvre. Mais disons-le : toutes ces laideurs, ce changement de dispositions, cette animosité conçue à l'égard de sa mère, ce n'est pas à lui qu'il faut en imputer la faute, c'est à son beau-père ici présent, Hérennius Rufinus, un être qui n'a pas son pareil sur la terre en abjection, en fourberie, en turpitude. Il est indispensable qu'en termes aussi mesurés que possible, je trace rapidement le portrait de cet homme ; je ne veux pas, en gardant complètement le silence sur son compte, lui faire perdre la peine qu'il s'est donnée en me suscitant à grands frais cette affaire.

Car c'est lui qui a monté la tête à ce gamin, lui qui a eu l'idée de cette accusation, lui qui a engagé les avocats, qui a acheté les témoins ; il est la fournaise où s'est forgée toute cette calomnie ; il est la torche, il est le fouet d'Emilianus ; il se vante partout et avec la dernière insolence que ce sont ses machinations qui m'ont amené devant ce tribunal. Et certes, il y a pour lui sujet de s'applaudir. Entrepreneur attitré de procès, artisan de faux, architecte de fraudes, pépinière de vices, repaire, cloaque et sentine de désordres et de débauches, il n'est pas de turpitudes dont il n'ait dès son jeune âge souillé sa réputation. Enfant, alors que cette calvitie que vous lui voyez ne l'avait pas encore défiguré, il se prêtait avec complaisance aux innommables désirs de ceux qui l'avaient émasculé ; jeune homme, on l'a vu, flasque et mou, danser des rôles sur la scène, mais avec une mollesse dépourvue, me dit-on, d'art et d'agrément : car d'un histrion il n'avait, à ce qu'on affirme, que l'impudeur.

LXXV. [1] In hac etiam aetate qua nunc est — qui istum d*i* perduint ! multus honos auribus praefandus est — domus eius tota lenonia, tota familia contaminata ; ipse propudiosus, uxor lupa, filii similes ; [2] prorsus diebus ac noctibus ludibrio iuuentutis ianua calcibus propulsata, fenestrae canticis circumstrepitae, triclinium comisatoribus inquietum, cubiculum adulteris peruium ; neque enim ulli ad introeundum metus est, nisi qui pretium marito non attulit. [3] Ita ei lecti sui contumelia uectigalis est. Olim sollers suo, nunc coniugis corpore uulgo meret ; cum ipso plerique, nec mentior, cum ipso, inquam, de uxoris noctibus paciscuntur. [4] *H*ic iam illa inter uirum et uxorem n*o*t*a* collusio : qui amplam stipem mulieri detulerunt, nemo eos obseruat, suo arbitratu discedunt ; qui inaniores uenere, signo dato pro adulteris deprehenduntur, et quasi ad discendum uenerint, non prius abeunt quam aliquid scripserint.

[5] Quid enim faciat homo miser ampliuscula fortuna deuolutus, quam tamen fraude patris ex inopinato inuenerat ? Pater eius plurimis creditoribus defaeneratus maluit pecuniam quam pudorem ; [6] nam cum undique uersum tabulis flagitaretur et quasi insanus ab omnibus obuiis teneretur, [7] « *p*ax » inquit, negat posse dissoluere, anulos aureos et omnia insignia

LXXV. À l'âge enfin où le voilà – maudit soit-il des dieux : je vous demande pardon d'offenser vos oreilles – sa maison n'est qu'un bouge ; toute sa famille est corrompue ; lui-même est un infâme, sa femme une prostituée, les fils semblables aux parents. Jour et nuit, ce ne sont qu'escapades de jeunesse ; on enfonce la porte à coups de pied, on hurle des chansons sous ses fenêtres ; l'orgie mène vacarme dans sa salle à manger ; sa chambre est ouverte aux galants : chacun y peut entrer sans crainte, à condition qu'il n'ait pas oublié la redevance à payer au mari. Ainsi le déshonneur de son lit lui est une source de revenus. Comme autrefois de ses propres talents, c'est du corps de sa femme qu'il trafique aujourd'hui. C'est même avec lui d'ordinaire, je ne mens pas, avec lui-même, que se négocie le prix des nuits de son épouse. Entre le mari et la femme, c'est la collusion classique : ceux qui font à madame un généreux cadeau, personne ne les a vus, ils s'en vont comme bon leur semble ; ceux qui se sont amenés les mains un peu trop vides, à un signal donné, on les saisit en flagrant délit d'adultère, et comme s'ils étaient venus prendre une leçon, ils ne repartent pas sans laisser quelque chose d'écrit[113].

Mais aussi, comment faire ? le pauvre homme avait une assez jolie fortune : il n'en a rien gardé. C'est d'ailleurs la fraude paternelle qui, contre toute attente, la lui avait procurée. Son père, qui avait des dettes envers un grand nombre de créanciers, préféra l'argent à l'honneur : comme de tous côtés on lui présentait des billets, en le sommant de payer, et qu'à chaque personne qu'il rencontrait, il se voyait arrêté comme un insensé : « La paix, dit-il, je ne puis m'acquitter » ; et enlevant ses anneaux d'or et tous les insignes de son rang[114], il

113. C'est-à-dire sans signer un billet de reconnaissance de dettes.

114. Il renonce entre autres choses au *ius anuli aurei*, qui n'est plus, à l'époque d'Hadrien, que le signe d'une naissance libre.

dignitatis abicit, cum creditoribus depaciscitur. [8]Pleraque tamen rei familiaris in nomen uxoris callidissima fraude confert: ipse egens, nudus et ignominia sua tutus reliquit Rufino huic, non mentior, sestertium triciens deuorandum ; tantum enim ad eum ex bonis matris liberum uenit praeter quod ei uxor sua cotidianis dotibus quaesiuit. [9] Quae tamen omnia in paucis annis ita hic degulator studiose in uentrem condidit et omnimodis collurchinationibus dilapidauit, ut crederes metuere ne quid habere ex fraude paterna diceretur ; [10] homo iustus et morum dedit operam, quod male partum erat, ut male periret, nec quicquam ei relictum est ex largiore fortuna praeter ambitionem miseram et profundam gulam.

LXXVI. [1] Ceterum uxor iam propemodum uetula et effeta totam domum contumeliis..... abnuit ; [2] filia autem per adulescentulos ditiores inuitamento matris suae nequicquam circumlata, quibusdam etiam procis ad experiundum permissa, nisi in facilitatem Pontiani incidisset, fortasse an adhuc uidua ante quam nupta domi sedisset. [3]Pontianus ei multum quidem dehortantibus nobis nuptiarum titulum falsum et imaginarium donauit, non nescius eam paulo ante quam duceret a quodam honestissimo iuuene, cui prius pacta fuerat, post satietatem derelictam. [4]Venit igitur ad eum noua nupta secura et intrepida, pudore dispoliato, flore exsoleto, flammeo obsoleto, uirgo rursum post recens repudium, nomen potius afferens puellae quam integritatem. [5]Vectabatur octaphoro,

obtient de ses créanciers une transaction. Cependant il faisait passer au nom de sa femme la plus grande partie de ses biens : fraude ingénieuse qui lui permit, indigent, nu, et protégé par son ignominie, de laisser à son fils Rufinus, ici présent, trois millions, je ne mens pas, de sesterces à dévorer. Voilà, en effet, ce qui lui est parvenu intact des biens maternels, sans compter les gains que sa femme lui a apportés chaque jour en dot. Mais cette somme, en peu d'années, le goinfre a eu soin de l'engloutir dans son ventre, de la dilapider en ripailles de toute sorte ; craignant apparemment de passer pour devoir quelque chose à la banqueroute frauduleuse de son père, il a tenu, en homme juste et intègre, à ce qu'un bien mal acquis fût dissipé de même : et il ne lui reste d'une assez grosse fortune qu'un misérable esprit d'intrigue et une insatiable voracité.

LXXVI. Sa femme, cependant, qui vieillissait et s'épuisait, dut renoncer à *faire vivre* la maison entière sur son déshonneur. Restait sa fille : sans succès offerte à la ronde, par l'entremise de sa mère, à des jeunes gens riches, prêtée même à l'essai à quelques prétendants, si elle n'était pas tombée sur l'humeur accommodante de Pontianus, peut-être à l'heure qu'il est, veuve avant le mariage, serait-elle encore assise dans la maison de ses parents. Pontianus, malgré tous nos conseils, la reconnut pour sa femme : titre sans valeur et illusoire, car il n'ignorait pas que peu de temps avant qu'il l'épousât, un jeune homme de bonne famille, après avoir obtenu sa main, s'en était lassé et l'avait abandonnée. La voilà donc qui, nouvelle mariée, se rend chez son époux, sûre d'elle-même et sans émoi, avec sa pudeur profanée, sa fleur d'innocence flétrie, son voile de noce défraîchi, sa virginité retrouvée au lendemain du divorce, parée enfin du nom de fille sans en avoir la pureté. Promenée dans

uidistis profecto qui adfuistis, quam improba iuuenum circumspectatrix, quam immodica sui ostentatrix. Quis non disciplina*m* matris agnouit, cum in puella uideret i*m*medicatum os et purpurissatas genas et illices oculos. 6 Dos erat a creditore omnis ad ter*r*uncium pridie sumpta et quidem grandior quam domus exhausta et plena liberis postulabat.

LXXVII. 1 Sed enim iste, ut est rei modicus, spei immodicus, pari auaritia et egestate, totum Pudentillae quadragiens praesumptione cassa deuorarat, eoque me amoliendum ratus, quo facilius Pontiani facilitatem, Pudentillae solitudinem circumueniret, 2 infit generum suum obiurgare, quod matrem suam mihi desponderat; suadet quam primum ex tanto periculo, dum licet, pedem *r*eferat, rem matris ipse potius habeat quam homini extrario sciens transmittat; 3 ni ita faciat, inicit scrupulum amanti adulescentulo ueterator, minatur se filiam abducturum. 4 Quid multis? iuuenem simplicem, praeterea nouae nuptae illecebris obfrenatum suo arbitratu de uia deflectit. 5 It ille ad matrem uerborum Rufini gerulus, sed nequicquam temptata eius grauitate ultro ipse leuitatis et inconstantiae increpitus reportat ad socerum haud mollia: 6 matri suae praeter ingenium placidissimum immobil*i* iram quoque sua expostulatione accessisse, non mediocre pertinaciae alumentum; 7 respondisse eam denique non clam se esse Rufini

sa litière à huit porteurs, vous l'avez certainement remarquée si vous étiez présents : quels regards provocants elle jetait autour d'elle aux jeunes gens, avec quelle hardiesse elle s'affichait ! Qui ne reconnaissait les leçons de la mère, en voyant cette jeune femme au visage fardé, aux joues couvertes de rouge, aux yeux séducteurs ? Quant à sa dot, elle avait été jusqu'au dernier sou empruntée la veille, une dot plus élevée qu'il ne convenait à une maison à sec et pleine d'enfants.

LXXVII. C'est que notre homme, aussi immodéré dans ses ambitions que limité dans ses ressources, et d'une cupidité égale à son dénuement, avait déjà, plein d'illusions, dévoré en pensée les quatre millions de Pudentilla. Estimant donc qu'il fallait m'écarter, pour circonvenir plus aisément la faiblesse de Pontianus, la solitude de Pudentilla, il fait d'abord de vifs reproches à son gendre de m'avoir fiancé sa mère ; il l'engage à se tirer au plus tôt de ce mauvais pas, tandis qu'il en est temps, et à garder pour lui la fortune de sa mère, au lieu de la laisser sciemment sortir de la famille ; il jette enfin l'angoisse, en vieux roué qu'il est, dans le cœur épris de l'adolescent, et menace, en cas de refus, de remmener sa fille. Bref, notre jouvenceau naïf, esclave, qui plus est, des charmes de sa nouvelle épouse, se laisse conduire par où l'on veut. Il va trouver sa mère en porte-parole de Rufinus, cherche à ébranler sa fermeté, s'entend au contraire reprocher à lui-même sa légèreté et son inconstance, et rapporte à son beau-père une réponse qui n'a rien de tendre : sa mère, d'humeur naturellement paisible et égale, avait été jusqu'à s'emporter en apprenant ce qu'on voulait d'elle, et sa résolution n'en avait pas été peu affermie. Il ne lui échappait pas, avait-elle déclaré pour finir, que c'était à l'instigation de Rufinus

exoratione secum expostulari; eo uel magis sibi auxilium mariti aduersum eius desperatam auaritiam comparandum.

LXXVIII. 1 Hisce auditis exacerbatus aquariolus iste uxoris suae ita ira extumuit, ita exarsit furore, ut in feminam sanctissimam et pudicissimam, praesente filio eius, digna cubiculo suo diceret, 2 amatricem eam, me magum et ueneficum clamitaret multis audientibus (quos, si uoles, nominabo) : se mihi sua manu mor*te*m allaturum. 3 Vix hercule possum irae moderari, ingens indignatio animo oboritur. Tune, effeminatissime, tua manu cuiquam uiro mortem minitaris? 4 At qua tandem manu? Philomelae an Medeae an Clytemestrae? quas tamen *cum* saltas — tanta mo*l*litia animi, tanta formido ferri est —, sine cludine saltas.

5 Sed ne longius ab ordine digrediar: Pudentilla postquam filium uidet praeter opinionem contra suam esse sententiam deprauatum, rus profecta scripsit ad eum obiurgandi gratia illas famosissimas litteras, quibus, ut isti aiebant, confessa est sese mea magia in amorem inductam dementire; 6 quas tamen litteras tabulario Pontiani praesente et contra scribente Aemiliano nudius tertius tuo iussu, Maxime, testato

115. *Cf.* LXXIV fin. Les drames proprement dits avaient infiniment moins de succès sous l'Empire que les pièces lyriques et surtout les ballets mythologiques, dans lesquels une pantomime expressive

qu'on la prenait ainsi à partie : raison de plus pour elle de s'assurer l'appui d'un mari contre son avarice éhontée.

LXXVIII. Mis hors de lui par ces paroles, ce trafiquant de sa femme fut transporté d'une telle colère, enflammé d'une telle fureur, qu'il proféra contre la plus pure et la plus chaste des mères, en présence de son fils, des propos dignes de son lit à lui, criant à tue-tête qu'elle est une catin, et moi un magicien, un empoisonneur (beaucoup de personnes l'ont entendu, je les nommerai si tu le désires), qu'il me fera mourir de sa main. En vérité, j'ai peine à maîtriser ma colère, tant est violente l'indignation qui s'empare de moi. Toi, le plus efféminé de tous les êtres, menacer un homme de le faire mourir de ta main ? Et quelle main, je te prie ? celle de Philomèle, de Médée ou de Clytemnestre[115] ? Mais quand tu danses ces rôles, telle est ta poltronnerie, tel est l'effroi que t'inspire le fer, que tu les danses sans poignard de théâtre.

Mais ne nous écartons pas de la suite de notre récit. Pudentilla, voyant que son fils, contre toute attente, s'était laissé entraîner à prendre parti contre lui-même, lui écrivit de la campagne, où elle était allée, cette fameuse lettre de reproches, par laquelle, au dire de mes adversaires, elle avouait que je l'avais par magie rendue folle d'amour. Or, de cette lettre, en présence du secrétaire de Pontianus, et tandis qu'Emilianus en faisait autant de son côté, nous avons pris avant-hier, par ton ordre, Maximus, une copie certifiée conforme : il ne s'y

figurait les situations et les sentiments des personnages. En général, les mêmes acteurs « dansaient » des rôles d'homme et, des rôles de femme : c'était même dans ces derniers, semble-t-il, qu'ils étaient le plus sûrs de faire applaudir le naturalisme suggestif de leurs attitudes et de leur jeu. (V)

descripsimus ; in quibus omnia contra praedicationem istorum pro me reperiuntur.

LXXIX. [1] Quamquam, etsi destrictius magum me dixisset, posset uideri excousabunda se filio uim meam quam uoluntatem suam causari maluisse. An sola Phaedra falsum epistolium de amore commenta est, ac non omnibus mulieribus haec ars usitata est, ut, cum aliquid eius modi uelle coeperunt, malint coactae uideri ? [2]Quod si etiam animo ita putauit, me magum esse, iccircone magus habear, quia hoc scripsit Pudentilla ? Vos tot argumentis, tot testibus, tanta oratione magum me non probatis : illa uno uerbo probaret ? Et quanto tandem grauius habendum est quod in iudicio subscribitur quam quod in epistula scribitur. [3]Quin tu me meismet factis, non alienis uerbis reuincis ? Ceterum eadem uia multi rei cuiusuis maleficii postulabuntur, si ratum futurum est quod quisque in epistula sua uel amore uel odio cuiuspiam scripserit. [4]« Magum te scripsit Pudentilla : igitur magus es. » Quid, si consulem me scripsisset : consul essem ? quid enim, si pictorem, si medicum ? quid denique, si innocentem ? Num aliquid horum putares iccirco, quod illa dixisset ? nihil scilicet. [5]Atqui periniurium est ei fidem in peioribus <habere, cui in melioribus> non haberes, posse litteras eius ad perniciem, non posse ad salutem. [6]« Sed » inquit « <inquies> animi fuit, efflictim te amabat. » Concedo interim. Num tamen omnes qui amantur magi sunt, si hoc forte qui amat scripserit ?

trouve rien qui ne démente leurs assertions et ne me soit favorable.

LXXIX. Supposons d'ailleurs que Pudentilla m'y traite nettement de magicien : il serait très admissible que, pour se justifier aux yeux de son fils, elle eût mieux aimé prétexter une contrainte exercée par moi que son inclination. Phèdre est-elle seule à avoir composé une lettre pour donner le change sur son amour ? N'est-ce pas un artifice habituel à toutes les femmes, quand elles éprouvent un désir de ce genre, de préférer se donner l'apparence d'avoir cédé à la force ? Et si même elle m'avait de bonne foi cru magicien : je serais réputé magicien, pour cette seule raison que Pudentilla l'a écrit ? Tous vos arguments, tous vos témoignages, tous vos discours ne peuvent l'établir : et à elle, il suffirait d'un mot pour le prouver ? Pourtant une plainte signée devant la justice doit avoir autrement de poids que les assertions consignées dans une lettre. Que ne te fondes-tu sur mes propres actes pour me convaincre, et non sur les propos d'autrui ? Bien des gens, à ce compte, seront accusés de n'importe quel maléfice, si l'on doit prendre au sérieux tout ce qui, dans une lettre, est inspiré par l'amour ou par la haine. « Pudentilla a écrit que tu étais magicien : donc tu es magicien. » Alors, si elle avait écrit : il est consul, je serais consul ? Et peintre ? et médecin ? et innocent, pourquoi pas ? Serais-je rien de tout cela, à ton avis, par le seul fait qu'elle l'aurait affirmé ? Non, n'est-ce pas ? Or c'est le comble de l'injustice d'ajouter foi, quand il est contraire aux gens, à un témoignage qu'on rejetterait s'il leur était favorable, d'admettre qu'une lettre ait le pouvoir de vous perdre, et ne puisse rien pour vous sauver. « Mais elle n'était pas dans son bon sens, elle t'aimait éperdument. » Je l'accorde pour un moment. Tous ceux qu'on aime, alors, seront-ils des magiciens, si celui qui aime l'écrit ? Il me

Credo nunc quod Pudentilla me in eo tempore non amabat, siquidem id foras scripsit, quod palam erat mihi offuturum.

LXXX. [1] Postremo quid uis, sanam an insanam fuisse, dum scriberet ? Sanam dices ? nihil ergo erat magicis artibus passa. Insanam respondebis ? nesciit ergo quid scripserit, eoque ei fides non habenda est ; immo etiam, si fuisset insana, insanam se esse nescisset. [2] Nam ut absurde facit qui tacere se dicit, quod ibidem dicendo tacere sese non tacet et ipsa professione quod profitetur infirmat, ita uel magis hoc repugnat : ego insanio, quod uerum non est, nisi sciens dicit ; porro sanus est, qui scit quid sit insania, quippe insania scire se non potest, non magis quam caecitas se uidere. [3] Igitur Pudentilla compos mentis fuit, si compotem mentis se non putabat. Possum, si uelim, pluribus, sed mitto dialectica. Ipsas litteras longe aliud clamantis et quasi dedita opera ad iudicium istud praeparatas et accommodatas recitabo. Accipe tu et lege, usque dum ego interloquar. —

[4] Sustine paulisper quae secuntur ; nam ad deuerticulum rei uentum est. [5] Adhuc enim, Maxime, quantum equidem animaduerti, nusquam mulier magian nominauit, sed ordinem repetiuit eundem, quem ego paulo prius, de longa uiduitate, de remedio ualetudinis, de uoluntate nubendi, de meis laudibus, quas ex Pontiano cognouerat, de suasu ipsius, ut mihi potissimum nuberet.

semble d'ailleurs que Pudentilla ne m'aimait guère en ce moment, si elle répandait dans ses lettres des bruits qui devaient évidemment me nuire.

LXXX. Et puis enfin, il faudrait choisir. Était-elle, oui ou non, dans son bon sens quand elle écrivait cette lettre ? Dans son bon sens ? elle n'était donc pas victime d'arts magiques. Hors de sens ? Elle ne savait donc pas ce qu'elle écrivait, et il n'y a pas lieu d'y ajouter foi ; bien plus, si elle était folle, elle ne savait pas qu'elle était folle. Car s'il est absurde de dire : je me tais, puisque dans le moment que l'on dit : je me tais, on cesse de se taire, et que par sa déclaration même on infirme ce qu'on déclare, il est bien plus contradictoire encore de dire : je suis fou, puisque l'on ne dit vrai qu'en sachant ce qu'on dit, et qu'on est dans son bon sens quand on sait ce qu'est la folie. La folie ne peut pas plus se connaître que la cécité ne peut se voir elle-même. Donc Pudentilla était en possession de sa raison si elle estimait n'être pas en possession de sa raison. Je pourrais, si je voulais, continuer de la sorte, mais coupons court à cette dialectique. La lettre même proclame tout autre chose : c'est au point qu'on en croirait les termes pesés et calculés tout exprès en vue de ce procès. Je vais en donner lecture. Tiens, prends, et lis jusqu'à ce que je t'interrompe. (*Lecture de la première partie de la lettre.*)

Arrête un peu, avant de lire la suite : nous arrivons au tournant. Jusqu'à présent, Maximus, si j'ai bien écouté, Pudentilla n'a pas prononcé le mot de magie ; elle a repris les faits dans l'ordre que j'ai suivi tout à l'heure, en rappelant son long veuvage, les soins que réclame sa santé, la résolution où elle est de se marier, l'éloge que Pontianus lui a fait de mes mérites, le conseil qu'il lui a donné de me choisir pour mari de préférence à tout autre. C'est jusque-là qu'on a lu.

LXXXI. [1] Haec usque adhuc lecta sunt. Superest ea pars epistulae, quae similiter pro me scripta in memet ipsum uortit cornua, ad expellendum a me crimen magiae sedulo *m*issa, memorabili laude Rufini uice*m* mutauit et ultro contrariam mihi opinionem quorundam Oeensium quasi mago quaesiuit. [2] Multa fando, Maxime, audisti, etiam plura legendo didicisti, non pauca experiendo comperisti : sed enim uersutiam tam insidiosam, tam admirabili scelere conflatam negabis te umquam cognouisse. [3] Quis Palamedes, qui*s* Sisyph*us*, quis denique Eurybates aut Phrynondas talem excogitasset ? [4] Omnes isti quos nominaui et si qui praeterea fuerunt dolo memorandi, si cum hac una Rufini fallacia contendantur, macci prorsus et b*u*ccones uidebuntur. [5] O mirum commentum ! o subtilitas digna carcere et robore ! Quis credat effici potuisse ut quae defensio fuerat, eadem manentibus eisdem litteris in accusationem transuerteretur ? est hercule incredibile. Sed hoc incredibile qui sit factum, probabo.

LXXXII. [1] Obiurgatio erat matris ad filium, quod me, talem uirum qualem sibi praedicasset, nunc de Rufini sententia magum dictitaret. [2] Verba ipsa ad hunc modum se habebant : Ἀπολέϊος μάγος, καὶ ἐγὼ

116. Palamède démasqua la ruse d'Ulysse simulant la folie pour ne pas aller à Troie. Sisyphe, roi légendaire de Corinthe, était célèbre pour sa fourberie. Eurybate, qui abusa de la confiance de Crésus au profit de

LXXXI. Reste la suite de la lettre, écrite en ma faveur comme la première partie, et qui maintenant se retourne contre moi. Elle avait précisément pour objet de me laver de l'accusation de magie : ce sera le triomphe de Rufinus qu'elle ait changé de rôle au point de traduire, au contraire, l'opinion malveillante de quelques habitants d'Oea, qui me tiennent pour magicien. Tu as beaucoup appris, Maximus, par le commerce des hommes, et plus encore par la lecture ; tu dois beaucoup à l'expérience de la vie ; mais de tour aussi perfide, et combiné avec une aussi merveilleuse scélératesse, tu conviendras, Maximus, que tu n'en as jamais vu. Quel Palamède, quel Sisyphe, quel Eurybate enfin, ou quel Phrynondas eût rien imaginé de semblable[116] ? Si tous les personnages que je viens de nommer, si tous ceux qui se sont rendus célèbres par leur rouerie, mettaient leurs talents en balance avec cette unique fourberie de Rufinus, ils feraient l'effet de fantoches et de marionnettes. Admirable invention ! habileté digne de la prison et du cachot ! Qui croirait que de ce qui était une défense, on ait pu, sans y changer une lettre, faire une accusation ? C'est incroyable, n'est-il pas vrai ? Et pourtant cette chose incroyable, elle a eu lieu, je vais montrer comment.

LXXXII. C'étaient des remontrances que la mère adressait à son fils, sur ce qu'après l'éloge qu'il avait fait de ma personne, il abondait maintenant dans le sens de Rufinus, et me traitait de magicien. Voici les termes mêmes de la lettre : « Apulée est magicien, et moi j'ai

Cyrus, était un type de traître. Quant à Phrynondas, ses exploits ne sont pas connus. (V) Sur la ruse d'Ulysse, thème de la tragédie, *cf.* Cicéron, *De officiis*, III, 26, 97. Sur Sisyphe et sa fourberie, *cf.* Ovide, *Mét.*, XIII, 32. Allusion à la simulation d'Ulysse, *ibid.*, v. 35 *sq.*

ὑπ' αὐτοῦ μεμάγευμαι καὶ ἐρῶ. Ἐλθὲ τοίνυν πρὸς ἐμέ, ἕως ἔτι σωφρονῶ. [3] Haec ipsa uerba Rufinus quae Graece interposui sola excerpta et ab ordine suo seiugata, quasi confessionem mulieris circumferens et Pontianum flentem per forum ductans, uulgo ostendebat, ipsas mulieris litteras illatenus qua dixi legendas praebebat, [4] cetera supra et infra scripta occultabat; turpiora esse quam ut ostenderentur dictitabat; satis esse confessionem mulieris de magia cognosci. [5] Quid quaeris? ueri simile omnibus uisum; quae purgandi mei gratia scripta erant, eadem mihi immanem inuidiam apud imperitos conciuere. [6] Turbabat impurus hic in medio foro bacchabundus, epistulam saepe aperiens proquiritabat: « Apuleius magus; dicit ipsa quae sentit et patitur; quid uultis amplius? » [7] Nemo erat qui pro me ferret ac sic responderet: « Totam sodes epistulam cedo: sine omnia inspiciam, <a> principio ad finem perlegam. [8] Multa sunt, quae sola prolata calumniae possint uideri obnoxia. Cuiauis oratio insimulari potest, si ea quae ex prioribus nexa sunt principio sui defrudentur, si quaedam ex ordine scriptorum ad lubidinem supprimantur, si quae simulationis causa dicta sunt adseuerantis pronuntiatione quam exprobrantis legantur. » [9] Haec et id genus ea quam merito tunc dici potuerunt; ipse ordo epistulae ostendat.

LXXXIII. [1] At tu, Aemiliane, recognosce, an et haec mecum testato descripseris :

été ensorcelée par lui et j'aime. Viens donc à moi pendant que j'ai encore ma raison. » Or la phrase que je viens de citer en grec, Rufinus l'avait isolée en la séparant du contexte ; et il la colportait comme un aveu de Pudentilla, promenait Pontianus en larmes à travers le forum en la montrant à tout venant, faisait lire dans l'original le passage en question ; quant à ce qui précède et à ce qui suit, il le cachait, sous prétexte que c'étaient des malpropretés à ne pas montrer : il suffisait que l'aveu de la femme, en ce qui regarde la magie, fût constaté. Que vous dirai-je ? Chacun trouva la chose vraisemblable, et un écrit destiné à me justifier souleva contre moi une violente animosité parmi des gens mal instruits. Il se démenait, l'infâme, en plein forum, comme une bacchante, et ouvrant la lettre à tout instant, il proclamait : « Apulée est magicien ; celle qui le déclare, c'est celle-là même qui a ressenti l'effet de ses charmes ; que vous faut-il de plus ? » Il n'y avait personne pour prendre mon parti et pour répondre : « Montre-moi, je te prie, la lettre tout entière ; laisse-moi tout voir, et lire du commencement à la fin. Souvent une citation tronquée prête à la calomnie. Il n'est pas de discours qui ne se puisse incriminer, si, d'un passage qui fait corps avec ce qui précède, on escamote le commencement, si l'on opère dans un texte des suppressions arbitraires, si une phrase ironique est lue sur le ton de l'affirmation et non du persiflage. » Telles sont à peu près les objections qu'on aurait pu faire à juste titre. Le texte même de la lettre va le montrer.

LXXXIII. Mais toi-même, Emilianus, reconnais-tu ce dont tu as pris copie avec moi par-devant témoins ?

Βουλομένην γάρ με δι' ἃς εἶπον αἰτίας γαμηθῆναι, αὐτὸς ἔπεισας τοῦτον ἀντὶ πάντων αἱρεῖσθαι, θαυμάζων τὸν ἄνδρα καὶ σπουδάζων αὐτὸν οἰκεῖον ἡμῖν δι' ἐμοῦ ποιεῖσθαι. Νῦν δὲ ὡς κατ<ήγ>οροι ἡμῶν κακοήθεις σε ἀναπείθουσιν, αἰφνίδιον ἐγένετο Ἀπολέϊος μάγος καὶ ἐγὼ μεμάγευμαι ὑπ' αὐτοῦ καὶ ἐρῶ. Ἔλθὲ τοίνυν πρὸς ἐμέ, ἕως ἔτι σωφρονῶ.

[2]Oro te, Maxime, si litterae, ita ut partim uocales dicuntur, etiam propriam uocem usurparent, si uerba, ita ut poetae aiunt, pinnis apta uulgo uolarent, [3]nonne, cum primum epistulam istam Rufinus mala fide excerperet, pauca legeret, multa et meliora sciens reticeret, nonne tunc ceterae litterae sceleste se detineri proclamassent, uerba suppressa de Rufini manibus foras euolassent, totum forum tumultu complessent ? [4]« Se quoque a Pudentilla missas, sibi etiam quae dicerent mandata ; improbo ac nefario homini per alienas litteras falsum facere temptanti nec auscultarent, sibi potius audirent ; [5]Apuleium magiae non accusatum a Pudentilla, sed accusante Rufino absolutum. » [6]Quae omnia etsi tum dicta non sunt, tamen nunc, cum magis prosunt, luce illustrius apparent. Patent artes tuae, Rufine, fraudes hiant, detectum mendacium est ; [7]ueritas olim interuersa nunc se *e/*fert et uelut alto barathro calumnia se mergit.

LXXXIV. [1]Ad litteras Pudentillae prouocastis : litteris uinco, quarum si uultis extremam quoque clausulam audire, non inuidebo. Dic tu, quibus uerbis

« Me voyant décidée, pour les raisons que j'ai dites, à me marier, tu m'as toi-même persuadée de lui donner la préférence sur tous les autres, tant tu avais d'admiration pour cet homme, et tant était grand ton désir de le faire entrer grâce à moi dans la famille. Mais depuis que de malveillants détracteurs t'ont tourné la tête, voilà que tout d'un coup Apulée est devenu magicien, et moi j'ai été ensorcelée par lui, et j'aime. Viens donc à moi pendant que j'ai encore ma raison. »

Je te le demande, Maximus : si les lettres, justifiant le nom de voyelles que portent certaines d'entre elles, pouvaient vraiment élever la voix ; si les mots, comme le disent les poètes, avaient des ailes pour voler librement, est-ce qu'au moment où Rufinus tronquait de mauvaise foi cette épître, n'en lisant qu'un court fragment, et passant sous silence à dessein tout ce qui m'était favorable, les autres lettres ne se seraient pas écriées qu'elles étaient criminellement séquestrées ? est-ce que les mots supprimés ne se seraient pas envolés des mains de Rufinus, et n'auraient pas ameuté tout le forum : « Nous aussi avons été envoyés par Pudentilla, nous aussi avons été chargés d'un message. Si un méchant et un scélérat s'est servi d'autres lettres pour faire un faux, ne l'écoutez pas ; c'est nous qu'il faut entendre : loin d'accuser Apulée de magie, Pudentilla l'absout là où Rufinus l'accuse. » Si ces choses n'ont pas été dites alors, elles apparaissent, aujourd'hui que j'y ai plus d'intérêt, aussi claires que la lumière du soleil. Tes artifices sont démasqués, Rufinus, tes fraudes percées à jour, ton mensonge découvert. La vérité foulée aux pieds relève la tête, et la calomnie se cache au fond de l'abîme.

LXXXIV. Vous m'avez opposé comme un défi la lettre de Pudentilla : c'est par cette lettre que je triomphe. Et si vous voulez en entendre encore la dernière phrase, je ne vous en priverai pas. Dis-nous par

epistulam finierit mulier obcantata, uecors, amens, amans: [2] 'Εγὼ οὔτε μεμάγευμαι οὔ[τε]τ' ἐρῶ. Τὴν εἱμαρμένην † ἐκφ. † Etiamne amplius? reclamat uobis Pudentilla et sanitatem suam a uestris calumniis quodam praeconio uindicat. [3] Nubendi autem seu rationem seu necessitatem fato ascribit, a quo multum magia remota est uel potius omnino sublata. Quae enim relinquitur uis cantaminibus et ueneficiis, si fatum rei cuiusque ueluti uiolentissimus torrens neque retineri potest neque impelli? [4] Igitur hac sententia sua Pudentilla non modo me magum, sed omnino esse magian negauit. [5] Bene, quod integras epistulas matris Pontianus ex more adserua*u*it; bene, quod uos festinatio iudicii anteuortit, ne quid in istis litteris ex otio nouaretis. [6] Tuum hoc, Maxime, tuaeque prouidentiae beneficium est, quod a principio intellectas calumnias, ne corroborarentur tempore, praecipitasti et nulla impertita mora subneruiasti.

[7] Finge nunc aliquid matrem filio secretis litteris de amore, uti adsolet, confessam. Hocine uerum fuit, Rufine, hoc non dico pium, sed saltem humanum, prouulgari eas litteras et potissimum fili praeconio publicari? [8] Sed sum*ne* ego insci*t*us, qui postulo ut alienum pudorem conserues qui tuum perdideris?

LXXXV. [1] Cur autem praeterita conqueror, cum non sint minus acerba praesentia? Hocusque a uobis

quelles paroles terminait sa lettre cette femme que des incantations avaient privée de sa raison et rendue folle d'amour. « Non, je ne suis pas victime d'incantations magiques, je ne suis pas égarée par l'amour… le destin… » Que vous faut-il de plus ? Pudentilla proteste contre vos assertions, et revendique contre vos calomnies, comme par la voix du héraut, l'intégrité de sa raison. Mais le projet ou la nécessité de se marier, elle l'attribue au destin ; or le destin n'a rien de commun avec la magie, ou, plus exactement, il la supprime entièrement. Car quelle puissance reste-t-il aux incantations et aux breuvages magiques, si le destin de toute chose est semblable à un torrent impétueux, dont on ne peut ni suspendre ni précipiter le cours ? Aussi, dans cette phrase de Pudentilla, n'est-ce pas seulement ma qualité de magicien, mais l'existence même de la magie, qui est niée. Il est heureux que Pontianus ait gardé en entier, selon son habitude, les lettres de sa mère ; il est heureux que la hâte avec laquelle ce procès s'est engagé ne vous ait pas laissé le loisir de rien changer à celle qui nous occupe. C'est à toi, Maximus, et à ta prévoyance, qu'il faut en savoir gré ; c'est toi qui, discernant d'abord la calomnie, l'as empêchée de s'affermir avec le temps ; toi qui, en précipitant les choses et en refusant tout délai, lui as coupé les jarrets.

Suppose maintenant que la mère eût fait à son fils, dans une lettre confidentielle, comme il n'est pas rare, l'aveu de son amour : était-il juste, Rufinus, était-il conforme, je ne dis pas à la piété filiale, mais à la simple humanité, de divulguer cette lettre, de choisir le ministère de son fils pour la livrer au public ? Mais à quoi pensé-je, de demander que tu respectes la pudeur d'autrui, quand tu as perdu la tienne ?

LXXXV. Pourquoi d'ailleurs déplorer le passé ? le présent n'est pas moins amer. Faut-il que ce malheureux

miserum istum puerum deprauatum, ut matris suae epistulas, quas putat amatorias, [2] pro tribunali procon*sulis* recitet apud uirum sanctissimum Claudium Maximum, ante has imperatoris Pii statuas, filius matri suae pudenda exprobret stupra et amores obiectet? [3] Quis tam est mitis quin exacerbescat? Tun*e*, ultim*e*, parentis tuae animum in istis scrutaris, oculos obseruas, suspiritus numeras, affectiones exploras, tabulas intercipis, amorem reuincis? [4] Tune quid in cubiculo agat perquiris, ne mater tua non dico amatrix, sed ne omnino femina *sit*? <Nihil>ne tu in ea cogitas, nisi unam parentis religionem? [5] O infelix uterum tuum, Pudentilla, o sterilitas liberis potior, o infausti decem menses, o ingrati quattuordecim anni uiduitatis! Vipera, ut audio, exeso matris utero in lucem proserpit atque ita parricidio gignitur: at enim tibi a filio iam adulto acerbiores morsus uiuenti et uidenti offeruntur. [6] Silentium tuum laniatur, pudor tuus carpitur, pectus tuum foditur, uiscera intima protrahuntur. [7] Hascine gratias bonus filius matri rependis ob datam uitam, ob acquisitam hereditatem, ob quattuordecim annorum longas alimonias? Hiscine te patruus disciplinis erudiuit, ut, si compertum habeas filios tibi similes futuros, non audeas ducere uxorem? [8] Est ille poetae uorsus non ignotus : « Odi puerulos praecoqui sapientia » ; sed enim malitia praecoqui puerum quis non auersetur atque oderit, cum uideat

enfant ait été par vous dépravé, pour lire des lettres de sa mère, qu'il prend pour des lettres d'amour, devant le tribunal d'un proconsul, devant un homme d'un caractère aussi élevé que Claudius Maximus. Quoi ? En présence de ces statues de l'empereur Pius, un fils, reprocher à sa mère de honteux égarements, et lui jeter à la face ses amours ! N'y a-t-il pas de quoi révolter les plus indulgents ? Ainsi donc, être vil, tu scrutes les sentiments intimes de ta mère, tu observes ses regards, tu comptes ses soupirs, tu épies les mouvements de son cœur, tu interceptes sa correspondance, tu surprends la preuve de son amour ? Quoi, tu l'espionnes jusque dans sa chambre ? C'est peu de traiter la mère comme une courtisane : tu oublies même qu'elle est une femme. Ne respectes-tu rien en elle, à défaut du caractère sacré de celle qui t'a mis au monde ? Malheureux fut ton sein, Pudentilla : la stérilité valait mieux qu'une telle maternité. Voilà le triste fruit de dix mois de grossesse, voilà la récompense de quatorze années de veuvage ! La vipère, dit-on, dévore le sein de sa mère quand en rampant elle vient à la lumière, et c'est à un parricide qu'elle doit sa naissance : toi, c'est d'un fils déjà grand que tu reçois, vivante, des morsures autrement cruelles. On dissèque ton silence, on profane ta pudeur, on fouille ton cœur, on étale au grand jour le secret de tes entrailles. Voilà la reconnaissance qu'en bon fils tu témoignes à ta mère pour la vie qu'elle t'a donnée, l'héritage qu'elle t'a acquis, l'entretien qu'elle t'a fourni pendant quatorze longues années. Sont-ce là les leçons dont t'a nourri ton oncle, et voulait-il que la crainte d'avoir des fils semblables à toi te tînt éloigné du mariage ? On connaît le vers du poète : « Je hais les enfants d'une sagesse précoce. » Mais que dire d'un enfant d'une méchanceté précoce ? qui n'éprouverait de l'aversion et de la haine pour cette sorte de monstre, plus

uelut monstrum quoddam prius robust*um* scelere quam tempore, ante nocentem quam potentem, uiridi pueritia, cana malitia? [9]Vel potius hoc magis noxium, quod cum uenia perniciosus est et nondum poenae, iam iniuriae sufficit — iniuriae dico? immo enim sceleri aduersum parentem nefando, immani, impetibili.

LXXXVI. [1]Athenienses quidem, propter commune ius humanitatis, ex captiuis epistulis Philippi Macedonis hostis sui unam epistulam, cum singulae publice legerentur, recitari prohibuerunt, quae erat ad uxorem Olympiade*m* conscripta; hosti potius pepercerunt, ne maritale secretum diuulgarent, praeferendum rati fas commune propriae ultioni. [2]Tales hostes aduersum hostem : tu qualis filius aduersum matrem? Vides quam similia contendam. Tu tamen filius matris epistulas de amore, ut ais, scriptas in isto coetu legis, in quo si aliquem poetam lasciuiorem iubereris legere, profecto non auderes; pudore tamen aliquo impedirere. [3]Immo enim numquam matris tuae litteras attigisses, si ullas alias litteras attigisses.

[4]A*t* quam ausus es tuam ipsius epistulam legendam dare, quam nimis irreuerenter, nimis contumeliose et turpiter de matre tua scriptam, cum adhuc in eius sinu alerere, miseras clanculo ad Pontianum, scilicet ne semel peccasses ac tam bonum tuum factum *obli-*

avancé dans le crime que dans la vie, coupable avant d'être capable, et dont la verte jeunesse a la malice de la blanche vieillesse ? d'autant plus nuisible qu'il fait le mal impunément, et que, trop jeune pour le châtiment, il est mûr pour l'injustice ; pour l'injustice ? c'est le crime qu'il faut dire, le crime envers sa mère, sacrilège monstrueux, sans excuse.

LXXXVI. Les Athéniens montrèrent plus d'égards pour le droit commun de tous les hommes. Des lettres de Philippe de Macédoine, leur ennemi, leur étant tombées entre les mains, on les lut chacune en public, à l'exception d'une seule, dont ils interdirent la lecture, parce qu'elle était adressée à sa femme Olympias : ils aimèrent mieux ménager un ennemi que de divulguer des confidences conjugales, estimant que les lois de l'humanité devaient passer avant le soin de leur propre vengeance. Voilà comment des ennemis se conduisirent envers un ennemi : toi, fils, comment t'es-tu conduit envers ta mère ? Tu vois l'analogie entre les situations. Et pourtant, quand ta mère écrit des lettres qui, à t'en croire, parlent d'amour, toi, son fils, tu les lis dans cette assemblée, où, si l'on te demandait de lire des vers un peu libertins, tu ne l'oserais pas : malgré tout, un reste de pudeur t'en empêcherait. Bien plus : tu n'aurais jamais pris connaissance des lettres de ta mère, si tu avais des lettres une connaissance quelconque.

Quant à ta propre lettre, que tu as eu l'audace de donner à lire, cette lettre irrespectueuse, outrageante et inconvenante que tu avais écrite sur le compte de ta mère quand elle t'entourait encore de ses soins, et envoyée secrètement à Pontianus, afin sans doute de ne pas t'en tenir à une seule faute et de sauver ta belle

uio capesseret, — [5] miser, non intellegis iccirco patruum tuum hoc fieri passum, quod se hominibus purgaret, si ex litteris *t*uis nosceretur te etiam prius quam ad eum commigrasses, etiam cum matri blandirere, tamen iam tum uolpionem et impium fuisse?

LXXXVII. [1] Ceterum neque*o* *i*n animum inducere tam stultum Aemilianum esse, ut arbitretur mihi litteras pueri et eiusdem accusatoris me*i* offuturas.

[2] Fuit et illa commenticia epistula neque mea manu scripta neque uerisimiliter conficta, qua uideri uolebant blanditiis a me mulierem sollicitatam. Cur ego blandirem, si magia confidebam? [3] Qua autem uia ad istos peruenit epistula, ad Pudentillam scilicet per aliquem fidelem missa, ut in re tali accu*r*ari solet? [4] Cur praeterea tam uitiosis uerbis, tam barbaro sermone ego scriberem, quem idem dicunt nequaquam Graecae linguae imperitum? Cur autem tam absurdis tamque tabernariis blanditiis subigitarem, quem idem aiunt uorsibus amatoriis satis scite lasciuire? [5] Sic est profecto, cuiuis palam est: hic, qui epistulam Pudentillae Graecatiorem legere non potuerat, hanc ut suam facilius legit et aptius commendauit.

[6] Sed iam de epistulis satis dictum habebo, si hoc unum addidero: Pudentillam, quae scripserat dissimulamenti causa et deridiculi: ἐλθὲ τοίνυν, ἕως ἔτι σωφρονῶ, post hasce litteras euocasse ad se filios et nurum, cum

conduite de l'oubli, – malheureux, ne comprends-tu pas que si ton oncle a tout laissé faire, c'est pour se justifier devant l'opinion, en montrant par tes propres lettres que même avant d'aller habiter chez lui, même quand tu cajolais ta mère, tu étais déjà un vaurien et un mauvais fils ?

LXXXVII. Car je ne peux me figurer qu'Emilianus soit assez sot pour croire que les lettres d'un enfant, qui est en même temps mon accusateur, soient capables de me faire du tort.

Il existe encore une lettre fabriquée de toutes pièces – elle n'est pas écrite de ma main, et le faux n'a aucune vraisemblance –, qui, dans leur pensée, était destinée à faire croire que j'avais tenu à Pudentilla le langage d'un séducteur. Or qu'avais-je à faire de séductions, si je mettais ma confiance dans la magie ? Et par quelle voie leur est parvenue cette lettre, que j'avais évidemment envoyée à Pudentilla par un messager sûr, comme on a soin de le faire en pareil cas ? Comment en outre aurais-je employé des expressions aussi vicieuses et une langue aussi barbare, moi qui, à ce qu'ils disent, ne sais pas trop mal le grec ? Pourquoi chercher à plaire par de lourdes galanteries de cabaret, s'il est vrai, comme ils le prétendent, que je tourne assez agréablement les vers amoureux ? La vérité, chacun l'aperçoit : s'il n'a pas été capable de lire la lettre de Pudentilla, écrite dans le meilleur grec, celle-ci en revanche était de lui ; aussi n'a-t-il pas eu de peine à la lire, et a-t-il su la faire valoir.

Une seule remarque encore, et j'en aurai fini avec cette correspondance. Pudentilla, après la lettre où elle disait par ironie et par raillerie « viens donc pendant que j'ai encore ma raison », appela auprès d'elle ses fils et sa

his ferme duobus mensibus conuersatam. [7]Dicat hic pius filius, quid in eo tempore sequius agentem uel loquentem matrem suam propter insaniam uiderit; neget eam rationibus uilliconum et upilionum et equisonum sollertissime subscripsisse; [8]neget fratrem suum Pontianum grauiter ab ea monitum, ut sibi ab insidiis Rufini caueret; neget uere obiurgatum, quod litteras, quas ad eum miserat, uulgo circumtulisset nec tamen bona fide legisset; [9]neget post ista quae dixi matrem suam mihi apud uillam iam pridem condicto loco nupsisse.

[10]Quippe ita placuerat, in suburbana uilla potius ut coniungeremur, ne ciues denuo ad sportulas conuolarent, cum haud pridem Pudentilla de suo quinquaginta milia nummum <in> populum expunxisset ea die qua Pontianus uxorem duxit et hic puerulus toga est inuolutus, [11] praeterea, ut conuiuiis multis ac molestiis supersederemus, quae ferme ex more nouis maritis obeunda sunt.

LXXXVIII. [1] Habes, Aemiliane, causam totam, cur tabulae nuptiales inter me ac Pudentillam non in oppido sint, sed in uilla suburbana consignatae: ne quinquaginta milia nummum denuo profundenda essent nec tecum aut apud te cenandum. Estne causa idonea?

[2]Miror tamen, quod tu *a* uill*a* tantopere abhorreas, qui plerumque rure uersere. [3] Lex quidem Iulia de maritandis ordinibus nusquam sui ad hunc modum

bru, et passa environ deux mois avec eux. Qu'il dise, ce fils pieux, si, pendant tout ce temps, il a rien vu de choquant dans la conduite ou le langage de sa mère, rien qui dénotât la folie. Niera-t-il qu'elle vérifiât en femme entendue les comptes des fermiers, des bouviers et des palefreniers ? Niera-t-il qu'elle ait sérieusement mis en garde son frère Pontianus contre les intrigues de Rufinus ? Niera-t-il qu'elle lui ait fait des reproches mérités sur ce qu'il avait colporté la lettre qu'elle lui avait envoyée, sans même la lire de bonne foi ? Niera-t-il enfin qu'après tout cela, sa mère m'ait épousé à la campagne, comme il était convenu depuis longtemps ?

Il nous avait paru préférable, en effet, de nous marier dans une propriété suburbaine, pour éviter que les gens de la ville n'accourussent de nouveau aux sportules ; car Pudentilla venait déjà de s'infliger une dépense de cinquante mille sesterces en distributions au peuple, le jour où Pontianus s'était marié et où ce garçon-ci avait revêtu la toge. En outre nous voulions échapper aux nombreux banquets et aux corvées que l'usage impose aux nouveaux mariés.

LXXXVIII. Voilà, Emilianus, la seule raison pour laquelle l'acte de mariage entre moi et Pudentilla a été signé non à la ville, mais dans une propriété suburbaine nous ne voulions pas encore jeter par la fenêtre cinquante mille sesterces – ni être obligés de dîner avec toi ou chez toi. Le motif est-il suffisant ?

Je m'étonne toutefois de cette aversion pour la campagne chez un homme qui vit presque toujours aux champs. La loi Julia sur le mariage dans les différents ordres ne porte nulle part cette interdiction : « Que

interdicit : « uxorem in uilla ne ducito » ; [4]immo si uerum uelis, uxor ad prolem multo auspica*t*ius in uilla quam in oppido ducitur, in solo uberi quam in loco sterili, in agri cespite quam in fori silice. [5]Mater futura in ipso materno si*nu* nubat, in segete adulta, super fecundam glebam, uel enim sub ulmo marita cubet, in ipso gremio terrae matr*is*, inter suboles herbarum et propagines uitium et arborum germina. [6]Ibi et ille celeberrimus in comoediis uorsus de proximo congruit :

παίδων ἐπ' ἀρότῳ γνησίων ἐπὶ σπορᾷ.

[7]Romanorum etiam maioribus, Quintis et Serranis et multis aliis similibus, non modo uxores, uerum etiam consulatus et dictaturae in agris offerebantur. Cohibe*o* *i*am me in tam prolixo loco, ne tibi gratum faciam, si uillam laudauero.

LXXXIX. [1]De aetate uero Pudentillae, de qua post ista satis confidenter mentitus es, ut etiam sexaginta annos natam diceres nupsisse, de ea tibi paucis respondebo : nam <non> necesse est in re tam perspicua pluribus disputare.

[2]Pater eius natam sibi filiam more ceterorum professus est. Tabulae eius partim tabulario publico partim domo adseruantur, quae iam tibi ob os obiciuntur. [3]Porrige tu Aemiliano tabulas istas : linum consideret, signa quae impressa sunt recognoscat, consules

personne ne prenne femme dans une maison de campagne. » Et même, si tu veux le savoir, il est de beaucoup meilleur augure, pour les enfants à venir, de contracter mariage à la campagne qu'à la ville, sur un sol fertile que dans un lieu stérile, sur un gazon champêtre que sur le pavé d'une place publique. Que celle qui doit être mère se marie dans le giron de notre mère, parmi les blés mûrs, sur la glèbe féconde ; qu'elle repose sous l'ormeau marié à la vigne, sur le sein même de la terre mère, parmi les herbes nouvelles, les rejetons de la vigne, et les jeunes pousses des arbres. C'est ici que le vers souvent répété par les comiques trouve son application : « La terre labourée, où germe une semence d'enfants légitimes[117]. » Et les ancêtres des Romains, les Quintius, les Serranus et combien d'autres, ce n'est pas seulement leurs femmes, mais leurs consulats et leurs dictatures qu'ils recevaient aux champs. Je m'arrête : la matière est trop riche, et je ne veux pas te faire plaisir en louant la campagne.

LXXXIX. Pour passer à l'âge de Pudentilla, tu as menti effrontément en allant jusqu'à prétendre qu'elle avait soixante ans quand elle s'était remariée. Sur ce point, ma réponse sera brève : la chose est trop claire pour qu'il vaille la peine de discuter longuement.

Le père de Pudentilla, à la naissance de sa fille, l'a déclarée, comme c'est l'usage. L'acte est déposé à la fois dans les archives publiques et à son domicile : on va te le mettre sous le nez. Présente cette pièce à Emilianus : qu'il examine le fil, qu'il reconnaisse les empreintes, qu'il lise les noms des consuls, qu'il fasse le

117. La phrase est tronquée ; le sens littéral, dans la mesure où il est possible de le rendre en français, serait à peu près celui-ci « ... pour un labour (producteur) d'enfants, pour des semailles d'enfants légitimes. » (V) La métaphore est très ancienne : *cf.*, par ex., Eschyle, *Sept.*, 753 ; Sophocle, *Ant.*, 539 ; *Œdipe roi*, 1210, 1256, 1435, etc.

legat, annos computet, quos sexaginta mulieri adsignabat. [4] Probet quinque et quinquaginta : lustro mentitus sit. Parum hoc est, liberalius agam — nam et ipse Pudentillae multos annos largitus est, redonabo igitur uicissim decem annos — ; Mezentius cum Vlixe errauit : quinquaginta saltem annorum mulierem ostendat. [5] Quid multis ? ut cum quadruplatore agam, bis duplum quinquennium faciam, uiginti annos semel detraham. Iube, Maxime, consules computari : nisi fallor, inuenies nunc Pudentillae haud multo amplius quadragensimum annum aetatis ire. [6] O falsum audax et nimium, o mendacium uiginti annorum exsilio puniendum ! Dimidio tanta, Aemiliane, mentiris, falsa audes sesquealtera. Si triginta annos pro decem dixisses, posses uideri computationis gestu errasse, quos circulare debueris digitos a*per*u*isse.* [7] Cum uero quadraginta, quae facilius ceteris porrecta palma significantur, ea quadraginta tu dimidio auges, non potes digitorum gestu errasse, nisi forte triginta annorum Pudentillam ratus binos cuiusque anni consules numerasti.

XC. [1] Missa haec facio. Venio nunc ad ipsum stirpem accusationis, ad ipsam causam maleficii. Respondeat Aemilianus et Rufinus, ob quod emolumentum, etsi maxime magus forem, Pudentillam carminibus et

118. Un délateur. Primitivement : celui qui intente une action pour usure, la peine étant la restitution du quadruple des intérêts perçus. (V)

compte des années. Il en attribuait à Pudentilla soixante : qu'il en prouve cinquante-cinq ; pour un lustre, passons-lui ce mensonge. C'est peu encore, soyons plus généreux : un homme qui a accordé tant d'années à Pudentilla, je ne veux pas à mon tour le chicaner sur une dizaine d'années ; Mézence a erré avec Ulysse : qu'il démontre seulement qu'elle a la cinquantaine. Mais en voilà assez : comme il sied avec un quadruplateur[118], je multiplie les cinq années par quatre, et j'en retranche vingt d'un seul coup. Ordonne, Maximus, qu'on fasse le compte des consulats : sauf erreur, tu trouveras que Pudentilla a dépassé à peine sa quarantième année. Fausseté audacieuse et inouïe, mensonge qu'il faudrait punir de vingt années d'exil ! La moitié, Emilianus, voilà ce que tu ajoutes par mensonge ; tu fausses audacieusement les chiffres en les multipliant par un et demi ! Si tu avais dit trente pour dix, on pourrait croire que tu as confondu les gestes par lesquels on désigne les nombres, et entrouvert les doigts au lieu de figurer un cercle[119]. Mais quand il s'agit de quarante, qui s'exprime de la manière la moins équivoque en étendant la main, tu ne peux pas augmenter ces quarante de moitié par une simple erreur dans la position des doigts. Tout au plus as-tu pu estimer que Pudentilla avait trente ans, et compter double chaque année, d'après le nombre des consuls.

XC. Mais laissons cela, et venons-en à ce qui fait le fond même de l'affaire, l'accusation de maléfice. Je le demande à Emilianus et à Rufinus : dans quel intérêt, fussé-je le plus grand magicien du monde, aurais-je eu

119. Les Anciens exprimaient les nombres par des gestes. Pour signifier dix, on appliquait l'extrémité de l'index sur le milieu de la seconde phalange du pouce ; pour trente, on rapprochait l'extrémité de l'index de celle du pouce. (V)

uenenis ad matrimonium pellexissem.[2] Atque ego scio plerosque reos alicuius facinoris postulatos, si fuisse quaepiam causae probarentur, hoc uno se tamen abunde defendisse, uitam suam procul ab huiusmodi sceleribus abhorrere nec id sibi obesse debere, quod uideantur quaedam fuisse ad maleficiundum inuitamenta; [3] non enim omnia quae fieri potuerint pro factis habenda, rerum uices uarias euenire; certum indicem cuiusque animum esse; qui semper eodem ingenio ad uirtutem uel malitiam moratus firmum argumentum est accipiendi criminis aut respuendi. [4] Haec ego quamquam possim merito dicere, tamen uobis condono nec satis mihi duco, si me omnium quae insimulastis abunde purgaui, *ni*si nusquam passus sum uel exiguam suspicionem magiae consistere. [5] Reputate uobiscum quanta fiducia innocentiae meae quantoque despectu uestri agam: si una causa uel minima fuerit inuenta, cur ego debuerim Pudentillae nuptias ob aliquod meum commodum appetere, si quamlibet modicum emolumentum probaueritis, [6] ego ille sim Carmendas uel Damigeron uel † his † Moses uel Iohannes uel Apollo*bex* uel ipse Dardanus uel quicumque ali*us* post Zoroastren et Hostanen inter magos celebratus est.

120. *Carmendas* : inconnu ailleurs. *Damigéron* : son nom apparaît dans la liste des Magiciens dans Arnobe, 1, 5, et Tertullien, *De anima*, 57. Moïse possédait tout le savoir des Égyptiens, et fut considéré comme un magicien (*cf.*, par ex., Strabon, 16, 2, 39). Pline cite Moïse : « Il est une autre secte de magie *(magices factio)* fondée par Moïse, Jannès et Jotapes, tous trois juifs, mais postérieurs de milliers d'années à Zoroastre », *HN*, XXX, II. Pour Moïse, *cf.* aussi Juvénal (XIV, 102)

recours aux incantations et aux breuvages pour induire Pudentilla au mariage ?

Souvent, je le sais, des accusés, poursuivis pour un crime qu'il est prouvé qu'ils auraient eu des raisons de commettre, obtiennent cependant gain de cause en alléguant pour toute défense que leur conduite est en contradiction avec ce genre de méfait, et qu'il ne faut pas tirer argument contre eux des motifs qui ont pu exister de commettre le mal : tout ce qui est possible ne doit pas être tenu pour vrai ; l'événement varie avec les circonstances ; le caractère de chacun est un sûr indice ; une constante inclination à la vertu ou au vice est l'argument le plus probant pour accueillir ou rejeter une accusation. Telles sont les considérations que je pourrais invoquer à bon droit, mais je vous en fais grâce : c'est peu pour moi de me justifier amplement de tout ce dont vous m'accusez, si je laisse subsister où que ce soit le plus léger soupçon de magie. Jugez à mon attitude de ma confiance en mon innocence et de mon dédain pour vous : qu'on trouve un motif d'intérêt personnel, si insignifiant soit-il, qui dût me faire désirer la main de Pudentilla, qu'on prouve que j'y avais le plus petit avantage, et je consens à être un Carmendas, un Damigéron, ... un Moïse, un *Jannès*, un Apollobex, un Dardanus même, ou celui qu'il vous plaira des magiciens en renom depuis Zoroastre et Ostanès[120].

qui parle de son *arcanum uolumen.* Les manuscrits ont Iohannes (Iannes, Colvius). Ni Jean Baptiste, ni Jean l'Évangéliste n'ont été regardés comme magiciens (Butler-Owen). *Iannes et Jambrès*, selon la tradition juive, sont les magiciens égyptiens qui résistèrent à Moïse. *Apollobex* est cité par Pline (XXX, 9) sous le nom d'Apollobeches, avec Dardanus, comme prédecesseurs de Démocrite. *Zoroastre*: fondateur de la religion des Mages. « C'est dans l'Orient que la magie fut inventée, dans la Perse, par Zoroastre, écrit Pline (XXX, 11) ; les auteurs s'accordent sur ce point ; mais n'y a-t-il eu qu'un Zoroastre ? Y en a-t-il eu deux ?... Eudoxe plaçait ce Zoroastre 6000 ans avant la mort de Platon ; autant en faisait Aristote... » (trad. Littré). Pour Ostanès : *cf.* Pline, XXX, 8.

XCI. [1] Vide quaeso, Maxime, quem tumultum suscitarint, quoniam ego paucos magorum nominatim percensui. Quid faciam tam rudibus, tam barbaris? [2] Doceam rursum haec et multo plura alia nomina in bybliothecis publicis apud clarissimos scriptores me legisse, an disputem longe aliud esse notitiam nominum, aliud artis eiusdem communionem, nec debere doctrinae instrumentum et eruditionis memoriam pro confessione criminis haberi, [3] an, quod multo praestabilius est, tua doctrina, Claudi Maxime, tuaque perfecta eruditione fretus, contemnam stultis et impolitis ad haec respondere? [4] Ita potius faciam: quid illi existiment, na*u*ci non putabo; quod institui pergam disputare: nullam mihi causam fuisse Pudentillam ueneficiis ad nuptias prolectandi.

[5] Formam mulieris et aetatem ipsi ultro improbauerunt idque mihi uitio dederunt, talem uxorem causa auaritiae concupisse atque adeo primo dotem in congressu grandem et uberem rapuisse. [6] Ad haec, Maxime, longa oratione fatigare te non est consilium; nihil uerbis opus est, cum multo disertius ipsae tabulae loquantur, in quibus omnia contra quam isti ex sua rapacitate de me quoque coniectauerunt facta impraesentiarum et prouisa in posterum deprehendis: [7] iam primum mulieris locupletissimae modicam dotem neque eam datam, sed tantum modo <commodatam>, [8] praeter haec ea condicione factam coni*un*ctionem, nullis ex me susceptis liberis <si> uita demigrasset, uti dos omnis apud filios eius Pontianum et Pudentem maneret, sin uero uno

XCI. Vois, je te prie, Maximus, quel tumulte j'ai soulevé par l'énumération de ces quelques noms de magiciens. Que faire avec des êtres aussi incultes, aussi barbares ? Dois-je leur apprendre encore que ces noms, avec beaucoup d'autres, je les ai lus, dans les bibliothèques publiques, chez les écrivains les plus connus ? Dois-je démontrer qu'autre chose est de connaître les noms, autre chose de pratiquer le même art ? que le savoir et l'érudition ne sauraient passer pour un aveu de culpabilité ? Ou n'est-il pas de beaucoup préférable de m'en rapporter, Maximus, à ta science et à ta riche culture, en dédaignant de répondre à tant de sottise et de grossièreté ? Oui, ce sera le meilleur parti ; qu'ils pensent ce qu'ils voudront : je m'en soucierai comme d'une pelure de noix ; et je reviens à mon propos, qui était de démontrer que je n'avais aucune raison de recourir à des moyens magiques de séduction pour décider Pudentilla au mariage.

Sur l'extérieur et sur l'âge de Pudentilla, ils ont fait les premiers des commentaires désobligeants, en me reprochant de ne l'avoir recherchée, telle qu'elle était, que par cupidité ; la preuve, c'est que dès la première entrevue, je lui avais extorqué une ample et profitable dot. Pour répondre à cela, je n'ai pas l'intention, Maximus, de t'infliger l'ennui d'un long discours. À quoi bon les paroles, quand les pièces sont là, qui parlent bien plus éloquemment ? Les conjectures qu'ils ont faites à mon sujet, en me jugeant d'après leur propre rapacité, y sont démenties par tous nos arrangements actuels et toutes nos dispositions pour l'avenir, comme tu peux t'en rendre compte. Tout d'abord, ma femme, malgré sa richesse, ne m'a apporté qu'une dot modeste, et encore n'est-ce pas à titre de don, mais seulement de prêt ; en outre, c'est une condition de notre union que, si Pudentilla meurt sans m'avoir donné d'enfants, la dot demeurera tout entière à ses fils Pontianus et Pudens ; si

unaue superstite diem suum obisset, uti tum diuidua pars dotis posteriori filio, reliqua prioribus cederet.

XCII. [1] Haec, ut dico, tabulis ipsis docebo. Fors fuat an ne sic quidem credat Aemilianus sola trecenta milia nummum scripta eorumque repetitionem filiis Pudentillae pacto datam. [2] Cape *sis* ipse tu manibus tuis tabulas istas, da impulsori tuo Rufino : legat, pudeat illum tumidi animi sui et ambitiosae mendicitatis ; quippe ipse egens, nudus quadringentis milibus nummum a creditore acceptis filiam dotauit, [3] Pudentilla locuples femina trecentis milibus dotis fuit contenta, et maritum habet, et multis saepe et ingentibus dotibus spretis, inani nomine tantulae dotis contentum, [4] ceterum praeter uxorem suam nihil computantem, omnem supellectilem cunctasque diuitias in concordia coniugi*i* et mu*tu*o amore ponentem. [5] Quamquam quis omnium uel exigue rerum peritus culpare auderet, si mulier uidua et mediocri forma, at non aetate mediocri, nubere uolens longa dote et molli condicione inuitasset iuuenem neque corpore neque animo neque fortuna paenitendum ? [6] Virgo formosa etsi sit oppido pauper, tamen abunde dotata est ; affert quippe ad maritum nouum animi indolem, pulchritudinis gratiam, floris rudimentum. Ipsa uirginitatis commendatio iure meritoque omnibus maritis acceptissima est ; [7] nam quodcumque aliud in dotem

au contraire elle laisse, son dernier jour venu, un fils ou une fille, la moitié de la dot doit passer à l'enfant du second lit, le reste à ceux du premier[121].

XCII. Voilà, je le répète, ce que, pièces en main, je montrerai. Peut-être même alors Emilianus ne voudra-t-il pas croire qu'il n'y ait eu d'inscrit que trois cent mille sesterces, ni qu'un droit de répétition ait été garanti aux fils de Pudentilla. Prends toi-même en main, prends cet acte, passe-le à Rufinus ton conseiller ; qu'il lise, qu'il rougisse de ses prétentions et de son ambitieuse mendicité : lui qui n'a sou ni maille, il a emprunté quatre cent mille sesterces pour doter sa fille ; Pudentilla, femme riche, s'est contentée d'une dot de trois cent mille, et celui qu'elle a pour mari a souvent dédaigné des partis largement dotés, pour se contenter d'un titre illusoire à une dot insignifiante ; car hormis son épouse, il compte pour rien le reste, et considère que toute la richesse d'un ménage est dans le bon accord entre conjoints et l'affection mutuelle. Et pourtant, qui donc, pour peu qu'il ait quelque expérience de la vie, oserait trouver mauvais qu'une veuve moins riche d'attraits que d'années, et désirant se marier, cherchât à attirer par une grosse dot et des conditions avantageuses un homme jeune, dont ni le physique, ni l'esprit, ni la fortune ne sont faits pour déplaire ? Une vierge qui a de la beauté, si pauvre soit-elle, est amplement dotée : elle apporte à son mari la fraîcheur de son âme, la grâce de ses charmes, la fleur de son innocence. La virginité est de tous les titres celui auquel, non sans raison, tout mari est le plus sensible. Les autres biens, en effet, qu'on a

121. Les *tabulae nuptiales*, qui contenaient toutes les stipulations relatives à la dot, prévoyaient les circonstances dans lesquelles celle-ci devait faire retour à la femme ou à ses ayants droit. Sur la condition énoncée ici, voir encore, un peu plus bas, ch. XCII, et ch. CII. (V)

acceperis, potes, cum libuit, ne sis beneficio obstrictus, omne ut acceperas retribuere, pecuniam renumerare, mancipia restituere, domo demigrare, praediis cedere : sola uirginitas cum semel accepta est, reddi nequitur, sola apud maritum ex rebus dotalibus remanet. [8] Vidua autem qualis nuptiis uenit, talis diuortio digreditur ; nihil affert inreposcibile, sed uenit iam ab alio praeflorata, certe tibi ad quae uelis minime docilis, non minus suspectans nouam domum quam ipsa iam ob unum diuortium suspectanda, [9] siue illa morte amisit maritum, ut scaeui ominis mulier et infausti coniugii minime appetenda, [10] seu repudio digressa est, utramuis habe*n*s culpam mulier, quae aut tam intolerabilis fuit ut repudiaretur, aut tam insolens ut repudiaret. [11] Ob haec et alia uiduae dote aucta procos sollicitant. Quod Pudentilla quoque in alio marito fecisset, si philosophum spernentem dotis non repperisset.

XCIII. [1] Age uero, si auaritiae causa mulierem concupissem, quid mihi utilius ad possidendam domum eius fuit quam simultatem inter matrem et filios serere, alienare ab eius animo liberorum caritatem, quo liberius et artius desolatam mulierem solus possiderem ? [2] Fuitne hoc praedonis, quod uos fingitis ? Ego uero quietis et concordiae et pietatis auctor, conciliator, fauisor non modo noua odia non serui, sed uetera quoque funditus exstirpaui. [3] Suasi uxori meae,

reçus en dot, peuvent, si l'on désire se libérer de toute obligation, être rendus tels qu'on les a reçus ; l'argent, on le rembourse ; les esclaves, on les restitue ; une maison, on la quitte ; un domaine, on l'abandonne ; seule la virginité, une fois donnée, ne peut être rendue ; seule de tous les apports dotaux, elle reste le bien du mari. Une veuve, au contraire, telle le mariage l'a fait entrer chez vous, telle elle s'en va quand l'union se dissout ; elle n'apporte rien qui ne se puisse reprendre ; elle a déjà, quand vous l'épousez, fait don à un autre de la fleur de sa jeunesse ; en tout cas, ce que vous désirez d'elle, elle n'a plus à l'apprendre ; sa nouvelle maison lui est suspecte autant qu'elle est suspecte elle-même pour la rupture de ses premiers liens conjugaux. Est-ce la mort qui l'a privée de son mari ? voilà qui est d'un fâcheux présage : c'est une femme dont le mariage porte malheur, et qui n'est point à rechercher. Est-ce un divorce qui l'a séparée de lui ? alors, de deux fautes l'une : ou elle s'est rendue insupportable au point de se faire répudier, ou elle a poussé l'insolence jusqu'à répudier son mari. Telles sont, parmi d'autres, les raisons pour lesquelles les veuves cherchent à attirer les prétendants par l'appât d'une forte dot. C'est ce que Pudentilla, elle aussi, aurait fait avec un autre mari, si elle n'avait rencontré un philosophe qui méprise la dot.

XCIII. Au surplus, si je l'avais recherchée par avarice, n'avais-je pas tout intérêt, pour mettre la main sur la maison, à semer la division entre la mère et les fils, à chasser de son cœur la tendresse pour ses enfants, de manière à dominer plus librement, plus étroitement et sans partage, une femme isolée ? N'est-ce pas ainsi que je me serais conduit, si j'étais le pirate que vous représentez ? Mais moi je n'ai fait que conseiller, ménager, favoriser la paix, la concorde, la piété filiale ; et loin de semer de nouvelles haines, j'ai extirpé les anciennes jusqu'à la racine. J'ai conseillé à ma femme, dont, au

cuius, ut isti aiunt, iam uniuersas opes transuoraram, suasi, inquam, ac denique persuasi, ut filiis pecuniam suam reposcentibus — de quo supra dixeram —, ut eam pecuniam sine mora redderet in praedis uili aestimatis et quanto ipsi uolebant, [4]praeterea ex *re* familiari sua fructuosissimos agros et grandem domum opulente ornatam magnamque uim tritici et ordei et uini et oliui ceterorumque fructuum, seruos quoque haud minus quadringentos, pecora amplius neque pauca neque abiecti pretii donaret, [5]ut eos et ex ea parte quam tribuisset securos haberet et ad cetera hereditatis bona sp*e* inuitaret. [6] Haec ergo ab inuita Pudentilla — patietur enim me, uti res fuit, ita dicere — aegre extudi, ingentibus precibus inuitae et iratae extorsi, matrem filiis reconciliaui, priuignos meos primo hoc uitrici beneficio grandi pecunia auxi.

XCIV. [1] Cognitum hoc est tota ciuitate. Rufinum omnes exsecrati me laudibus tulere. [2] Venerat ad nos, priusquam istam donationem perficeret, cum dissimili isto fratre suo Pontianus; pedes nostros aduolutus ueniam et obliuionem praeteritorum omnium postularat, flens et manus nostras osculabundus ac dicens paenitere quod Rufino et similibus auscultarit. [3] Petit postea suppliciter, uti se Lolliano quoque Auito C. V. purgem, cui haud pridem tirocinio orationis suae fuerat a me commendatus; [4] quippe compererat ante paucos dies omnia me, ut acta erant, ad eum p*er*scripsisse. [5] Id quoque a me impetrat. Itaque acceptis litteris Carthaginem pergit, ubi iam prope exacto con-

dire de mes adversaires, j'avais déjà dévoré toute la fortune, je lui ai conseillé, dis-je, et j'ai fini par lui persuader, comme ses fils réclamaient la somme d'argent dont j'ai parlé plus haut, de leur rendre cette somme sans retard, en terres estimées à vil prix, d'après leurs propres évaluations, et de leur donner en outre, sur ses biens familiaux, des champs d'excellent rapport, une vaste maison pourvue de tout en abondance, une grande quantité de blé, d'orge, de vin, d'huile d'olive et d'autres produits du sol, au moins quatre cents esclaves, sans compter de nombreux troupeaux d'une valeur non méprisable. Ainsi, pensais-je, pour la part qu'elle leur attribuerait, elle leur ôterait toute inquiétude, et pour le reste, elle les rassurerait sur l'héritage qui les attendait. Pudentilla y était peu disposée – elle me permettra de dire la chose comme elle est ; c'est à grand-peine que je lui ai arraché son consentement ; c'est à force de prières que j'ai eu raison de ses résistances et de son courroux ; j'ai réconcilié les fils avec la mère, et pour premier bienfait en qualité de beau-père, j'ai enrichi mes beaux-fils d'une somme considérable.

XCIV. Ces faits, toute la ville en a eu connaissance. Et chacun de maudire Rufinus, tandis qu'on me portait aux nues. J'avais reçu, avant que la donation fût chose faite, la visite de Pontianus, accompagné de ce frère qui lui ressemble si peu ; se jetant à mes pieds, il avait imploré mon pardon et l'oubli de tout le passé ; il pleurait, me baisait les mains, disait son repentir d'avoir écouté Rufinus et ses pareils. Puis il me supplia de le faire rentrer en grâce également auprès du clarissime Lollianus Avitus, auquel j'avais recommandé récemment ses débuts dans la carrière oratoire, et auquel il avait su que j'avais écrit peu de jours avant tout ce qui s'était passé. Cela encore, il l'obtient, et, muni d'une lettre de moi, il part pour Carthage, où, arrivé presque au

sulatus sui munere Lollianus Auitus te, Maxime, opperiebatur. [6] *Is* epistulis meis lectis pro sua eximia humanitate gratulatus Pontiano, quod cito *e*rrorem suum correxisset, rescripsit mihi per eum quas litteras, di boni, qua doctrina, quo lepore, qua uerborum amoenitate simul et iucunditate, prorsus ut uir bonus dicendi peritus. [7] Scio te, Maxime, libenter eius litteras auditurum; et quidem si praelegam, mea uoce pronuntiabo. Cedo tu Auiti epistulas, ut quae semper ornamento mihi fuerunt sint nunc etiam saluti. [8] *At* tu licebit aquam sinas fluere; namque optimi uiri litteras ter et quater a*u*eo quantouis tempor*is* dispendio lectitare. —

XCV. [1] Non sum nescius debuisse me post istas Auiti litteras perorare. Quem enim laudatorem locupletiorem, quem testem uitae meae sanctiorem producam, quem denique aduocatum facundiorem? [2] Multos in uita mea Romani nominis disertos uiros sedulo cognoui, sed su*m* *ae*que neminem ammiratus. [3] Nemo est hodie, quantum mea opinio fert, alicuius in eloquentia laudis et spei, [4] quin Auitus esse longe mali*t*, si cu*m* eo se remota inuidia uelit conferre; quippe omnes fandi uirtutes paene diuersae in illo uiro congruunt. [5] Quamcumque ora*tio*nem struxerit Auitus, ita illa erit undique sui perfecte absoluta, ut in illa neque Cato grauitatem requirat neque Laelius lenitatem nec Gracchus impetum nec Caesar calorem nec *H*ortensius distributionem nec Caluus argutias nec parsimoniam Salustius nec opulentiam Cicero:

terme de sa magistrature, le proconsul Lollianus Avitus attendait ton arrivée, Maximus. À la lecture de ma lettre, avec son exquise bonté, il félicita Pontianus d'avoir si vite réparé son erreur, et le chargea de me porter sa réponse – et quelle réponse, dieux bons ! quel savoir, quelle délicatesse d'esprit, quel bonheur et quel agrément dans le choix des mots ! – bref, « l'honnête homme habile à parler. » Je sais, Maximus, que tu entendras cette lettre avec plaisir : et cette lecture-là, j'entends la faire en personne. Passe-moi la lettre d'Avitus ; elle fut toujours pour moi un titre d'honneur : qu'elle soit aujourd'hui ma sauvegarde. Et toi, tu peux laisser couler l'eau ; car dussé-je relire trois ou quatre fois la lettre de ce grand homme, il n'est sacrifice de temps que je ne fusse prêt à faire pour cela. *(Lecture de la lettre d'Avitus.)*

XCV. Je sens bien qu'après cette lettre d'Avitus, je n'avais plus qu'à terminer mon discours. Pourrais-je invoquer, en effet, un panégyriste plus autorisé, un témoin plus incorruptible de ma vie, un avocat plus éloquent ? Nombreux sont les orateurs du nom romain qu'au cours de mon existence j'ai connus et fréquentés : aucun ne m'a inspiré une égale admiration. De tous ceux, j'en suis sûr, qui, de nos jours, ont dans l'art oratoire quelque notoriété et quelque avenir, il n'en est pas qui ne préférât de beaucoup être Avitus, s'il voulait se comparer à lui dans un esprit exempt de jalousie. Toutes les qualités qui font l'orateur, et les plus opposées presque, chez lui se concilient. Quelque discours que compose Avitus, il sera d'un bout à l'autre achevé et parfait ; ni Caton n'y voudrait plus de force, ni Lélius de douceur, ni Gracchus d'impétuosité, ni César de chaleur, ni Hortensius d'ordre, ni Calvus de finesse, ni Salluste de sobriété, ni Cicéron d'ampleur[122] : bref, pour ne pas les

122. Comme Cicéron, dans l'*Orator*, Apulée définit chaque orateur par une qualité essentielle.

[6]prorsus, inquam, ne omnis persequar, si Auitum audias, neque additum quicquam uelis neque detractum neque autem aliquid commutatum.

[7]Video, Maxime, quam benigne audias quae in amico tuo Auito recognosces. Tua me comitas, ut uel pauca dicerem de eo, inuitauit. [8]At non usque adeo tuae beniuolentiae indulgebo, ut mihi permittam iam propemodum fesso in causa prorsus ad finem inclinata de egregiis uirtutibus eius nunc demum incipere, quin potius eas integris uiribus et tempori libero seruem.

XCVI. [1]Nunc enim mihi, quod aegre fero, a commemoratione tanti uiri ad pestes istas oratio reuoluenda est.

[2]Audesne te ergo, Aemiliane, cum Auito conferre? quemne ille bonum uirum ait, cuius animi disputationem tam plene suis litteris collaudat, *e*um tu magiae, maleficii criminis insectabere?[3] An inuasisse me domum Pudentillae et concipilare bona eius tu magis dolere debes quam doluisset Pontianus, qui mihi ob paucorum dierum uestro scilicet instinctu ortas simultates etiam absenti apud Auitum satisfecit, qui mihi apud tantum uirum gratias egit? [4]Puta me acta apud Auitum, non litteras ipsius legisse: quid posses uel † quas quis † in isto negotio accusare? Pontianus ipse quod a matre donatum acceperat meo muneri acceptum ferebat, Pontianus me uitricum sibi contigisse intimis affectionibus laetabatur. [5]Quod utinam incolumis Carthagine reuertisset! uel, quoniam sic ei fuerat fato decretum, utinam tu, Rufine, supre-

nommer tous, quand on entend un discours d'Avitus, on n'y désire ni addition, ni suppression, ni changement.

Je vois, Maximus, avec quelle bienveillante attention tu écoutes ce portrait où tu reconnaîtras ton ami Avitus. Ta bonne grâce m'a encouragé à lui consacrer au moins quelques mots. Mais je n'abuserai pas de ta complaisance, et ne me permettrai pas, presque épuisé déjà par un plaidoyer qui touche à sa fin, d'entreprendre à cette heure tardive l'éloge de ses rares vertus : j'aime mieux me réserver pour une occasion où j'aurai la pleine possession de mes moyens et la libre disposition de mon temps.

XCVI. Pour le moment, malgré que j'en aie, il faut que du grand homme dont j'ai évoqué le nom je revienne à cette maudite engeance.

Ainsi donc tu oses, Emilianus, t'opposer à Avitus ? Celui qu'il déclare être homme de bien, au *caractère* duquel il rend, dans sa lettre, un hommage sans réserve, tu le poursuivras comme coupable de magie et de maléfice ? Et quand je me serais installé en conquérant dans la maison de Pudentilla, quand j'aurais mis ses biens au pillage : est-ce à toi de t'en indigner plus que n'eût fait Pontianus ? Pontianus qui, pour une brouille de quelques jours, dont vous étiez, comme on sait, les artisans, m'a fait réparation même en mon absence, auprès d'Avitus ; qui m'a rendu grâces devant ce grand homme. Suppose que j'eusse lu le récit de ce qui s'est passé en présence d'Avitus, au lieu de lire sa lettre : de quoi pourrais-tu, *de quoi pourrait-on* m'accuser en cette affaire ? Pontianus lui-même se déclarait redevable à ma générosité du don qu'il avait reçu de sa mère, Pontianus se félicitait du fond du cœur d'avoir trouvé en moi un tel beau-père. Ah ! que n'est-il revenu sain et sauf de Carthage ! Ou, puisque le destin en avait décidé autrement, pourquoi a-t-il fallu, Rufinus, que tu l'empêchasses d'exprimer ses

mum eius iudicium non impedisses! Quas mihi aut coram aut denique in testamento gratias egisset! [6]Litteras tamen, quas ad me Carthagin*e* uel iam adueniens ex itinere praemisit, quas adhuc ualidus, quas iam aeger, plenas honoris, plenas amoris, quaeso, Maxime, paulisper recitari sinas, [7]ut sciat frater eius, accusator meus, quam in omnibus <minor> Mineruae curriculum cum fratre optumae memoriae uir*o* *c*urrat. —

XCVII. [1] Audistine uocabula, quae mihi Pontianus frater tuus tribuerat, me parentem suum, me dominum, me magistrum cum saepe alias, tum in extremo te*m*pore uitae uocans? † postquam †. [2] Tuas quoque paris epistulas promerem, si uel exiguam moram tanti putarem. Potius testamentum illud recens tui fratris quamquam imperfectum tamen proferri cuperem, in quo mei officiosissime et honestissime meminit. [3]Quod tamen testamentum Rufinus neque comparari neque perfici passus est pudore perditae hereditatis, quam paucorum mensium, quibus socer Pontiani fuit, magno quidem pretio noctium computarat. [4]Praeterea nescio quos Chaldaeos consuluerat, quo lucro filiam collocaret, qui, ut audio, utinam illud non uere respondissent, primum eius maritum in paucis mensibus moriturum; cetera enim de hereditate, ut adsolent, ad consulentis uotum confinxerunt. [5]Verum, ut dii

dernières volontés ? Quelle reconnaissance il m'aurait témoignée, soit de vive voix, soit dans son testament ! Du moins me reste-t-il les lettres qu'il m'a écrites de Carthage, ou par lesquelles il s'est fait précéder sur le chemin du retour, encore en santé ou déjà malade : elles sont pleines de respect, d'affection. Permets, Maximus, que l'on consacre un moment à les lire, pour montrer à son frère, mon accusateur, à quelle distance, à tous égards, il suit, dans la carrière des études, son aîné d'heureuse mémoire. *(Lecture des lettres de Pontianus.)*

XCVII. As-tu entendu les noms que ton frère Pontianus me prodiguait ? son père, son maître, son guide : voilà comment il m'appelait en mainte occasion, et particulièrement dans les derniers temps de sa vie.... De toi-même, d'ailleurs, je pourrais montrer des lettres semblables, si je pensais qu'elles méritassent de nous arrêter si peu que ce fût. Ce que je souhaiterais plutôt de présenter ici, c'est, tout inachevé qu'il est, le récent testament de ton frère. Il y fait mention de moi avec la plus déférente estime. Mais ce testament, Rufinus n'a pas permis qu'il fût rédigé et achevé, tant il était mortifié d'avoir perdu l'héritage que devaient lui rapporter les quelques mois pendant lesquels il avait eu Pontianus pour gendre : ce n'est pas à moins qu'il avait évalué les nuits de sa fille. En outre, il avait consulté je ne sais quels Chaldéens, en leur demandant quel profit il tirerait du placement de celle-ci ; eux, me dit-on, lui avaient répondu – réponse, hélas ! trop véridique – que le premier mari mourrait dans l'espace de quelques mois ; quant à l'héritage, ils avaient, suivant leur habitude, inventé quelque prédiction conforme aux désirs du client[123]. Mais, grâce aux dieux, comme une bête

123. Comparer ı oracle à toutes fins des prêtres de la déesse Syrienne, *Métam.*, IX, 8. (V)

uoluere, quasi caeca bestia in cassum hiauit. Pontianus enim filiam Rufini male compertam non modo heredem non reliquit, sed ne honesto quidem legato impertiuit, [6]quippe qui ei ad ignominiam lintea ascribi ducentorum fere denariorum iusserit, ut intellegeretur iratus potius aestimasse eam quam oblitus praeterisse. [7]Scripsit autem heredes tam hoc testamento quam priore, quod lectum est, matrem cum fratre, cui, u*t* uides, admodum puero *e*andem illam filiae suae machinam Rufinus admouet ac mulierem aliquam multo natu maiorem, nuperrime uxorem fratris, misero puero obicit et obsternit.

XCVIII. [1] *At* ille puellae meretricis blandimentis et lenonis patris illectamentis captus et possessus, exinde ut frater eius animam edidit, relicta matre ad patruum commigrauit, quo facilius remotis nobis coepta perficerentur. [2]Fauet enim Rufino Aemilianus et prouentum cupit. — Ehem, recte uos ammonetis : etiam suam spem bonus patruus temperat in isto ac fouet, qui sciat intestati pueri legitimum magis quam iustum heredem futurum. [3]Nollem hercule hoc a me profectum ; non fuit meae moderationis tacitas omnium suspiciones palam abrumpere ; male uos, qui suggessistis. [4]Plane quidem, si *u*erum uelis, multi mirantur, Aemiliane, tam repentinam circa puerum istum pietatem tuam, postquam frater eius Pontianus est mor-

aveugle, c'est en vain qu'il a ouvert sa gueule. Car Pontianus, n'ayant plus d'illusions sur la fille de Rufinus, non seulement ne l'a pas instituée son héritière, mais ne lui a même pas laissé un legs honorable ; il ne l'a fait ajouter que pour une donation ignominieuse d'environ deux cents deniers de linge, afin de bien marquer qu'il agissait par ressentiment et mésestime, non par omission et par oubli. Ceux qu'il a désignés comme héritiers dans ce testament, aussi bien que dans le premier, dont on a donné lecture, c'est sa mère et son frère, contre la jeunesse duquel Rufinus, comme tu le vois, met en œuvre une fois de plus ses machines de siège, je veux dire sa fille. Sensiblement plus âgée, hier encore la femme de son frère, il la jette entre les bras de ce malheureux enfant.

XCVIII. Lui cependant s'est laissé prendre tout entier aux caresses de courtisane de la jeune femme et aux manœuvres insidieuses de son entremetteur de père. Son frère n'avait pas plus tôt rendu le dernier soupir, qu'abandonnant sa mère, il allait loger chez son oncle, pour n'être plus gêné, une fois débarrassé de moi, dans l'exécution de ses projets. Car Emilianus favorise Rufinus et fait des vœux pour son succès. Ah ! c'est juste ; vous m'y faites penser : ce sont aussi ses propres espérances que ce bon oncle entretient et caresse dans la personne de son neveu : il sait que si le jeune homme meurt intestat, la loi, sinon l'équité, l'en fera hériter. Je n'aurais pas voulu que cela vînt de moi ; je suis trop discret pour faire éclater au grand jour ce que chacun soupçonne et chuchote à part soi ; c'est mal à vous de me l'avoir soufflé[124]. Le fait est cependant, si tu veux le savoir, Emilianus, que beaucoup de gens s'étonnent de cette brusque tendresse pour ce garçon au lendemain de la mort de Pontianus, alors que jusque-là il t'était si

124. Habile introduction du soupçon.

tuus, cum antea tam ignotus illi fueris, ut saepe ne in occursu quidem filium fratris tui de facie agnosceres. [5]At nunc adeo patientem te ei praebes itaque eum indulgentia corrumpis, adeo ei nulla re aduersare, ut per haec suspicacioribus fidem facias. Inuestem a nobis accepisti: uesticipem ilico reddidisti; [6]cum a nobis regeretur, ad magistros itabat: ab iis nunc magna fugela in ganeum fugit, amicos serios aspernatur, cum adulescentulis postremissumis inter scorta et pocula puer hoc aeui conuiuium agitat. [7]Ipse domi tuae rector, ipse familiae dominus, ipse magister conuiuio; in ludo quoque gladiatorio frequens uisitur; nomina gladiatorum et pugnas et uulnera plane quidem ut puer honestus ab ipso lanista docetur; [8]loquitur numquam nisi Punice et si quid adhuc a matre graecissat; enim Latine loqui neque uult neque potest. [9]Audisti, Maxime, paulo ante, pro nefas, priuignum meum, fratrem Pontiani, diserti iuuenis, uix singulas syllabas fringultientem, cum ab eo quaereres donassetne illis mater quae ego dicebam me adnitente donata.

XCIX. [1]Testor igitur te, Claudi Maxime, uosque, qui in consilio estis, uosque etiam, qui tribunal mecum assistitis, haec damna et dedecora morum eius patruo huic et candidato illo socero adsignanda, [2]meque posthac boni consulturum quod talis priuignus curae meae iugum ceruice excusserit, neque postea pro eo matri eius supplicaturum. [3]Nam, quod paenissime oblitus sum, nuperrime cum testamentum

étranger que souvent tu rencontrais le fils de ton frère sans même reconnaître son visage. Mais maintenant, par la patience que tu montres à son égard, par ton indulgence, tes gâteries, par le soin que tu prends de ne le contrarier en rien, tu donnes raison aux gens qui soupçonnent le mal. C'était un enfant quand tu l'as reçu de nous : tu en as promptement fait un homme. Sous notre direction, il fréquentait les écoles : il les fuit maintenant tant qu'il peut, pour courir les mauvais lieux ; il évite les amitiés sérieuses ; avec de jeunes drôles de la pire espèce, en compagnie de filles et la coupe en main, il passe, à son âge, le temps en festins. C'est lui qui mène ta maison, lui qui commande aux esclaves, lui qui préside dans les banquets. Hôte assidu de l'école de gladiateurs, il sait les noms des gladiateurs, leurs combats, leurs blessures, dont, en enfant de bonne famille, il est instruit par le laniste en personne. Il ne parle jamais que punique, à part quelques mots de grec qui lui viennent encore de sa mère ; quant au latin, il ne sait ni ne veut le parler. Tu as été tout à l'heure, Maximus, témoin de ce scandale : mon beau-fils, le frère d'un jeune homme aussi éloquent que Pontianus, réussissant à peine à bégayer quelques monosyllabes, quand tu lui as demandé s'ils avaient reçu de leur mère la donation que je disais leur avoir été faite sur mes instances.

XCIX. C'est pourquoi, je vous en prends à témoin, Claudius Maximus, et vous qui composez son conseil, et vous aussi, qui êtes à mes côtés devant ce tribunal : cette dépravation et cette inconduite, c'est l'oncle ici présent, c'est le candidat beau-père qui en sont responsables ; pour moi, je me féliciterai désormais qu'un tel beau-fils ait secoué de ses épaules le joug de ma tutelle, et je n'irai plus à l'avenir intercéder pour lui auprès de sa mère. Car j'allais l'oublier : tout récemment, après la mort de son

Pudentilla post mortem Pontiani filii sui in mala ualetudine scri*b*eret, diu sum aduersus illam renisus, ne hunc ob tot insignis contumelias, ob tot iniurias exheredaret ; [4]elogium grauissimum iam totum medius fidius perscriptum ut aboleret, impensis precibus orau*i*; postremo, ni impetrarem, diuersurum me ab ea comminatus sum : mihi hanc ueniam tribueret, malum filium beneficio uinceret, me inuidia omni liberaret. [5]Nec prius destiti quam ita fecit. Doleo me huncce scrupulum Aemiliano dempsisse, tam inopinatam *r*em e*i* indicasse. Specta quaeso, Maxime, ut hisce auditis subito obstipuerit, ut oculos ad terram demiserit ; [6]enim longe sequius rat*us* fuerat, nec immerito : mulierem filii contumeliis infectam, meis officiis deuinctam sciebat. De me quoque fuit quod timeret : quiuis uel aeque ut ego spernens hereditatis tamen uindicari de tam inofficioso priuigno non recusasset. [7] Haec praecipue sollicitudo eos ad accusationem mei stimulauit ; hereditatem omnem mihi relictam falso ex sua auaritia coniectauere. Soluo uos in praeteritum isto metu. Namque animum meum neque hereditatis neque ultionis occasio potuit loco demouere. [8]Pugnaui cum irata matre pro priuigno malo uitricus, ueluti pater pro optimo filio aduersus nouercam, nec satis fuit, ni bonae uxoris prolixam liberalitatem circa me nimio plus aequo coercerem.

C. [1]Cedo tu testamentum iam inimico filio a matre factum, me, quem isti praedonem dicunt, uerba sin-

fils Pontianus, Pudentilla, étant tombée malade, fit son testament. Je soutins toute une lutte pour l'empêcher de déshériter l'auteur de tant d'outrages éclatants et de tant d'injures. Les graves motifs d'une telle décision étaient déjà, je l'affirme, entièrement mis par écrit : j'en demandai instamment la suppression, et finis même par menacer ma femme, si mes prières étaient vaines, de me séparer d'elle, la suppliant de m'accorder cette grâce, de triompher d'un mauvais fils à force de générosité, de me libérer de tout ce qui était contre moi un sujet d'hostilité. Et je n'eus pas de cesse qu'elle n'eût ainsi fait.

Je regrette d'avoir ôté ce souci à Emilianus, et de lui avoir fait cette révélation inattendue. Vois, je te prie, Maximus, comme mes paroles l'ont soudain frappé de stupeur, comme il a baissé les yeux à terre. Il s'attendait à tout autre chose, et non sans raison. Pudentilla était écœurée des outrages de son fils ; mon dévouement me l'avait attachée. Il savait tout cela. De mon côté aussi, il avait de quoi être inquiet : aucun autre, même indifférent comme moi aux questions d'héritage, n'aurait renoncé à tirer vengeance des procédés désobligeants d'un tel beau-fils. C'est principalement sous l'aiguillon de cette crainte qu'ils m'ont accusé ; tout l'héritage, pensaient-ils, m'avait été laissé : c'était faux ; mais ils raisonnaient d'après leur propre avarice. Je vous délivre pour le passé de cette inquiétude. Rien n'a pu fléchir mon dessein, ni l'occasion d'un héritage, ni celle d'une vengeance. J'ai défendu contre une mère irritée, moi le beau-père, un beau-fils dénaturé, comme un père eût défendu le meilleur des fils contre une marâtre, et ne me suis pas tenu pour satisfait que je n'eusse réfréné, bien au-delà de ce que commandait l'équité, la généreuse bonté à mon égard d'une excellente épouse.

C. Donne-nous ce testament, fait par une mère, alors que déjà son fils s'était déclaré contre elle, et dont moi-même, qu'ils traitent de pirate, ai dicté chaque mot, non

gula cum precibus praeeunt*e*. [2]Rumpi tabulas istas iube, Maxime : inuenies filium heredem, mihi uero tenue nescio quid honoris gratia legatum, ne, si quid ei humanitus attigisset, nomen maritus in uxoris tabulis non haberem. [3]Cape ist*ud* matris tuae testamentum, uere hoc quidem inofficiosum ; qui*d*ni ? in quo obsequentissimum maritum exheredauit, inimicissimum filium scripsit heredem, [4]immo enimuero non filium, sed Aemiliani spes, *s*et Rufini nuptias, set temulentum illud collegium, parasitos tuos. [5]Accipe, inquam, filiorum optime, et positis paulisper epistulis amatoriis matris, lege potius testamentum : si quid quasi insana scripsit, hic reperies et quidem mox a principio : « Sicinius Pudens filius meus mihi heres esto ». Fateor, qui hoc legerit insanum putabit. [6]Hicine filius heres, qui te in ipso fratris sui funere, aduocata perditissimorum iuuenum manu, uoluit excludere e domo quam ipsa donaueras, qui te sibi a fratre coheredem relict*a*m grauiter et acerbe tulit, [7]qui confestim te cum tuo luctu et maerore deseruit et ad Rufinum et Aemilianum de sinu tuo aufugit, [8]qui *t*ibi plurimas postea contumelias dixit coram et adiuuante patruo fecit, qui nomen tuum pro tribunalibus uentilauit, qui pudorem tuum tuismet litteris conatus est publice dedecorare, [9]qui maritu*m* tuum, quem elegeras, quem, ut ipse obiciebat, efflictim amabas, capitis accusauit ? [10]Aperi quaeso, bone puer, aperi testamentum : facilius insaniam matris sic probabis.

sans supplications. Fais rompre le cachet, Maximus : tu constateras que c'est le fils qui est désigné comme héritier ; qu'à moi, au contraire, il n'a été légué qu'une bagatelle, par simple convenance, et afin qu'en cas d'accident le nom du mari ne fût pas absent du testament de sa femme. Prends-le, ce testament de ta mère ; inofficieux, oui vraiment, c'est celui-là qui l'est : le plus dévoué des maris est déshérité, et celui qui est inscrit comme héritier, c'est le plus mauvais des fils. Ou plutôt non, ce n'est pas son fils, ce sont les espérances d'Emilianus, c'est le mariage arrangé par Rufinus, c'est ton équipe avinée de parasites. Prends, dis-je, ô le meilleur des fils, et laissant pour un moment les lettres d'amour de ta mère, lis plutôt son testament. Si elle a écrit quelque chose sous l'empire, semble-t-il, de la folie, c'est ici que tu le trouveras, et dès les premiers mots : « Je veux que Sicinius Pudens mon fils soit mon héritier[125]. » Oui, je l'avoue, en lisant cela, on peut croire à de la folie. Ton héritier, ce fils, qui dans le moment même des funérailles de son frère, amena avec lui une bande de jeunes vauriens et prétendit t'interdire l'accès de la maison que tu lui avais toi-même donnée ? qui, voyant que son frère t'avait nommée son héritière conjointement avec lui, s'en montra mécontent et irrité ? qui te laissa seule aussitôt avec ton deuil et ta douleur, et s'enfuit de tes bras maternels pour courir chez Rufinus et chez Emilianus ? qui dans la suite te jeta l'injure à la face et t'outragea par ses actes avec l'aide de son oncle, qui traîna ton nom devant les tribunaux, qui chercha par tes propres lettres à te déshonorer en public, qui accusa d'un crime capital le mari que tu avais choisi et qu'il te reprochait d'aimer éperdument ? Ouvre, vertueux jeune homme, ouvre ce testament : ce sera la meilleure preuve de la folie de ta mère.

125. Le nom du principal héritier figurait en tête du testament ; on ajoutait à la suite ceux des personnes auxquelles on faisait un legs moins important. *Cf.* le début de ce chapitre et ch. XCVII. (V)

CI. 1 Quid abnuis, quid recusas, postquam sollicitudinem de hereditate materna reppulisti ? At ego hasce tabulas, Maxime, hic ibidem pro pedibus tuis a*b*icio testorque me deinceps incuriosius habiturum quid Pudentilla testamento suo scribat. 2 Ipse iam, ut libet, matrem suam de cetero exoret : mihi, ut ultra pro eo deprecer, locum non reliquit. Ipse iam, ut <qui> sui potens ac uir acerbissimas litteras matri dictet, iram eius deleniat ; qui potuit perorare, poterit exorare. 3 Mihi iam dudum satis est, si non modo crimina obiecta plenissime dilui, uerum etiam radicem iudicii huius, id est hereditatis quaesitae inuidiam, funditus sustuli.

4 Illud etiam, [c] ne quid omnium praeteream, priusquam peroro, falso obiectum reuincam. Dixistis me mag*n*a pecunia mulieris pulcherrimum praedium meo nomine emisse. 5 Dico exiguum herediolum sexaginta milibus nummum, id quoque non me, sed Pudentillam suo nomine emisse, Pudentillae nomen in tabulis esse, Pudentillae nomine pro eo agello tributum dependi. 6 Praesens est quaestor publicus, cui depensum est, Coruinius Celer, uir ornatus ; adest etiam tutor auctor mulieris , uir grauissimus et sanctissimus, omni cum honore mihi nominandus, Cassius Longinus. 7 Quaere, Maxime, cuius emptionis auctor fuerit, quantulo pretio mulier locuples agellum suum praestinarit. —

[Testimonium Cassi Longini tutoris et Coruini Clementis *quaestoris*.]

CI. Pourquoi ces hésitations, ces refus, puisque te voilà délivré de toute inquiétude au sujet de l'héritage maternel ? Eh bien, moi, ces tablettes, Maximus, je les jette ici même à tes pieds, et je déclare que dorénavant je ne me mettrai plus en peine de ce que Pudentilla écrira dans son testament. Qu'il aille lui-même, à l'avenir, fléchir sa mère si bon lui semble ; pour ma part, j'ai fini d'intercéder en sa faveur : il m'en a ôté le moyen. Puisqu'en homme qui est son maître il dicte pour sa mère des lettres injurieuses, qu'il apaise lui-même sa colère : qui a su crier, il saura prier. Moi, maintenant, je m'estime satisfait si j'ai d'abord fait complète justice des accusations portées contre moi, puis surtout extirpé jusqu'à la racine ce qui est l'origine même de ce procès, le soupçon jaloux de captation d'héritage.

Enfin, pour ne rien passer sous silence, je veux, avant de terminer, répondre encore à un grief injustifié. Vous dites que j'ai employé une forte somme appartenant à ma femme à acheter une magnifique propriété sous mon nom. Je prétends qu'il s'agit d'un tout petit domaine de soixante mille sesterces, et que c'est non pas moi, mais Pudentilla qui l'a acheté en son propre nom. C'est le nom de Pudentilla qui figure sur l'acte, au nom de Pudentilla qu'est payé l'impôt sur ce petit champ. Voici devant vous le questeur public à qui la somme a été versée, l'honorable Corvinius Céler ; voici également le tuteur de Pudentilla, qui a autorisé l'achat, un homme sérieux et parfaitement intègre, dont je ne prononce le nom qu'avec la plus vive estime, Cassius Longinus. Demande-lui, Maximus, quel est l'achat qu'il a autorisé, et pour quel prix modique cette femme pourtant riche a fait l'acquisition de son petit champ.

[*Témoignage de Cassius Longinus et de Corvinius Celer.*]

8 Estne ita ut dixi ? uspiam in hac emptione nomen meum ascriptum est ? num ipsum heredioli pretium inuidiosum est, num uel hoc saltem in me collatum ?

CII. 1 Quid etiam est, Aemiliane, quod non te iudice refutauerim ? Quod pretium magiae meae repperisti ? Cur ergo Pudentillae animum ueneficiis flecterem ? Quod ut ex ea commodum caperem ? Vti dotem mihi modicam potius quam a*m*pla*m* diceret ? O praeclara carmina. 2 An ut eam dotem filiis suis magis restipularetur quam penes me sineret ? Quid addi ad hanc magian potest ? 3 An uti rem familiarem suam meo adhortatu pleramque filiis condonasset, quae nihil illis ante me maritum fuerat largita, mihi <nihil> quicquam impertiret ? O graue ueneficium dicam, an ingratum beneficium ? 4 An ut testamento, quod irata filio scribebat, filium potius, cui offensa erat, quam me, cu*i* deuincta, heredem relinqueret ? hoc quidem multis cantaminibus difficile impetraui. 5 Putate uos causam non apud Claudium Maximum agere, uirum aequum et iustitiae pertinacem, sed alium aliquem prauum et saeuum iudicem substituite, accusationum fautorem, cupidum condemnandi : 6 date ei quod sequatur, ministrate uel tantulam ueri similem occasionem secundum uos pronuntiandi ; saltim fingite aliquid, eminiscimini quod respondeatis, qui uos ita rogarit. 7 Et quoniam omnem conatum necesse est quaepiam causa praecedat, respondete qui Apuleium

Est-ce bien comme je l'ai dit ? Mon nom se lit-il quelque part dans cet acte de vente ? Le prix même de ce petit domaine a-t-il rien de suspect ? et de ce chef du moins, ai-je reçu quelque chose ?

CII. Que reste-t-il, Emilianus, qu'à ton jugement je n'aie réfuté ? De quel bénéfice était pour moi l'exercice de la magie ? l'as-tu découvert ? Quelle raison avais-je dès lors de recourir aux enchantements pour séduire Pudentilla ? quel avantage espérais-je obtenir d'elle ? Qu'elle m'assurât une dot modeste au lieu d'une dot considérable ? Beaux maléfices, en vérité ! Ou qu'elle stipulât le retour de la dot à ses fils, au lieu de la laisser entre mes mains ? Voilà certes le comble de la magie ! Ou qu'elle fît donation à ses fils, sur mon conseil, de la plus grande partie de ses biens, quand elle ne leur avait fait aucune générosité avant notre mariage, et qu'elle ne me réservât aucune part ? Le dangereux méfait ! à moins qu'il ne faille dire : le stérile bienfait[126]. Ou que par le testament qu'elle rédigea dans son ressentiment contre son fils, elle désignât comme héritier le fils qui l'avait offensée, et non moi dont elle était l'obligée ? Ah ! ceci, pour le coup, ce n'est qu'à force d'enchantements et à grand-peine que je l'ai obtenu !

Supposez que vous ne plaidiez pas devant un Claudius Maximus, devant un homme équitable et fermement attaché à la justice ; mettez à la place un juge pervers et cruel, complaisant aux accusations, avide de condamnations ; donnez-lui une piste à suivre, fournissez-lui même l'ombre d'un prétexte justifiant un arrêt conforme à vos désirs ; inventez au moins quelque chose, imaginez une réponse à toutes ces questions qu'on vous pose. Et puisque toute démarche doit nécessairement être précédée de quelque motif, expliquez, vous qui dites

126. Jeu de mots intraduisible sur *beneficium*, bienfait, et *uenefi cium*, poison, moyen magiques. Les lettres b et v avaient tendance à se confondre dans la prononciation. (V)

dicitis animum Pudentillae magicis illectamentis a*do*rtum, quid ex ea petierit, cur fecerit. [8]Formam eius uoluerat? negatis. Diuitias saltim concupierat? negant tabulae dotis, negant tabulae donationis, negant tabulae testamenti, in quibus non modo non cupide appetisse, uerum etiam dure reppulisse liberalitatem suae uxoris *o*stenditur. [9]Quae igitur alia causa est? quid ommutuistis? quid tacetis? ubi illud libelli uestri atrox principium nomine priuigni mei for*ma*tum: « Hunc ego, domine Maxime, reum apud te facere institui »?

CIII. [1]Quin igitur addis: « reum magistrum, reum uitricum, reum deprecatorem »? Sed quid deinde? « plurimorum maleficiorum et manifestissimorum ». Cedo unum de plurimis, cedo dubium uel saltem obscurum de manifestissimis. [2] Ceterum ad haec, quae obiecistis, numera an binis uerbis respondeam. « Dentes sp*l*endid*a*s » . ignosce munditiis. « Specula inspicis » : debet philosophus. « Vorsus facis » : licet fieri. « Piscis exploras » : Aristotelės docet. « Lignum consecras » : Plato suadet. [3]« Vxorem ducis » : leges iubent. « Prior natu'*s*t » : solet fieri. « Lucrum sectatus es » : dotalis accipe, donationem recordare, testamentum lege. [4] Quae si omnia affatim retudi, si calumnias omnis refutaui, si me in omnibus non modo criminibus, uerum etiam maledictis procul

qu'Apulée a essayé sur l'esprit de Pudentilla l'effet de ses charmes magiques, ce qu'il espérait d'elle, pour agir ainsi ? En voulait-il à sa beauté ? Non, répondez-vous. Convoitait-il au moins ses richesses ? Non, répond le contrat de mariage ; non, répond l'acte de donation ; non, répond le testament : toutes ces pièces démontrent au contraire que loin d'avoir agi par cupidité, il a obstinément repoussé les offres généreuses de sa femme. Quelle raison donc invoquer encore ? Pourquoi ce mutisme ? pourquoi ce silence ? Où est-il, votre acte d'accusation, et ce début, menaçant, formulé au nom de ton beau-fils : « Je me constitue devant ton tribunal, seigneur Maximus, l'accusateur de cet homme » ?

CIII. Que n'ajoutes-tu aussi : « l'accusateur de mon maître, l'accusateur de mon beau-père, l'accusateur de celui qui a intercédé pour moi » ? Mais voyons la suite : « Auteur de maléfices nombreux et évidents. » Eh bien, cites-en un seul, de ces maléfices nombreux ; cites-en un qui soit seulement douteux ou obscur, de ces maléfices évidents.

Sinon, tu peux compter : à tous vos griefs, je réponds en deux mots : « Tu fais briller tes dents. » La propreté est excusable. « Tu regardes des miroirs. » C'est le devoir d'un philosophe. « Tu fais des vers. » C'est permis. « Tu examines des poissons. » Aristote l'enseigne. « Tu consacres du bois. » Platon le conseille. « Tu prends femme. » Les lois l'ordonnent. « Elle est plus âgée que toi. » Le fait n'est pas rare. « Tu as agi par esprit de lucre. » Prends le contrat, rappelle-toi la donation, lis le testament. Si j'ai tout réfuté à souhait ; si j'ai réduit à néant toutes vos calomnies ; si de toutes vos accusations, de toutes vos médisances, je suis sorti inno-

a culpa [philosophiae] tutus sum, si philosophiae honorem, qui mihi salute mea antiquior est, nusquam minui, immo contra ubique si cum septem pennis eum tenui : 5 si haec, ut dico, ita sunt, possum securus existimationem tuam reuereri quam potestatem uereri, quod minus graue et uerendum mihi arbitror *a* proconsu*le* damnari quam si a tam bono tamque emendato uiro improber.

Dixi.

cent de toute faute ; si l'honneur de la philosophie, qui m'est plus précieux que la vie, n'a subi de mon fait aucune atteinte ; si, au contraire, en toute circonstance, je l'ai tenu haut et inviolé ; si tout cela est comme je le dis, je peux attendre avec sérénité l'expression d'une estime qui m'inspire plus de respect que ta puissance ne m'inspire de crainte : car je tiens pour moins grave et moins redoutable d'être condamné par le proconsul, que d'encourir le blâme d'un homme aussi vertueux et irréprochable.

J'ai dit.

Bibliographie

ÉDITIONS

L. Apulei Madaurensis, Philosophi Platonici *Apologia, recognita & nonnullis notis at observationibus illustrata,* a Joanne Pricaeo, Anglo-Britanno ; accesserunt Antiquitatum fragmenta quaedam aeri incisa, Parisiis, MDCXXXV.

Apulei *Apologia sive pro se de magia liber*, with introduction and commentary by H. E. Butler and A. S. Owen, Oxford, 1914, reprint Hildesheim, Georg Olms Verlagsbuchhandlung, 1967.

R. HELM, *Apulei Opera quae supersunt*, coll. BT, t. II : *Pro se de magia liber (Apologia)*, Leipzig, Teubner, 1905, 5e éd. (« cum addendis »), Leipzig, 1972.

L'Apologia o la magia. Florida, di Lucio Apuleio, coll. « Classici Latini », Turin, G. Augello (éd.), 1984.

Apuleius of Madauros, *Pro se de Magia Apologia*, édité et commenté par Vincent Hunink, Amsterdam, J. C. Gieben, 1997, 2 vol.

Apulée, *Opuscules philosophiques et Fragments*, texte établi, traduit et commenté par Jean Beaujeu, Paris, Les Belles Lettres, CUF, 1973.

Apulée, *Les Métamorphoses*, texte établi par D. S. Robertson et traduit par P. Valette, Paris, Les Belles Lettres, CUF, 1965 (3e tirage).

LITTÉRATURE SECONDAIRE

Dictionnaire des philosophes antiques, publié sous la direction de R. Goulet, Paris, CNRS, 1994. La notice consacrée à Apulée (t. I, p. 298-317) est due à Jean-Marie Flamand.

ABT, *Die Apologie des Apuleius von Madaura und die antike Zauberei* (Religionsgeschichte Versuche und Vorarbeiten IV, 2). Giessen, 1908 ; réimpr. Berlin, 1967.

Saint AUGUSTIN fait l'éloge d'Apulée, in *Cité de Dieu*, 8, 19 ; *Ep.* 137, 13 ; *Ep.* 138, 19 ; cité par Hunink, *op. cit*, t. 1, p. 27, note 1.

BROWN, Peter, *Sorcery, demons and the rise of Christianity from late Antiquity into the Middle Ages*, in Mary Douglas (éd.), *Witchcraft confessions and accusations,* Londres, 1970, p. 17-45.

CALLEBAT, Louis, « Sermo cotidianus », dans les *Métamorphoses d'Apulée*, Caen, 1968.

– « La prose d'Apulée dans le *De magia* », in *WS* 18, 1984, p. 143-167.

CUMONT, Franz, *Les Religions orientales dans le paganisme romain*, Paris, Geuthner, 1929 ; ch. VII : « L'astrologie et la magie », p. 151 ss.

DAREMBERG ET SAGLIO, *Dictionnaire des Antiquités,* art. « magia ».

DODDS, E. R., *Païens et chrétiens dans un âge d'angoisse*, Paris, La Pensée Sauvage, 1979.

FESTUGIÈRE, R. P. J., *Personal Religion among the Greeks*, Sather Classical Lectures, Berkeley et Los Angeles, 1954.

GRAF, Fritz, *La Magie dans l'Antiquité gréco-romaine*, Paris, Les Belles Lettres, 1994.

JOLY, Robert, *Curiositas,* in *Glane de Philosophie Antique. Scripta minora*, Bruxelles, 1994.

LABHARDT, A., *Curiositas*, in *Museum Helveticum*, 1960, p. 206-224.

MEILLIER, C., *La Logique du rituel magique de l'Idylle II de Théocrite*, in N. Nick (éd.), Mélanges Étienne Bernard, Paris, 1991, p. 325-336.

METTE, H. J., *Curiositas*, in *Festschrift Bruno Snell*, Munich, 1956, p. 227-235.

MICHEL, Alain, *Sophistique et philosophie dans l'*Apologie *d'Apulée*, VL-77, 1980, p. 12-21.

NORDEN, F., *Apuleius von Madaura und das römisches Privatrecht*, 1912.

PARSIL, B. M., *Aristotelian influence in the Apology of Apuleius*, Diss. Tufts Univ. (résumé dans *DA [Dissertation Abstracts]* 31, 1970, p. 1247 A), qui veut montrer que les connaissances ichthyologiques d'Apulée sont dans la ligne d'Aristote.

PIGEAUD, Jackie, *Folie et cures de la folie dans l'Antiquité gréco-romaine*, Paris, Les Belles Lettres 1987 (pour l'analyse de *Maladie sacrée*).
– *L'Art et le vivant*, Paris, Gallimard, 1995.

TEMKIN, Owsei, *The Falling Sickness, A History of Epilepsy from the Greeks to the Beginnings of Modern Neurology*, 2e édition revue, Baltimore et Londres, The Johns Hopkins Press, 1971.

TUPET, Anne-Marie, *La Magie dans la poésie latine*, I, *Des origines à la fin du règne d'Auguste*, Paris, 1976.

VALETTE, Paul, *L'Apologie d'Apulée*, Paris, 1908, thèse.

VEITH Ilsa, *Histoire de l'hystérie*, Paris, Seghers, 1973 (édition originale: *Hysteria. The History of a Disease*, The University of Chicago Press, 1965).

Table

Dans la même collection

1. Aristophane, *Lysistrata*.
2. Aristote, *Constitution d'Athènes*.
3. Cicéron, *L'Amitié*.
4. Platon, *Alcibiade*.
5. Suétone, *Vies des douze Césars, Claude ~ Néron*.
6. Plotin, *Première Ennéade*.
7. Eschyle, *Les Sept contre Thèbes*.
8. Platon, *Critias*.
9. Aristote, *La Poétique*.
10. Horace, *Odes*.
11. Pline l'Ancien, *Histoire Naturelle*, XXXV, *La peinture*.
12. Virgile, *Bucoliques*.
13. Platon, *Ménexène*.
14. Tacite, *Vie d'Agricola ~ La Germanie*.
15. Platon, *Protagoras*.
16. Sophocle, *Antigone*.
17. Sénèque, *La Vie heureuse ~ La Providence*.
18. Cicéron, *Le Bien et le Mal*, *De finibus*, III.
19. Platon, *Gorgias*.
20. Hérodote, *L'Égypte*, *Histoires*, II.
21. César, *Guerre des Gaules*, I-II.
22. Ovide, *Les Amours*.
23. Plotin, *Deuxième Ennéade*.
24. Sophocle, *Œdipe Roi*.
25. Tite-Live, *Histoire romaine, I, La Fondation de Rome*.
26. Virgile, *Géorgiques*.
27. Pseudo-Sénèque, *Octavie*.
28. Catulle, *Poésies*.
29. Aristote, *Politique*, II.
30. Aristophane, *Les Guêpes*.
31. Homère, *Iliade*, chants I à VIII.
32. Euripide, *Les Bacchantes*.
33. Plaute, *Pseudolus*.
34. Tertullien, *Apologétique*.
35. Homère, *Iliade*, chants IX à XVI.
36. Platon, *Phèdre*.
37. Homère, *Iliade*, chants XVII à XXIV.
38. Salluste, *La Conjuration de Catilina*.
39. Cicéron, *Pro Milone*.

40. Platon, *Lysis*.
41. Plotin, *Troisième Ennéade*.
42. Diogène Laërce, *Vie de Platon*.
43. Pline l'Ancien, *Histoire naturelle*, XXXIII, *Nature des métaux*.
44. Pétrone, *Satiricon*.
45. Apulée, *Apologie*.
46. Lucien, *Alexandre ou le faux prophète*.
47. Plutarque, *Les Vies parallèles. Alcibiade ~ Coriolan*.
48. Démosthène, *Sur la Couronne*.
49. Euripide, *Hécube*.
50. Mamertin, *Panégyriques de Maximien* (289 et 291).
51. Platon, *Hippias mineur*.
52. Xénophon, *Anabase*, I-II.
53. Suétone, *Vies des douze Césars, Tibère ~ Caligula*.
54. Salluste, *La Guerre de Jugurtha*.
55. Eschyle, *Les Perses*.
56. Sophocle, *Ajax*.
57. Horace, *Satires*.
58. Homère, *Odyssée*, chants I à VII.
59. Homère, *Odyssée*, chants VIII à XV.
60. Homère, *Odyssée*, chants XVI à XXIV.
61. Juvénal, *Satires*.
62. Cicéron, *De la vieillesse* (*Caton l'Ancien*).
63. Julien, *Misopogon*.
64. Aristote, *Économique*.
65. Pline l'Ancien, *Histoire naturelle*, XXX, *Magie et pharmacopée*.
66. Platon, *Apologie de Socrate*.
67. Eschyle, *Les Suppliantes*.
68. Christopher Marlowe, *La Tragique Histoire du Docteur Faust*.
69. *La Bhagavad-Gîtâ*.
70. Ben Jonson, *Volpone ou le Renard*.
71. William Shakespeare, *Richard II*.
72. William Shakespeare, *Les Joyeuses Commères de Windsor*.
73. Pierre Gassendi, *Vie et mœurs d'Épicure*, vol. I.
74. Pierre Gassendi, *Vie et mœurs d'Épicure*, vol. II.
75. John Marston, *La Tragédie de Sophonisbe*.
76. John Webster, *La Duchesse d'Amalfi*.
77. Jean Second, *Les Baisers* - Michel Marulle, *Épigrammes*.
78. Plutarque, *Sur les oracles de la Pythie*.
79. Euripide, *Hélène*.
80. Hérodote, *Marathon, Histoires*, VI.
81. Sénèque, *Lettres à Lucilius*, livres III et IV.
82. Apulée, *Les Métamorphoses ou L'Âne d'or*.

83. Suétone, *Vies des douze Césars, César ~ Auguste.*
84. Aristophane, *Ploutos.*
85. Plutarque, *Érotikos. Dialogue sur l'amour.*
86. Xénophon, *Économique.*
87. Julien, *Lettres.*
88. Hésiode, *Théogonie.*
89. Lucien, *Portraits de philosophes.*
90. Lucien, *Voyages extraordinaires.*
91. Aristophane, *Nuées.*
92. Théocrite, *Idylles.*
93. Ovide, *Les Métamorphoses.*
94. Mullâ Sadrâ Shîrâzî, *Le verset de la lumière. Commentaire.*
95. Thucydide, *La Guerre du Péloponnèse*, livres I, II.
96. Thucydide, *La Guerre du Péloponnèse*, livres III, IV, V.
97. Thucydide, *La Guerre du Péloponnèse*, livres VI, VII, VIII.
98. Cicéron, *Pour Sextus Roscius.*
99. Lucrèce, *De la Nature.*
100. Platon, *Le Banquet.*
101. Lysias, *Contre Ératosthène.*
102. Lucien, *Comédies humaines.*
103. Plutarque, *Sur les délais de la justice divine.*
104. Sénèque, *Tragédies.*
105. Basile de Césarée, *Aux jeunes gens.*
106. Sophocle, *Philoctète.*
107. Aristophane, *Les Grenouilles.*
108. Euripide, *Médée.*
109. Cicéron, *Les Catilinaires.*
110. Achille Tatius, *Le Roman de Leucippé et Clitophon.*
111. Porphyre, *Vie de Plotin.*
112. Virgile, *L'Énéide.*
113. Cicéron, *Les Devoirs.*
114. Eschyle, *Agamemnon.*
115. Plutarque, *Vie d'Antoine.*
116. Lucien, *Dans les secrets des dieux.*
117. Lucien, *Jouer avec les mots.*
118. Flavius Josèphe, *Guerre des Juifs*, V.
119. Flavius Josèphe, *Contre Apion.*
120. Euripide, *Héraclès.*
121. Hésiode, *Les Travaux et les Jours.*
122. Porphyre, *Lettre à Marcella.*
123. Pline le Jeune, *Panégyrique de Trajan.*

Ce volume,
le quarante-cinquième
de la collection « Classiques en poche »,
publié aux Éditions Les Belles Lettres,
a été achevé d'imprimer
en novembre 2020
par La Manufacture Imprimeur
52205 Langres Cedex, France

N° d'édition : 9761
N° d'impression : 201143
Dépôt légal : décembre 2020